MÉMOIRES D'UN ÉTUDIANT AFRICAIN

AMADY ALY DIENG

MÉMOIRES D'UN ÉTUDIANT AFRICAIN

VOLUME I

DE L'ÉCOLE RÉGIONALE DE DIOURBEL
À L'UNIVERSITÉ DE PARIS
(1945-1960)

Conseil pour le développement de la recherche en sciences sociales en Afrique
DAKAR

© CODESRIA 2011
Conseil pour le développement de la recherche en sciences sociales en Afrique
Avenue Cheikh Anta Diop Angle Canal IV — BP 3304 Dakar, 18524, Sénégal
Site web : www.codesria.org

Tous droits réservés. Aucune partie de cette publication ne doit être reproduite ou transmise sous aucune forme ou moyen électronique ou mécanique, y compris la photocopie, l'enregistrement ou l'usage de toute unité d'emmagasinage d'information ou de système de retrait d'information sans la permission au préalable du CODESRIA.

ISBN : 978-2-86978-481-9
Mise en page : Hadijatou Sy
Couverture : Ibrahima Fofana
Impression : Imprimerie Graphi plus, Dakar, Sénégal
Distribué en Afrique par le CODESRIA
Distribué ailleurs par African Books Collective
www.africanbookscollective.com

Le Conseil pour le développement de la recherche en sciences sociales en Afrique (CODESRIA) est une organisation indépendante dont le principal objectif est de faciliter la recherche, de promouvoir une forme de publication basée sur la recherche, et de créer des forums permettant aux chercheurs africains d'échanger des opinions et des informations. Le Conseil cherche à lutter contre la fragmentation de la recherche à travers la mise en place de réseaux de recherche thématiques qui transcendent les barrières linguistiques et régionales.

Le CODESRIA publie une revue trimestrielle, intitulée *Afrique et Développement*, qui est la plus ancienne revue de sciences sociales basée sur l'Afrique. Le Conseil publie également *Afrika Zamani*, qui est une revue d'histoire, de même que la *Revue Africaine de Sociologie* ; la *Revue Africaine des Relations Internationales (AJIA)*, et la *Revue de l'Enseignement Supérieur en Afrique*. Le CODESRIA co-publie également la revue *Identité, Culture et Politique : un Dialogue Afro-Asiatique*, ainsi que la *Revue Africaine des Médias*. Les résultats de recherche, ainsi que les autres activités de l'institution sont diffusés par l'intermédiaire des « Documents de travail », la « Série de Monographies », la « Série de Livres du CODESRIA », et le *Bulletin du CODESRIA*. Une sélection des publications du CODESRIA est aussi accessible en ligne au www.codesria.org.

Le CODESRIA exprime sa profonde gratitude à la Swedish International Development Corporation Agency (SIDA/SAREC), au Centre de Recherches pour le Développement International (CRDI), à la Ford Foundation, à la Fondation MacArthur, à la Carnegie Corporation, à l'Agence norvégienne de développement et de coopération (NORAD), à l'Agence Danoise pour le Développement International (DANIDA), au Ministère Français de la Coopération, au Programme des Nations-Unies pour le Développement (PNUD), au Ministère des Affaires Étrangères des Pays-Bas, à la Fondation Rockefeller, à FINIDA, à l'Agence canadienne de développement international (ACDI), à l'Open Society Initiative for West Africa (OSIWA), au TrustAfrica, à l'UNICEF, à la Fondation pour le renforcement des capacités en Afrique (ACBF) ainsi qu'au Gouvernement du Sénégal pour le soutien apporté aux programmes de recherche, de formation et de publication du Conseil.

Sommaire

Introduction 1

Chapitre 1
Mon enfance et l'école primaire à Diourbel 3
    Mon enfance 3
    De Mbacké à Kidira 4
    L'école coranique à Diourbel 7
    L'école régionale de Diourbel (1939-1945) 8

Chapitre 2
Mes études secondaires à Saint-Louis (1945-1952) 19

Chapitre 3
Mes premières années universitaires à Dakar (1952-1957) 35
    Les activités au sein de l'association des élèves et étudiants
        de Diourbel 39

Chapitre 4
Mes deux dernières années de lutte au sein de l'Union générale
    des étudiants d'Afrique occidentale (1956-1957) 51
    L'AGED et les événements de Montpellier de 1956 51
    Les conférences de Daniel Brottier de Dakar 53
    La célébration du 21 février à Dakar 54
    Rencontre avec Raymond Cartier 56
    Les Congrès de l'UNEF à Strasbourg (1956) 63
    Le Congrès de l'UIE (1956) 64
    Visite en URSS 65
    Le Festival mondial de la jeunesse et des étudiants de Moscou
        (juillez 1957) 66
    Mon séjour en Chine (1957) 69
    Conférence du COSEC (septembre 1957 à Ibadan, Nigeria) 69
    Le 3e Congrès international du Rassemblement démocratique
        africain de Bamako (25-30 septembre 1957) 70
    Le 3e Congrès du RDA 72

Chapitre 5

Mes premières activités politiques, syndicales et universitaires
en France (1957-1959) 79
    Mon séjour à l'École nationale de la France d'Outremer
        (ENFOM) 81
    Conférence des peuples africains d'Accra du 5 au 13 décembre
        1958 87

Chapitre 6

Mon entrée au comité exécutif de la FEANF en 1959 93
    Mon séjour en Pologne 93
    Conférence du CIE-COSEC à Lima (Pérou) du 15 au 22 février
        1959 94
    Le deuxième Congrès des écrivains et artistes noirs à Rome
        (1959) 95
    La semaine culturelle de Rennes (juillet 1959) 98
    Septième festival de la jeunesse et des étudiants pour la paix et
        l'amitié (Vienne, 26 juillet – 4 août 1959) 100

Annexes

    Annexe 1 : Rapport moral du président des « Amis de la culture » 107
    Annexe 2 : Le Bloc populaire sénégalais (BPS) 110
    Annexe 3 : L'autonomie interne 118
    Annexe 4 : L'unité 132
    Annexe 5 : Rapport Moral 149
    Annexe 6 : Marché commun – sens et esprit 156
    Annexe 7 : Le Rassemblement démocratique africain 167
    Annexe 8 : Le colonialisme portugais 188

Notes 193

Introduction

À la demande de beaucoup d'universitaires, d'étudiants, d'intellectuels, de fonctionnaires et de militants syndicaux et politiques, je me suis décidé à écrire mes mémoires avant qu'il ne soit trop tard. Je le ferai en faisant appel à mes souvenirs, à de nombreux documents que j'ai conservés, à des textes que j'ai écrits durant mes études universitaires menées à Dakar (1952-1957) et à Paris (1957-1967). J'écrirai plus tard mes mémoires qui couvriront la période allant de mon retour en Afrique à nos jours. Je destine ce travail à la jeunesse africaine pour lui permettre de se situer par rapport à ma génération qui s'est battue pour que les pays africains soient indépendants et unis. L'époque actuelle est différente de l'époque où j'ai fait mes études primaires, secondaires, et universitaires. Je m'attacherai, chemin faisant, à préciser le contexte socio-historique de ma vie scolaire et universitaire aussi bien au Sénégal qu'en France.

J'ajouterai en annexes les textes que j'ai écrits durant ma vie d'étudiant militant en faveur de l'indépendance et de l'unité des pays africains sous domination française. Je les situerai et les commenterai au besoin. Je traiterai des thèmes suivants :

- Mon enfance et l'école primaire à Diourbel ;
- Mes études secondaires à Saint-Louis (1945-1952) ;
- Mes premières années universitaires à Dakar (1952-1957) ;
- Mes deux dernières années de luttes au sein de l'Union générale des étudiants d'Afrique occidentale (1956-1957) ;
- Mes premières activités politiques, syndicales et universitaires en France (1957-1959) ;
- Mon entrée au comité exécutif de la FEANF en 1959.

Chapitre 1

Mon enfance et l'école primaire à Diourbel

Introduction

Né au cœur du Cayor, j'ai grandi à Mbacké dans le Baol et à Kidira dans le Boundou. Mon itinéraire était tributaire des multiples déplacements de mon père qui était un cheminot. Je porte en moi la culture du rail et de la gare qui a marqué les gens de ma génération, produit de l'extension de la culture de la graine oléagineuse dans le bassin arachidier. J'ai passé mon enfance à Kidira dans le Boundou, un carrefour ethnique où vivaient des Soninké, des Halpulaar, des Maures, des Bambara, des Khassonké, des Peul du Fouta Djallon.

J'ai fait mes études primaires à Diourbel dans le Baol, l'une des régions les moins scolarisées du Sénégal.

Mon enfance

Je suis né le 22 février 1932 à Tivaouane, la septième gare du chemin de fer Dakar-Saint-Louis (DSL) construit en 1885. Très jeune, j'ai entendu les griottes chanter les vertus de cette gare baptisée de ville sans soleil et la beauté de ma tante Aïssatou Diallo, dite Barel. « *Barel Diallo, rafet ga maguila khole. Yewene ga ma gui laye niane* » (Barel Diallo, tu es belle, je te regarde, généreuse, tu l'es, je te demande de l'argent).

Je suis né à une période où les effets néfastes de la crise de 1929 se faisaient sentir au Sénégal et ont obligé les autorités coloniales à supprimer la Haute-Volta pour des raisons d'économie. « *Atume kiriseba* », l'année de la crise est restée mémorable chez les personnes âgées. Elle est devenue une date repère comme l'était l'année de la peste.

Tivaouane qui était une municipalité mixte située au cœur du Cayor, était dirigée par un commandant de cercle européen. La ville de Tivaouane possédait un état civil. Mon père Baïdy Dieng, halpulaar, est de mère peule Hawael Hamady, née en 1893 à Touldé Gallé, (Edi), près de Dioum. Mon grand parent paternel Alassane Dieng, halpulaar, est originaire de Oréfondé dans la région de Matam.

Ma mère, Aminata Diallo, est une métisse de père peul et de mère soninké. Son père est un peul, Samba Diam Bou Hama Diallo qui est venu directement du Macina. Il était spécialisé dans la confection de boubous richement brodés que les « Diananké », en vérité les originaires de la ville de Djenné du Soudan français (aujourd'hui Mali) savaient confectionner. Imam de mosquée, il savait à peine baragouiner le wolof. Il est décédé à Tivaouane en 1930.

Ma grand-mère Oumoul Khaïry Dramé, est la fille du marabout soninké Mamadou Lamine Dramé. Demeurant dans le quartier Kouliguidiane, situé à côté de la Maison d'El Hadji Malick Sy, elle était marchande au marché de Tivaouane. Je n'ai pas eu la chance de connaître ni ma grand-mère maternelle Hawael Hamady qui est décédée en 1930 et enterrée à Diourbel, ni mon grand-père paternel Alassane Dieng, décédé très tôt. C'est pourquoi mon père Baïdy Dieng, orphelin de père, a été élevé par sa mère qui était teinturière et marchande au marché de Diourbel. Mon père parle d'elle comme étant de très grande taille. Ces indications biographiques montrent que je suis au carrefour des ethnies du Sénégal et du Soudan sous domination française.

À Kidira, je parlais soninké, pulaar, wolof. Mais aujourd'hui, je ne parle plus soninké. C'est la conséquence de mon séjour dans le bassin arachidier qui a favorisé l'expansion de la langue wolof devenue une *lingua franca*, une langue de communication.

Mon père Baïdy Dieng est embauché aux Chemins de fer de l'AOF le 16 juin 1927 comme écrivain journalier. En 1929, il a passé un examen pour être reclassé comme facteur auxiliaire. Nommé facteur stagiaire le 1er juillet 1931, il fut titularisé le 1er juillet 1932. En 1933, il fut receveur Petites vitesses (PV) en remplacement de M. Disatti, chef de gare PV, admis à l'examen des sous-inspecteurs et affecté. De 1934 à 1935, il fut affecté à Kidira où il allait rester jusqu'au 18 juillet 1937. À cette date, il fut réaffecté à Diourbel comme receveur PV.

De Mbacké à Kidira

Mon père a servi comme chef de gare à Kidira qui est la dernière gare du Sénégal lorsqu'on se rend au Soudan français. La famille était logée à la gare qui est un modeste bâtiment colonial en dur et couvert de tuiles. Notre domicile était isolé de la ville de Kidira. C'est un wagon-citerne qui ravitaillait en eau la famille. Kidira dépendait administrativement de la subdivision de Goudiry où demeurait le chef de subdivision qui était alors un Français. Cette escale située au Boundou abritait un cocktail d'ethnies : Bambara, Soninké, Halpulaar, Maure, Khassonké, Peul. Je me souviens de la présence d'une seule famille wolof dans la ville de Kidira. Le wolof était parlé à la maison, mais nous étions obligés pour communiquer avec les originaires de la région de pratiquer leurs langues. C'est ainsi que j'ai appris le pulaar et le soninké. Je connaissais quelques mots de hassania, la langue des Maures et des Mauresques qui étaient des vendeuses de lait. Les douaniers et les forces de l'ordre étaient des Bambara. Les domestiques à la maison étaient soninké ou halpulaar. Les seuls moments animés de la ville étaient constitués par l'arrivée des trains voyageurs venant du Sénégal ou du Soudan. Le personnel de la gare était très réduit. Il comprenait un aiguilleur, une petite équipe veillant à l'entretien des rails, d'un chef de sécurité s'occupant du téléphone et du télégraphe. Quelquefois, je voyais mon père faire fonction de télégraphiste. Souvent, il nous parlait des accidents qui avaient causé la mort de piétons ayant emprunté le pont très étroit enjambant la Falémé, affluent du fleuve Sénégal au moment du passage des trains. Comme distractions, mon père se livrait, lorsque ses chefs hiérarchiques blancs venaient en inspection dans des wagons-lits, à la chasse la nuit. Ils étaient munis de lampes attachées à la tête et au front. Cela donnait des frayeurs à ma mère qui craignait la présence des lions très nombreux dans les parages de la gare. Kidira est une ville infestée de serpents qui ne manquaient pas de fréquenter la maison bien ombragée et fraîche. Cette ville se situait dans une zone de passage pour les lions qui allaient s'abreuver au fleuve. D'ailleurs, une fois, un lion a eu à abattre la nuit un de nos moutons et a laissé des traces sur le mur de la gare où il a coincé sa proie. Le soir nous entendions les lions rugir au loin, mais c'était comme s'ils étaient près de notre demeure. Nous nous sommes habitués à cette coexistence. Un jour, une de mes cousines Fatou Bintou Diallo venue de Tivaouane nous rendre visite à Kidira a entendu un lion rugir, elle était tellement atterrée qu'elle allât se cacher sous le lit.

Mon père prenait de temps en temps des congés qu'il passait soit à Kayes, soit à Bamako chez le futur député Mamadou Konaté. En 1935, il décide d'aller passer ses vacances chez un de ses amis, Ibrahima Diop qui était à Abidjan et qui avait épousé Ndèye Fari Ndiaye, la tante de Fara Ndiaye, ancien député du PDS. Mon frère Ibrahima Dieng qui est né à Kidira en juin 1935 porte son prénom. Mon père m'avait raconté certains faits qui portaient la forte empreinte du système colonial en Côte d'Ivoire. Son ami Ibrahima Diop avait été giflé par un Européen sous le prétexte qu'il ne l'avait pas salué à son passage, comme c'était de coutume dans ce pays pour les sujets français. Citoyen français, il a violemment réagi et a corrigé le Français. C'était au marché. Les Ivoiriens, interloqués par ce geste audacieux et sacrilège du Sénégalais, ont déserté les lieux pour n'avoir pas à être cités comme témoins de cette scène inhabituelle : voir un Noir battre un Blanc. Il y eut une plainte de la part de l'Européen, mais le tribunal de Grand Bassam acquitta Ibrahima Diop au motif qu'il était citoyen français et qu'il n'était pas soumis à l'obligation de saluer les Blancs détenteurs de l'autorité française. Ce récit m'avait profondément marqué et m'avait édifié sur la nature du système colonial et sur ses énormes méfaits sur les Africains sujets français soumis au Code de l'indigénat.

Par ailleurs, mon père qui n'était guère favorable au mariage mixte nous racontait les multiples tribulations du docteur vétérinaire Birago Diop marié à une femme blanche et servant au Soudan. Ce dernier passait son temps à lutter contre la discrimination raciale quand il voulait entrer dans les lieux de loisirs réservés aux Blancs de la colonie. On admettait sa femme blanche et on le refoulait. Je me souviens de ce qu'il m'avait dit du Sénégalais Joseph Ka, un marié mixte, qui avait fait ses études de médecine militaire à Lyon. Dès après son décès, sa femme et ses enfants sont repartis en France. Mon père disait qu'aujourd'hui les jeunes Sénégalais ignorent l'existence de cet homme qui faisait partie des premiers étudiants africains ayant fait leurs études en France. Cette mise en garde contre le mariage mixte était confortée par les exemples donnés par Blaise Diagne, Birago Diop et Joseph Ka. Derrière ces problèmes humains, mon père sentait intuitivement qu'il y avait des problèmes de domination coloniale et entendait sauvegarder l'identité et la dignité des Africains. Mon père souffrait beaucoup de l'isolement dont la famille pâtissait. La gare était éloignée de la ville. Elle était grosse de dangers, puisque les serpents fréquentaient notre maison et les lions qui allaient s'abreuver à la rivière passaient non loin de la gare. Le climat était insupportable. Les langues pouvaient être gercées. Il fallait constamment prendre des bains, même en pleine nuit. C'était une atmosphère d'enfer. Mon père ne manquait pas de multiplier les correspondances pour être affecté à Diourbel où sa mère avait laissé en héritage une maison. Il fut heureux de voir son vœu exaucé en 1938. Je dois dire que mon séjour à Kidira a été très fructueux. C'est là que j'ai compris l'importance des ethnies et des langues. Parlant le wolof, langue de communication du Bassin arachidier, j'étais obligé d'apprendre le soninké et le pulaar et m'y exprimer couramment. Ainsi, je découvrais les méfaits de la mise en valeur du Bassin arachidier et le délaissement de la région du Boundou. Mon père qui parlait couramment le wolof, le pulaar et le sérère, a été obligé de parler un peu le bambara et de comprendre un peu le khassonké. C'est dans cette région que j'ai commencé à comprendre l'importance des langues de communication dans les relations sociales et dans la politique.

L'administration coloniale avait placé un poste de douane à Kidira qui ne comptait que des douaniers Bambara. Les Wolof refusaient d'exercer ce métier. Cet acte pouvait être assimilé à un refus de collaboration avec le système colonial. Cette volonté de résister à l'oppression coloniale peut se retrouver dans l'attitude des Wolof, la première ethnie à entrer en contact avec les colonisateurs français, qui consiste à refuser d'exercer des fonctions de répression comme douaniers, percepteurs de taxes (duty), des policiers, des geôliers (porte-clés). Ce sont des Bambara, des Diola, des Halpulaar (esclaves ou castés, pêcheurs ou autres) qui étaient recrutés comme policiers. Les Halpulaar torodo préféraient être des gardes-cercles attachés au service des commandants de cercles blancs, tandis que les Casamançais exerçaient les métiers de geôliers (porte-clés dans les prisons).

À Kidira, les Halpulaar faisaient partie des équipes chargées de l'entretien de la voie ferrée et des aiguilleurs qui veillaient au bon fonctionnement des sémaphores. J'ai gardé un mauvais souvenir de Kidira qui ne possédait aucun poste de santé. Mon frère Ibrahima Dieng et ma sœur Fatou Bintou sont nés sans assistance ni d'un médecin, ni de sage-femme. Ma sœur a été atteinte du tétanos à la suite des couteaux non-stérilisés, utilisés pour couper le cordon ombilical lors de l'accouchement. Elle n'est pas morte, elle s'en est sortie handicapée. En 1938, après un séjour de cinq ans à Kidira, mon père réussit à quitter le Boundou.

De temps en temps, mon père et moi allions nous baigner au bord de la Falémé, lieu où se retrouvaient les crocodiles, les lions et les hippopotames. Mon père me recommandait de rester sur les berges du fleuve et d'avoir le visage découvert pour éviter les attaques des lions qui craignaient la vue des hommes. Les seuls moments d'animation de la gare étaient constitués par l'arrivée des trains voyageurs provenant de Dakar ou de Koulikoro. Le soir, à cause de la chaleur intenable, la famille restait très tard sur le perron. C'était le moment des contes débités par mes parents ou les visiteurs. C'était un moment de bonheur vécu par la famille lorsque mon père a appris la décision des autorités du chemin de fer de l'affecter à Diourbel.

L'école coranique à Diourbel

À mon retour à Diourbel, j'ai commencé à être initié à l'apprentissage de la mémorisation du Coran par le demi-frère de mon père, Ahmadou Samba Dia qui était chauffeur de son état. Quelque temps après mon père me confia à un marabout « toucouleur » du nom de Thierno Amadou Diallo qui habitait non loin de la maison familiale. C'est dans cette école coranique que j'ai pu apprendre à lire et à écrire. Quand le marabout et son adjoint Thierno Ly étaient absents, c'est moi qui surveillais les autres talibés et écrivais à partir du Coran les versets qu'ils avaient à apprendre. Quand j'ai été inscrit au cours préparatoire de la première année de l'École primaire régionale de Diourbel en octobre 1939, quelque temps après la déclaration de la Guerre mondiale en septembre, j'ai continué à fréquenter l'école coranique uniquement le mercredi. Mais mon père m'avait interdit d'aller, comme beaucoup d'autres talibés de mon âge, demander de la charité. Cet exercice avait beaucoup d'attrait pour les jeunes de mon quartier. Mon père préférait payer « *le deureumou allarba* » qui est une modeste somme d'argent versée au marabout toutes les semaines. Mon marabout Thierno Amadou Diallo en imposait par sa prestance et sa forte personnalité. Dès qu'il disparaissait, les talibés prenaient des récréations auxquelles ils n'avaient pas droit ou se contentaient de marmonner les versets du Coran. Dès qu'il apparaissait, tous les talibés se mettaient à répéter leurs versets à haute voix pour éviter ses châtiments qui n'étaient pas d'une très grande douceur. Mon père avait une si grande estime pour lui qu'il a donné son prénom à un de mes demi-frères qui est décédé très tôt.

La maison familiale située dans le quartier Demba Wélé, un marabout toucouleur, comprenait deux bâtiments en banco et coiffés de tôles ondulées. Elle était électrifiée à partir du courant électrique fourni par la Société électrique et industrielle du Baol (SEIB), une huilerie créée en 1920. J'ai eu la chance d'habiter un quartier qui pouvait bénéficier de l'éclairage électrique, alors que beaucoup d'élèves de l'École régionale ou franco-mouride étaient privés de cette faveur. Il était plus avantageux d'étudier ses leçons ou lire ses livres de classe à la lueur des lampes électriques qu'avec des bougies ou des lampes à pétrole ou « lampes tempête », comme on disait alors.

En 1940, mon père se décida à casser l'un des bâtiments en banco pour construire une villa en ciment de trois pièces flanquée de deux débarras couramment appelé « *pantré* » dérivé du mot anglais : *pantry* et entièrement carrelée. Après déménagement dans la nouvelle demeure, mon père loua le bâtiment en banco successivement à un sergent mossi, à Idrissa Diallo, un vétérinaire africain formé à l'époque à Bamako, à un instituteur de Foudiougne, Monsieur Diouf, à Mbouya Diakhaté, un cheminot, à Magatte Lo, commis à la Résidence de Diourbel et futur président du Conseil économique et social du Sénégal.

L'école régionale de Diourbel (1939-1945)

Je suis rentré en octobre 1939 à l'École régionale de Diourbel qui recevait les élèves venant des écoles primaires à trois classes de Bambey et de Mbacké situés dans le cercle du Baol. L'école était dirigée par un instituteur blanc, Alfred Monfred qui sera remplacé d'abord par Pierre Lapeyre, ensuite par Jean Philippi. Les élèves du cours préparatoire première année étaient au nombre impressionnant de 110 environ.

À cette époque, beaucoup d'élèves venaient tardivement à l'école. Certains d'entre eux avaient des jugements supplétifs d'actes de naissance qui leur tenaient lieu de bulletins de naissance. Ils étaient très âgés. Certains d'entre eux pouvaient « frapper » les maîtres. Un de nos condisciples, Ibrahima Kandji, a réussi à malmener durement notre maître qui nous enseignait au cours préparatoire deuxième année. Il a été renvoyé de l'école. Je faisais partie des plus jeunes élèves, raison pour laquelle on m'appelait « Petit Dieng ».

J'ai fait mes études primaires durant la Seconde Guerre mondiale qui a lourdement pesé sur la scolarité des élèves. C'était une période de pénurie alimentaire. Les Africains étaient soumis à un régime de ravitaillement extrêmement draconien. Pour disposer des denrées de première nécessité, il fallait avoir des cartes de ravitaillement. Pour accéder à ces denrées, on était soumis à l'obligation d'acheter des produits futiles comme des fers à repasser, des parasols ou des pots de chambre, etc. Le savon était si rare qu'il était impossible de respecter les règles les plus élémentaires d'hygiène. Les corps étaient sales. La gale était une maladie courante. Les grosses plaies appelées dans le langage médical ulcères phagédéniques étaient très fréquentes. Certaines personnes qui en souffraient mettaient autour de leurs plaies des morceaux d'aluminium qui étaient destinés à préserver les caisses de thé de l'humidité pour soigner ces ulcères difficilement guérissables. La teigne faisait rage. Elle se soignait avec des tomates écrasées sur la tête des personnes qui en étaient atteintes. Les poux infestaient les habits. Il n'était pas rare de voir des personnes se livrer à la chasse de ces bestioles qui peuplaient leurs habits et les cheveux des femmes.

Beaucoup de gens, à la suite de la pénurie de tissus, se passaient des habits pour pouvoir sortir de leurs maisons. C'est de cette époque que datent les habits des « Baye Fall » qui étaient confectionnés avec des résidus de tissus multicolores. La pénurie d'habit était si contraignante que certaines personnes n'hésitaient pas à déterrer des cadavres fraîchement enterrés pour leur enlever leur linceul en percale qu'elles faisaient teindre pour les utiliser ou pour les vendre au marché. Cette pratique était générale dans le Sénégal à l'époque. La malnutrition était très courante. Les gens mangeaient peu et n'importe quoi. Certaines personnes étaient obligées de manger du son ou du tourteau. Je me souviens du nom d'un des élèves de mon quartier qu'on avait donné à Ibrahima Sarr : Sarr *rakal* (tourteau en wolof). Ce dernier a porté ce nom jusqu'à sa mort. C'était la période des pique-assiettes (*Kharankat* en wolof). J'ai vu à l'époque des gens attendre devant les camps militaires pour manger les restes des soldats qui étaient mieux nourris que les populations. Le riz, une denrée de première nécessité, qui venait d'Indochine ou de la Caroline (USA), devint rare à cause de la pénurie de bateaux mobilisés pour les besoins de la guerre ou de la crainte des sous-marins allemands ou japonais.

C'était aussi à l'école la pénurie de cahiers et de livres. Faute de craie blanche, on utilisait un semblant de craie venant de Sélibabi, ville située en Mauritanie et qui grinçait à l'usage. Les livres étaient utilisés par deux élèves et les couvertures des cahiers étaient mises à contribution pour réaliser des économies de papier.

Les chaussures étaient rares. Certains élèves venaient à l'école pieds nus ou utilisaient des chaussures en bois ou faits avec de vieux pneus d'automobile. Les lampes d'huile, faute de pétrole lampant, étaient fabriquées à partir des boîtes de conserve récupérées. Faute d'ustensiles de cuisine naguère importés, les ménagères utilisaient des produits fabriqués par les artisans locaux. Certaines personnes arrivaient à transformer des bouteilles récupérées en verres à boire qu'il n'était plus possible d'importer au Sénégal.

La pénurie d'habits obligeait les populations à recourir à certains expédients : se passer les habits à tour de rôle pour sortir, porter des habits confectionnés avec du coton local par des artisans du pays, ou s'habiller avec des sacs vides de semoule et de farine. Les gens privilégiés étaient fiers d'arborer leurs habits confectionnés à partir des sacs vides de semoule et de farine et teints localement. Je faisais partie de cette catégorie de privilégiés. Combien de fois la police a arrêté des personnes qui vendaient des habits confectionnés à partir de linceuls au marché de Diourbel. Dans son livre : *Panorama politique du Sénégal ou les mémoires d'un enfant du siècle* (NEA, Dakar, 1986), Mansour Bouna Ndiaye note les méfaits de la pénurie d'habits pendant la guerre à Louga : « Les gens qui le pouvaient s'habillaient avec des vides des sacs de semoule ou de farine lavés mais dont on cachait difficilement les imprimés. Certains n'hésitaient pas à voler les linceuls en percale dans les tombes pour les revendre » (p. 23).

Ces phénomènes de pénurie que j'ai tenus à rapporter sont destinés à montrer les conditions épouvantables dans lesquelles j'ai poursuivi mes études primaires. Au départ, nous étions plus de cent élèves, mais à l'arrivée, au cours moyen 2e année, nous n'étions qu'une trentaine.

Au cours préparatoire première année, nous n'avions pas de tables-bancs, mais simplement des bancs. Nous étions obligés pour écrire de poser nos ardoises sur les genoux. Notre maître était un simple moniteur d'enseignement titulaire du Certificat d'études primaires élémentaires (CEPE), Blondin Diop. Cet enseignant était très pédagogue. Il savait intéresser ses élèves. Il n'hésitait pas à nous faire sortir de l'école pour faire des leçons devant les ateliers des forgerons ou des cordonniers. Une fois, il a eu à organiser une séance de tam-tam ; ce sont les élèves de la classe qui battaient le tam-tam et qui dansaient. Il n'y avait dans notre classe qu'une fille Lissoune Diop dont le père était employé de commerce originaire de Saint-Louis et dont la mère était rufisquoise.

Dans les classes supérieures, on pouvait noter la présence de deux filles de notre quartier : Aïda Camara, la grande sœur d'Ousmane Camara et Aïda Dème.

Les rares filles fréquentant l'école étaient des européennes ou des casamançaises catholiques comme les sœurs de mon condisciple Raoult Bocandé. Les familles musulmanes refusaient d'envoyer leurs filles à l'école française considérée comme lieu de débauche. L'école régionale de Diourbel était une école mixte.

J'ai eu comme maître Amady Sy, un moniteur au cours préparatoire deuxième année. Cette classe située à quelques pas de l'école régionale était appelée « École Radji ». Il n'y avait guère de cour pouvant servir à la récréation des élèves. Ce qui conduisait les élèves à aller dans les jardins situés à côté. Un jour, le maître a sifflé pour mettre un terme à la récréation. Mais les élèves occupés à un combat à coup de mottes de sable refusèrent d'obtempérer. À la fin de cette bataille, ils se rangèrent derrière un élève très âgé, Ibrahima Kandji, fils d'un chef de quartier de Diourbel. Il était considéré comme un lutteur. Les élèves scandaient des slogans hostiles au maître. Ils criaient « *Andala, bayil dor* » (Andala, cesse de frapper). Kandji n'hésita pas à terrasser le maître et à le frapper copieusement.

L'élève fut renvoyé de l'école. Et le maître convoqua nos parents qui devaient nous corriger en pleine classe. Au cours élémentaire première année, nous avions un enseignant extrêmement sévère qui n'hésitait pas à recourir aux châtiments corporels. Il demandait à quatre « gaillards » de prendre l'élève à corriger par les bras et les pieds pour le soulever et pour recevoir des coups de bâton. Quand j'étais au cours élémentaire deuxième année, nous partagions la même salle de cours avec les élèves du cours moyen première année. L'institutrice était une Européenne, la femme du directeur de l'école, Madame Philippi. Elle obligeait les élèves atteints de gale à se laver au savon dans une bassine placée à côté de la porte de la classe et à s'enduire de souffre appelé « tamragne », avant d'entrer en classe.

C'était la période de Vichy. Chaque lundi, il y avait une séance de salut aux couleurs dans la cour de l'école organisée par le directeur de l'école. Après le salut aux couleurs, c'était la distribution des cadeaux et du bâton Maréchal à quelques élèves méritants.

C'était aussi le chant dédié au maréchal Pétain « Maréchal, nous voilà, tu nous a redonné l'espérance, le héros de Verdun.... ».

Madame Philippi, pleine de zèle, pour faire de nous des patriotes français, s'acharnait à adapter des chants français au contexte local. Elle nous faisait chanter « Amina, chargée de mangues, Larirette, Larirette, s'en revient de son lougan... ».

Dans la classe, il n'y avait que deux jeunes filles africaines, Aminata Thioye et Dieynaba Camara dont les pères étaient des instituteurs.

Dans la classe, figurait sur le mur une grande photographie du Maréchal Pétain où il est inscrit « J'ai été avec vous dans les jours glorieux, je resterai avec vous dans les jours sombres. Je vous ai fait don de ma personne », Philippe Pétain.

Le régime de Vichy était très dictatorial. Il avait multiplié le nombre d'indicateurs de police pour surveiller les gaullistes européens et africains.

Lors des séances de gymnastique, le maître nous demandait de crier fort « France AOF » et de frapper nos poitrines en disant « *Yap Yapo* » : ce qui rappelait le salut des nazis.

À cette époque, mon père m'avait demandé de ne pas prononcer le nom de De Gaulle devant les élèves français à l'école. Son ami, Rameil, un commerçant toubab de Marseille, lui avait proposé un poste radio. Mais il a refusé ; sinon il allait être signalé comme gaulliste par les agents secrets.

À la fin du régime de Vichy représenté par le gouverneur général Pierre Boisson qui a fait fusiller un bon nombre de gaullistes à Dakar, l'espoir revenait.

Les jeunes filles africaines chantaient des chants anti-fascistes : « *Itiler, gorou Fatou Ler, li ma la yéné von, khandi pétrole sakou lancette* » (Hitler, le frère de Fatou Ler, ce que je souhaite pour toi, c'est un estagnon de pétrole et un sac de lames de rasoir).

Les Sérères se sont attroupés à l'annonce de la fin de la guerre devant la Société électrique et industrielle du Baol (SEIB) pour chanter les louanges du chef de canton Ély Manel Fall : « *Baye Bouro Fall, do tou gnou chékh, guerre bi dje na* » (Prince Fall, nous n'irons plus combattre, la guerre a pris fin).

Cette ethnie a toujours cherché à échapper au service militaire. Elle a horreur de recevoir les convocations pour l'accomplissement du service militaire : « *Gor diap na kayit* » (Gor a reçu une convocation).

Le régime de Vichy a laissé de profondes traces au Sénégal et en particulier à Dakar qui a connu des bombardements qui ont causé en septembre 1940 d'énormes dégâts. Le général De Gaulle était venu de Sierra Léone pour prendre la ville de Dakar contrôlée par le gouvernement de Vichy dirigé par le Maréchal Pétain. Le gouverneur général Pierre Boisson a opposé une forte résistance et a arrêté Hettier de Boislambert, un gaulliste qui sera nommé à l'indépendance du Sénégal en guise de récompense comme le premier ambassadeur de France.

Le croiseur Richelieu a cherché à atteindre les avions et les bateaux affrétés par le général Charles De Gaulle. Le cargo « Tacomat », chargé d'huile et d'arachide, a été coulé au large de Gorée par les avions du général. C'est pourquoi son épave est signalée à l'entrée de Gorée par une bouée de sauvetage. Les coups de canon envoyés à partir du croiseur Richelieu ont provoqué des dégâts à Dakar. Cet événement sera très présent dans les chants (dit Bak) du célèbre lutteur lébou Abdourahmane Ndiaye dit Falang : « *Richelieu aki balle man douma te gniow* » (Les balles du Richelieu ne m'empêcheront pas d'avancer vers mon adversaire).

Beaucoup de Dakarois ont quitté leur domicile pour se rendre dans les autres villes du Sénégal. Je me souviens de l'arrivée de la famille Fatou Awa de la rue 1 de la Médina, la grand-mère de Fara Ndiaye, député PDS à Diourbel où elle est restée une quinzaine de jours.

L'année 1944-1945, nous avions comme instituteur, Monsieur Mamadou Ba qui venait de Kédougou. À la suite d'une épidémie de méningite, l'école était en quarantaine pour éviter l'expansion de la maladie. Comme nous étions en classe d'examen pour le Certificat d'études primaires élémentaires et pour le concours de l'École primaire supérieure Blanchot de Saint-Louis, le maître a tenu à continuer à nous faire la classe malgré l'interdiction des autorités et des risques qu'il nous faisait courir. À l'époque, les instituteurs tenaient à avoir les meilleurs résultats aux examens. C'était leur fierté d'enseignant. Dans cette école, j'ai eu à partager les bancs avec les fils ou les filles de hauts fonctionnaires ou de commerçants libanais ou marocains et avec des Africains appartenant à toutes les catégories de la société. Il n'était pas rare de voir les élèves exercer, à la sortie des classes, certains métiers de fabricant de selles, vendeur d'eau, de pastilles, de bonbons, de poulets, de perles, etc.

En dehors des cours normaux, dispensés au sein de l'École régionale, la direction avait organisé un cours spécial pour les élèves trop âgés ou pas très doués. Ces élèves devaient suivre des cours le matin et se livrer à des travaux pratiques (maçonnerie, jardinage, élevage, etc.) le soir.

À l'aube, je me levais pour aller à l'école. Ma mère m'accompagnait pour être pris en charge par un de mes condisciples plus âgé que moi, Yaya Sall. Il faisait très sombre.

L'école possédait des jardins entretenus grâce aux élèves et sous la direction d'un ancien tisserand halpulaar nommé Baïdy Sy. L'un des jardins se trouvait à l'école, l'autre se trouvait à proximité du camp actuel des pompiers. Durant la saison sèche, une partie du jardin était consacrée aux cultures maraîchères, l'autre à la culture du manioc. Le maraîchage était pratiqué dans l'ancien lit du fleuve Sine. C'est pourquoi il n'était pas utile de creuser des puits qui étaient remplacés par des « séanes ». La nappe phréatique était à quelques mètres du sol. Tous les puits dans cet ancien lit fournissaient de l'eau douce aux habitants de la ville. Ce sont les Hal pulaar qui étaient spécialisés dans le transport et la vente de l'eau douce « *Diaye dokh* » (en wolof, vente d'eau). Tous les puits situés hors de l'ancien lit ne donnaient que de l'eau saumâtre utilisée pour les besoins de la cuisine, du linge et du bain, etc.

La ville de Diourbel est très spécialisée dans le maraîchage à cause de plusieurs facteurs : la fertilité de la vallée du Sine, la présence d'une nappe phréatique peu profonde, l'abondance de la fumure animale provenant du marché à bestiaux (« *Marbatte* » en wolof).

Diourbel fournissait des légumes aux villes situées le long du chemin de fer Dakar – Niger (Guinguinéo, Kaffrine, Tambacounda) et à Kaolack où le jardinage ne pouvait guère prospérer à cause de la salinité de ses terres.

L'administration coloniale a vite compris la nécessité de créer une école franco-mouride pour intéresser les mourides à la pratique des cultures maraîchères qui étaient destinées aux Européens et aux Libanais. L'école devait attirer les mourides qui ne voulaient pas aller à l'école en instaurant un enseignement en français et en arabe. Une grande partie de l'ancienne vallée du Sine se trouve dans les quartiers habités surtout de mourides Baye Laye : « *Guinawe Rail* » (derrière la voie ferrée), « *Keur gou mak* » (la grande maison, c'est le quartier où est bâtie la grande mosquée de Diourbel).

C'est de là que date l'expertise des mourides en matière de cultures maraîchères. C'est ainsi qu'on les retrouve dans les jardins situés à Thiaroye, dans la banlieue de Dakar et dans les Niayes.

L'école régionale a réussi à avoir un lopin de terre situé dans l'ancienne vallée du Sine et à côté du camp actuel des sapeurs-pompiers. C'était un endroit où étaient enterrées sous les coques d'arachide de la SEIB les matières fécales venant des habitants de la localité.

Les élèves étaient chargés d'assainir les lieux, de tracer des plates bandes, de creuser un puits peu profond et d'y planter des légumes, sous la surveillance de l'ancien tisserand Baïdy Sy.

Pendant l'hivernage, les élèves devaient fournir pendant un mois sur les trois mois de vacances des prestations pour cultiver du mil et de l'arachide. Dès le mois de mai, ils étaient tenus de décortiquer les arachides qui servaient de semences sous la surveillance étroite du directeur de l'école.

L'école fournissait des hilaires pour la culture de l'arachide. C'est en chantant la Marseillaise et d'autres chants à caractère patriotique que nous allions aux champs de l'école située à quelques kilomètres de la ville sur la route menant vers Bambey et Dakar.

Une des activités favorites des élèves était de trouer à la lame rasoir les sacs d'arachide de la SEIB pour avoir accès aux graines. Les élèves aimaient narguer le gardien sérère qui avait l'accent en wolof fortement marqué. Ils l'avaient surnommé « vieux balai ». Mes deux condisciples, Raoul Bocandé et Yaya Sall dit De Gaulle à cause de sa grande taille, avaient fait de ce larcin leur sport favori.

Une autre activité était pratiquée par les élèves à la sortie des classes. C'étaient les bagarres organisées dans un champ de filaos traversé par la conduite qu'empruntaient les eaux usées de l'usine de la SEIB. Les élèves prenaient plaisir à assister à ces bagarres qui finissaient très mal pour quelques-uns des protagonistes.

Certains élèves aimaient taquiner ou frapper les fous ou folles qui fréquentaient le marché de Diourbel. D'autres élèves louaient des chevaux ou des bicyclettes pour faire de l'équitation ou rouler à vélo ! C'était une activité lucrative pour certains adultes.

Le champ des courses était un lieu fréquenté par certains élèves qui étaient fascinés par les casaques arborées par les jockeys lors des courses de chevaux organisées certains dimanches. Parmi les élèves, il y en avait qui jouaient au pari mutuel. Mon père était féroce avec moi qui aimais les animaux et notamment les chevaux. Une fois, à la sortie de l'école, j'ai enfourché un âne appartenant à un de mes condisciples Bakhane Dioum, fils d'un ami laobé de mon père, Samba Ouro Dioum. Une de mes sœurs m'a dénoncé. Et mon père m'a administré une de ces corrections que je n'oublierai jamais.

Une année où je n'ai pas bien travaillé à l'école, mon père qui savait manier la carotte et le bâton, se décida à changer de tactique ; il se résolut à m'appeler et me parla sans élever le ton. Il me dit : « les terres sont très fertiles à Diourbel, il y a beaucoup de fumier ; les arrosoirs ne manquent pas. Tu as une grosse tête. Je vais te procurer un lopin de terre pour faire du jardinage, si tu ne veux pas étudier ». Ces propos ont eu sur moi un effet tel que je me suis décidé à mieux travailler à l'école.

Ma scolarité a été troublée par les fréquents déplacements que j'effectuais avec mon père à Tivaouane pour rendre visite à ma mère malade qui devait décéder en 1944. Orphelin de mère à 12 ans, j'étais comme perdu. Je vivais avec mon père, mon petit frère Ibrahima, mes trois sœurs étant à Tivaouane. Cette période n'a guère été faste pour moi qui ai perdu mon petit frère Samba, ma tante Fatimata Diallo, mon oncle Boubacar Diallo.

Mon père refusait à mon frère Ibrahima et moi la permission d'assister aux courses de chevaux. Il craignait que nous ne négligions nos études scolaires et que nous nous livrions aux jeux de hasard qu'interdisait l'Islam.

Quand j'ai eu le Certificat d'études primaires (CEPE), j'ai été au « *Marbat* », marché à bestiaux. J'ai choisi un beau poulain que j'ai amené à la gare où mon père travaillait. Je lui ai proposé de me l'acheter. C'est avec une gifle qu'il m'a accueilli.

Diourbel manquait de loisir. La ville n'a eu un cinéma qu'en 1944. Les dimanches, des séances de lutte avec frappe étaient organisées. Quelquefois, il y avait des spectacles appelés « Cirques » et organisés par des homosexuels. Ces manifestations étaient à cette époque tolérées par la société. À Diourbel, elles attiraient le public. On disait que ces homosexuels étaient d'origine saint-louisienne. C'était en tout cas la rumeur.

Le 14 juillet était une grande fête avec sa retraite aux flambeaux, ses diverses formes de course, ses luttes et ses mâts de cocagne. C'était organisé par le commandant de cercle qui recevait les différents chefs de canton du cercle du Baol. Ces derniers, en guise de spectacle, faisaient danser leurs beaux chevaux.

L'année scolaire 1944-1945 était une année d'examens et de concours. Je devais avoir le Certificat d'études élémentaires (CEPE) et passer le concours d'entrée à l'École primaire supérieure (EPS) Blanchot située à Saint-Louis à la Pointe-Sud. Cette année, nous avons reçu le général Weygand, un homme de petite taille, à la gare de Diourbel avec pompe. Il est venu à bord d'un autorail appelé « Micheline ». Nous avons chanté la Marseillaise et agité de petits drapeaux français.

À cette époque, les principaux postes de direction étaient tenus par des Blancs : le commandant de cercle, roi de la brousse, le commissaire de police, le chef de brigade de la gendarmerie, le médecin chef, le receveur de la poste, le trésorier payeur, l'inspecteur de police. Les grandes sociétés commerciales comme la Compagnie française d'Afrique occidentale (CFAO) (*Keur compagnet*, disent les Wolof), Chavanel, Soucail, Devès et Chaumet, Maurel et Prom, Maurel Frères, Vezia, la Société commerciale de l'Ouest africain (SCOA) avaient pignon sur rue autour du marché. À l'exception de la CFAO à capitaux marseillais et de la SCOA à capitaux lyonnais, les sociétés commerciales étaient toutes d'origine bordelaise.

Quelques petits Blancs comme Bonnet, Rameil, Barthe, Rabaute, Gaillard, Rivière, Arcens, Baille exploitaient quelques petites entreprises commerciales qui employaient surtout des boutiquiers lébou. Ce qui a favorisé l'établissement d'un quartier lébou à Diourbel, situé autour de la mosquée du marché actuel.

Le long de la rue du commerce et autour du marché, le commerce, et en particulier le commerce des tissus, était tenu par les Libano-syriens comme Yactine, Nacousi, Derbas, Nasralla, Abiganem, Attié ou des Marocains comme Abdou Karim Ben Zenkry. L'unique dépôt de pharmacie était tenu par un petit Blanc Norbert Glatli.

Durant l'année scolaire 1944-1945, j'ai bénéficié de la protection de Mamadou Fall qui était mon condisciple et mon parent par plaisanterie. Un jour, la femme de l'adjoint au commandant du cercle est venue à l'École pour me corriger pour avoir offensé sa fille. Discrètement, Mamadou Fall me demanda de rentrer chez moi par l'autre porte de l'école. La dame disait qu'elle « venait chercher son oiseau ». Le lendemain, le directeur Philippi au nom bien corse m'appela dans son bureau pour m'administrer une gifle que je n'oublierai jamais.

À l'école primaire de Diourbel, les élèves étaient formés essentiellement par des moniteurs d'enseignement et non par des instituteurs sortis de l'École normale William Ponty. Certains d'entre eux ont pu recevoir l'enseignement d'institutrices françaises comme Madame Philippi ou Madame Trou dont le mari travaillait à la SEIB.

Nos livres de lecture étaient constitués par les livres de Davesne : *Mamadou et Bineta, Mon ami Koffi,* ainsi que d'autres livres comme, *Les contes des cent et un matins, Les contes de la brousse et de la forêt, Le manuel d'agriculture.*

Les élèves étaient fascinés par certaines figures mythiques comme Trimobé, Guinarou, Mossikasika, le terrible Bambouno du Congo, Takinga, Méa Yeung. J'ai été choqué par un texte intitulé « les dépenses inutiles » où l'auteur se moquait des nègres qui, dit-il, n'ont pas besoin d'acheter des chaussures ; car leurs talons étaient si épais qu'ils n'avaient guère besoin de porter des chaussures.

Le comble était constitué par les dernières phrases du manuel d'agriculture. À la fin des études primaires, il était recommandé aux élèves de choisir d'être cultivateurs.

J'ai passé mon Certificat d'études primaires au mois de juin 1945, l'année du décès du premier Khalife général des mourides, Mamadou Moustapha Mbacké et du président Franklin Roosevelt. Je devais passer à Thiès le concours d'entrée à l'École primaire supérieure Blanchot. Mon père y tenait beaucoup. Mais son ami Alioune Sow qui était un commis à la police de Diourbel m'appela discrètement et me dit : « Ne te fatigue pas, je vais t'amener au Lycée Faidherbe de Saint-Louis. Ton père ne connaît pas les circuits scolaires ». Le concours d'entrée à l'École Blanchot était passé à Thiès pour les élèves de Diourbel. J'ai respecté ses consignes car l'entrée à cette école ne permettait que d'être instituteur, commis d'administration, médecin africain. Par contre le lycée Faidherbe pouvait m'ouvrir la porte à d'autres carrières comme avocat, médecin, professeur, pharmacien, etc.

J'étais enchanté de revoir Thiès, la ville du rail qui abritait de belles villas affectées aux cadres blancs et situées au kilomètre 2. Ces habitations aux multiples fleurs donnaient un air de gaîté à la ville où étaient présents beaucoup de Bambaras, policiers de l'État ou du chemin de fer, mécaniciens ou conducteurs de train. Des Halpulaar étaient nombreux au camp des garde-cercles appelé Tropical.

Pour les besoins du concours, j'habitais chez Élimane Hane, un ami de mon père. Je passais mon temps à aller à la pâtisserie pour acheter de succulents gâteaux qu'on ne pouvait pas trouver à Diourbel. Thiès abritait un énorme camp militaire habité par des Blancs qui fréquentaient ce salon de thé auquel était annexé un petit hôtel. Des militaires malgaches étaient présents à la base militaire de Thiès. C'est pourquoi certains élèves de Diourbel ont donné le nom de Malgache à un des neveux du directeur d'école, Monsieur Sarr. Ce dernier avait une peau très claire à tel point qu'il ressemblait à un Malgache.

Dès l'ouverture de l'année scolaire 1945-1945, Alioune Sow m'amena à Saint-Louis passer l'examen d'entrée en sixième classe. À cette époque, il n'y avait pas encore le concours de bourses ouvert aux élèves africains qui ne sera institué que l'année suivante en 1946. Le lycée Faidherbe était surtout fréquenté par des Blancs, des métis, des Libanais, des Antillais et de quelques fils de Saint-Louisiens privilégiés, des ressortissants (surtout métis) des autres territoires de l'AOF et du Togo, et des fils de planteurs de la Côte d'Ivoire. Les Dahoméens étaient très nombreux dans ce lycée qui était considéré comme le lycée des « Indigènes » comparativement au Lycée Van Vollenhoven appelé le lycée des Blancs.

Il a fallu la présence du recteur Jean Capelle pour réformer le système éducatif local. Ce dernier a changé le nom du diplôme qui sanctionnait la fin des études secondaires. Jusqu'en 1947, les élèves passaient le Brevet de capacité coloniale équivalent au Baccalauréat. Désormais, sur le diplôme figurait la mention « Baccalauréat ».

Chapitre 2

Mes études secondaires à Saint-Louis (1945-1952)

Durant l'année 1947-1948, j'étais à l'internat où j'ai pu travailler dans de bonnes conditions. La nourriture qu'on nous servait était relativement correcte. La discipline était telle que les élèves étaient obligés de travailler dans une atmosphère saine d'émulation. Mes aînés sénégalais comme Aw Tidiane m'encourageaient et m'aidaient dans mes travaux. Il existait une bonne bibliothèque où les élèves pouvaient se procurer les livres qu'ils voulaient. L'un des plus grands lecteurs de romans policiers était Cheikh Hamidou Kane dit Kakha. C'est lui qui m'a prêté une fois *L'Âne de Buridan*. La pratique du français était de rigueur, puisque les élèves étaient originaires des différents territoires de l'Afrique occidentale française et du Togo. Pendant la récréation, nous jouions au football ; le soir, c'était les séances de bal avec harmonica ou banjo. Les internes avaient créé un journal humoristique *Bizuth* dont le style caustique ne manquait pas de déranger certaines personnes égratignées. Mais c'était une bonne école de journalisme pour ceux qui collaboraient assidûment au journal et un bon exercice de style. Cheikh Hamidou assurait l'animation du journal.

L'internat était surtout peuplé d'élèves non sénégalais. Aucun Saint-louisien n'était présent à l'internat où les élèves du Sine Saloum, la première région arachidière du pays, étaient les plus nombreux du Sénégal à la suite de l'ouverture du premier concours des bourses survenue en 1946 dans le cadre des réformes initiées par le recteur Jean Capelle. Rares étaient les internes blancs. Je me souviens de la présence d'Alain Borg qui était un fils d'un planteur blanc de la Côte d'Ivoire et qui était handicapé moteur. Quelques Libanais comme Dib Ayéche, fils d'un commerçant de la Côte d'Ivoire, était interne. On comptait quelques Antillais comme Didier, un élève efféminé et au menton en galoche. Son correspondant était Me Caffié, un Antillais. Il y avait un autre Antillais M. Monville qui finira par transférer son étude à Dakar. Les Antillais constituaient une forte colonie à Saint-Louis qui a connu un gouverneur antillais Wiltord, un socialiste allié de M. Lamine Guèye.

Après mon succès à l'examen, l'ami de mon père, Alioune Sow, me demanda de m'inscrire en section A pour faire du latin. Mais les autorités du Lycée n'étaient pas favorables à la présence de Noirs dans cette section où dominaient les fils des Antillais et des Français. Lorsque je l'ai informé de l'attitude des autorités du Lycée qui m'ont inscrit d'office en section moderne, il est intervenu pour que je fasse du latin pour plus tard faire du grec en quatrième année.

Cet ami de mon père qui était d'une très grande intelligence prit la précaution de me présenter à un de ses amis français qui était employé à l'imprimerie du gouvernement que les Saint-louisiens appellent bureau « *takhavalou* » (en wolof bureau où l'on se tient toujours debout). Cette famille française ouvrière m'avait complètement adopté. J'habitais à Sor chez un des amis cheminots de mon père, Dupuy Alexandre et j'allais régulièrement rendre visite à cette famille française qui me donnait l'occasion de pratiquer la langue française. Ce n'était pas une mince affaire, car j'étais au Lycée en compétition avec des Français dont la langue maternelle est la langue d'enseignement. J'étais aussi en compétition avec des élèves venant de la Guinée, de la Haute-Volta, du Togo, du Dahomey, de la Côte d'Ivoire, de la Mauritanie et du Sénégal et vivant en général à l'internat. La langue de communication était obligatoirement le français. Je souffrais, étant à l'externat, d'un handicap grave : le déplacement de Sor à l'île, les conditions épouvantables de logement (absence de table de travail, absence de lit, point de petit-déjeuner le matin, etc.). Par ailleurs, mon correspondant qui aimait prendre avec ses amis des boissons alcooliques tous les samedis nous obligeait à quitter la maison pour nous distraire à l'extérieur. Ces scènes de beuveries m'ont complètement traumatisé. C'est de là que j'ai commencé à détester l'alcool à la suite des méfaits qu'il avait sur les grandes personnes perdant tout contrôle sur elles-mêmes. Mais je n'ai jamais eu le courage de dire tout cela à mon père car il ne me laisserait même pas un jour de plus chez son ami qu'il ne connaissait pas comme alcoolique.

J'ai passé une mauvaise année en sixième pour les raisons que j'ai déjà indiquées. Le lycée n'avait pas les meilleurs professeurs. On y comptait beaucoup d'instituteurs ou d'institutrices blancs qui n'avaient pas les qualifications nécessaires. Par exemple, Madame Béart, femme de Charles Béart, directeur de l'École normale William Ponty de Sébikhotane, nous enseignait le français et la géographie. Dans cette matière, la géographie, apparaissait très nettement son incompétence lui valant très souvent le chahut des élèves. Son cours de français n'était pas de la meilleure facture. Le cours de latin était dispensé par Laurent, un professeur d'une grande stature squelettique et molasse, qui n'arrivait pas à tenir la classe. Les chahuts fusaient de partout et des pantins qui l'agaçaient étaient accrochés au plafond. Il en éprouvait une grande frayeur. Grâce à des sarbacanes, certains élèves perturbaient la classe en envoyant au plafond des boules de papier. En classe, certains élèves se permettaient d'asperger de l'encre par derrière sur ses pantalons à tel point qu'il a été obligé de porter un costume bleu toute l'année. En ville, il n'avait pas la paix ; les élèves le pourchassaient pour le chahuter. Devant cette situation, il a été obligé de demander son affectation à Abidjan l'année suivante.

En anglais, nous avions une vieille dame, Madame Feix qui nous amusait beaucoup par son accent. Le cours d'histoire n'a pas pu être dispensé à cause du rapatriement du professeur qui a eu la tuberculose. Les élèves ne prenaient pas au sérieux le cours de dessin assuré par Mme Goffard. Ils ne croyaient pas à son utilité.

Le surveillant général, un corse Peretti, était très respecté. Il en imposait aux élèves qui le craignaient beaucoup. Le proviseur Guy Sesia, un autre corse, était un ancien rugbyman qui s'imposait par sa stature physique et son éloquence. Il avait l'art de très bien présenter les professeurs, les conférenciers et les musiciens. Je me souviens d'avoir eu comme condisciple Ndaw Mayoro (surnommé Duc de Gandiole) qui sera plus tard un inspecteur des impôts, John Wrigth, un brillant élève dahoméen, Moïse da Silva, un Dahoméen qui se disait être un brésilien, Fernand Brigaud, un métis saint-louisien qui sera un haut cadre à Air Afrique et à Air Sénégal, Viala, le fils d'un militaire français, etc.

À la fin de l'année, j'étais condamné pour passer en cinquième à subir un examen en français. Mon père était embarrassé. Il ne pouvait pas me faire travailler le français à Diourbel. Il a réussi à me trouver un avocat soudanais qui habitait dans un des logements de la gare pour me faire des cours de français. Il m'a fait travailler surtout sur le fameux roman : *Le dernier des Mohicans*. J'ai tiré les leçons de mon expérience saint-louisienne. J'ai demandé à mon père de payer pour que je puisse entrer à l'internat qui était le meilleur lieu d'étude pour un élève qui venait de l'intérieur du pays. Il accepta bien qu'il jouissait de moyens financiers assez limités. Il fallait préparer obligatoirement un trousseau et payer tous les trimestres les frais d'internat.

Mon père m'envoya chez Marthe Faye, la femme de Diégane Joseph Senghor qui tenait un bar non loin de la boutique de Soudou Faye, un célèbre commerçant sérère qui soutenait politiquement Léopold Sédar Senghor. Cette femme catholique qui s'adonnait à la couture me prépara le trousseau nécessaire à tout élève interne.

Le calvaire que j'ai vécu comme élève externe, devant quitter « *Ben Talli* » tous les matins pour me rendre au lycée, était terminé. Mais j'étais astreint à passer la nuit à l'École Blanchot en raison de l'exiguïté des locaux affectés aux internes du Lycée.

Les locaux du lycée étant exigus, certains élèves internes comme moi, passaient la nuit à l'École Blanchot dans le quartier sud de Saint-Louis. Ce sont les instituteurs préparant le baccalauréat qui étaient nos surveillants d'internat. Ils nous conduisaient chaque soir du lycée à l'école Blanchot. Ils s'appelaient : Djimé Diallo, un soudanais, Racine Touré, frère de Mamoudou Touré qui sera plus tard un médecin en Mauritanie, Ibrahima Sourang qui deviendra plus tard préfet dans l'administration territoriale du Sénégal indépendant, Fodéba Keita, dirigeant des célèbres ballets africains, ancien ministre guinéen de la défense qui sera exécuté par le régime dictatorial de Sékou Touré, etc. À la fin de l'année, Fodéba Keita organisa une grande soirée musicale au dortoir de l'École Blanchot avec le concours de Facelli Kanté, un guitariste.

Comme maîtres d'externat, nous avions Massata Ndiaye, dit Naja, Bathily qui se proclamait citoyen belge né à Matadi du Congo, et Bocage un jeune Français qui était marié et qui me donnait des cours de violon.

Bathily est une figure légendaire au lycée Faidherbe. Il a vu passer beaucoup d'élèves originaires de tous les territoires de l'Afrique Occidentale. Il ne lisait rien quand il nous surveillait. Il était toujours à la porte de la salle d'études pour bavarder ou raconter des histoires qui ne tenaient pas debout. Il aimait débiter des phrases avec grandiloquence. Il aimait s'approprier le fameux vers d'Alfred de Vigny extrait de son poème la mort du loup : *« seul le silence est grand, tout le reste n'est que faiblesse »*. Bathily était relayé très souvent par un surveillant nommé Koné, un énorme colosse peu favorisé par la nature et de surcroît taciturne.

Ce microcosme a permis d'établir de solides relations entre les élèves des différents territoires de la fédération d'Afrique Occidentale et du Togo et des Antilles.

À l'internat, on comptait beaucoup de ressortissants de l'Afrique occidentale et du Togo comme Cyrille Faboumy, Sani Raouf, Rey Euloge Agbo Charles, Rey Desiré, Togbe Olory Germain, Moise da Silva, Benjamin d'Almeida, Hazoumé dit Babalao, Eiyebiyi (Dahomey), Ferdinand Sangaret, Ernest Richard, Diop Vital, Diop Vincent, Nègre Raymond, Nègre Joseph, Nègre Louis, Roger Antoine, Felicien Antoine (Soudan français) Hubert Amaizo, Yves Bresson (Haute-Volta), Basque Edmond, Abderahmane Hamza, Charles Chaudron, Guessan Pierre Koffi, Alessé Alexis (Côte d'Ivoire), Sow François, Baldé Mountaga, Ba Mamadou, Magassouba, Ba Sabitou (Guinée), Aw Tidiane, Babacar Ba, Ba Serigne Momar, Adrien Senghor, Ba Moustapha, Babacar Diop dit Ondo, Wane Abdoul Aziz (Sénégal), etc.

Les Dahoméens étaient les plus nombreux à l'internat. Il n'y avait que peu de Mauritaniens et de Nigériens.

En cinquième classe, il y avait deux jeunes sénégalaises, toutes deux saint-louisiennes, Houreyratou Sarr et Charlotte Cissé. Le professeur de latin, Plantin, éprouvait un malin plaisir à les appeler « nos grâces ».

Après avoir réussi mon examen de français, je me retrouve en classe de cinquième où la qualité de l'enseignement laissait toujours à désirer. Le professeur de latin, Plantin, ne maîtrisait pas bien sa matière. Il nous contraignait à baisser les yeux et à écrire pour ne pas le voir lire son livre du maître, le corrigé contenant des exercices qu'il nous donnait. Il aimait toujours s'écrier : « Greffiers, écrivez – ce n'est pas sur mon pif ».

Nous avions une métisse originaire de Bordeaux appelée Miss Provost en anglais. Elle était énorme et complexée. Elle voulait se faire passer pour une « toubab ». Certains élèves disaient qu'elle avait une sœur, négresse saint-louisienne, qu'elle ne voulait pas reconnaître. Son accent était affreux. Sa prononciation n'était guère éloignée de la prononciation française. Nous nous moquions d'elle, surtout lorsqu'elle abordait le thème « King Arthur ». De plus, elle ne manquait pas de nous rappeler à chaque fois qu'elle est bordelaise. Elle répétait tout le temps « At Bordeaux ».

La quatrième classe est une classe charnière. Les élèves étaient obligés de choisir une deuxième langue en quatrième classe.

J'ai choisi après maintes hésitations de faire du grec. Certains de mes aînés ont essayé de me persuader que la langue de Socrate était trop difficile. Ils me demandaient de choisir l'espagnol qui était facile ou, à la rigueur, l'allemand. J'avais commencé à hésiter et à jeter mon dévolu sur l'espagnol et j'ânonnais quelques brides d'espagnol. Mais le grec me fascinait beaucoup. Mes aînés insistèrent en me rappelant qu'Abdoul Aziz Wane, un brillant élève ayant réussi au concours d'entrée à l'École centrale, a été obligé d'abandonner le grec pour s'engager dans les carrières scientifiques.

La fréquentation de mon *Epitomé historiae Grecae* m'avait incité à apprendre la langue grecque. De plus, je me disais aussi que si je devais faire des études de médecine, le grec me serait d'une très grande utilité. Ainsi, j'ai choisi la langue d'Homère au détriment de la langue de Cervantès.

Nous étions très peu nombreux à faire du grec. Je me retrouvais avec quelques condisciples comme Fernand Brigaud, un métis saint-louisien, une antillaise Saint-Prix, un saint-louisien Mayoro Ndaw, un véritable calligraphe et joueur de tennis. Ce dernier était considéré comme un toubab. Il en avait l'accent. On l'appelait le duc de Gandiole.

Comme professeur de grec, nous avons eu le malheur d'avoir Plantin dont la maîtrise de la langue de Platon laissait à désirer. Il nous donnait des versions et non des thèmes. Il disposait de corrigés. Quand il corrigeait les thèmes, il ne contestait jamais ce que nous avancions, il disait toujours : « je dirai plutôt… », et il lisait ce qu'il y avait dans son livre du maître. Nous avions réussi à nous le procurer. Une fois nous lui avons joué un tour. Nous savions qu'il fréquentait la bibliothèque du Mess des officiers situé au Rognat nord et à côté du lycée. Ndaw Mayoro et moi, nous avions emprunté les livres qu'il utilisait. Il était furieux quand il a su les noms de ceux qui avaient emprunté les livres contenant les corrigés. Sa femme était l'économe du lycée.

En quatrième classe, nous avions comme professeur de mathématique, René Guillot, un écrivain qui venait quelquefois en classe avec son violon et qui aimait, dès qu'il rentrait dans la classe, nous dire : « les mathématiques ne sont pas tristes » d'une voix rauque. Sa passion pour sa matière était assez tiède. Il refusait de nous donner les solutions lorsque nous lui soumettions des problèmes à résoudre immédiatement. Il nous demandait d'attendre la semaine prochaine. Notre professeur de latin et de français, Denat n'était pas particulièrement fort. Il nous obligeait à traduire les textes latins mot à mot et il se contentait de nous donner la traduction en bon français en lisant son livre de corrigés. Par contre, nous avions un très grand respect pour le professeur de mathématiques, Coste. Le professeur d'histoire et géographie, Lorenzini, un corse, nous amusait beaucoup, car il aimait répéter les expressions comme « n'est-ce pas également ? » et « voyez-vous ? » plusieurs fois en classe. Nous passions tout le temps à les comptabiliser. Ce professeur préparait bien ses leçons et faisait de grands efforts pour se détacher de ses notes. Il était fier d'être corse comme Napoléon Bonaparte dont il vantait les mérites. Il nous fit une remarquable leçon sur la bataille d'Austerlitz. En anglais, nous avions une jeune dame qui nous avait séduits par son accent et qui nous a rendu mémorable le fameux poème de Wordsworth : « Daffodils ».

En troisième classe, l'année s'est déroulée normalement. Mais nous avions un professeur, Monsieur Boegner qui était un instituteur incapable de faire correctement son cours et quelquefois incapable de trouver la solution des problèmes qu'il nous donnait. Il se fâchait très souvent et ne manquait de menacer de boxer sur la place Faidherbe certains élèves qui le mettaient en difficulté. Le professeur de sciences naturelles, Puyot faisait très bien son cours. Il savait dessiner. Mais il était d'un chauvinisme étriqué. Il ne manquait de dire que c'est un Français qui est à l'origine de telle ou telle découverte. Il nous rappelait que nous étions des Français. Il aimait humilier certains élèves qu'il ne portait pas dans son cœur. Je me souviens de l'avoir entendu tenir des propos désobligeants à l'endroit d'un jeune ivoirien d'origine sénégalaise et fils d'un riche planteur Issa Sy qui portait de très beaux costumes : « Je ne suis pas plus âgé que vous. Votre place n'est pas ici. Vous feriez mieux d'aller chausser des savates d'un créole ». Dès le lendemain, cet élève outré par ses propos, a quitté de lui-même le lycée. Puyot était un gallocentriste. Il considérait que les Africains ne pourraient que réciter sa matière. Il leur donnait de très bonnes notes en conséquence.

Arrivé en classe de seconde, il fallait opter pour une section : A pour ceux qui voudraient continuer à faire du latin et du grec ; C pour ceux qui, tout en faisant du latin, devaient suivre les cours de mathématiques, de physique et de chimie en même temps que les élèves de la section moderne. J'ai choisi de m'inscrire en section C. Mais ce choix déplut à mon professeur de français et de latin, Jean Galet, ancien proviseur du Lycée Van Vollenhoven, et agrégé de lettres. Si j'abandonnais l'étude du grec, ses effectifs diminuaient. Il me le fit sentir très fortement. Je suis resté en section C pendant un trimestre pour revenir en section A. Il en était très heureux et nous étions huit seulement en classe de grec dans une toute petite salle tout autour d'une table ronde (Ndaw Mayoro,

Blaise Ndiaye, Joseph Maka, Mlle Chareton, Mlle Saint Prix, Fernand Brigaud, Georges Flamant). Il faut le dire, il dominait les matières qu'il enseignait : le latin, le grec et le français. Il éprouvait une grande aisance pour nous faire faire des thèmes grecs que redoutaient beaucoup de professeurs préférant les traductions relativement plus faciles du grec en français. Il nous avait bien initiés à la prosodie grecque. Il nous avait suffisamment armés pour affronter l'accentuation en grec qui était très difficile. Nous l'admirions parce qu'il acceptait à brûle pourpoint de nous traduire *perto libro* des textes grecs ou latins sans aucune préparation. En seconde classe, j'ai eu le premier prix de mathématique avec 15/20 et le premier accessit en anglais. En grec, j'étais deuxième au premier trimestre et premier au deuxième trimestre. En latin, j'étais troisième en seconde C au premier trimestre, premier au second semestre en seconde classique et cinquième au troisième trimestre.

En première classique, j'avais Galet comme professeur de français, de latin et de grec, Lorenzini comme professeur d'histoire, Mme Provost comme professeur d'anglais, Cance comme professeur de physique, Marsellesi comme professeur de mathématique. Ce dernier qui était licencié grâce aux sessions spéciales organisées en faveur des militaires ne brillait guère. J'ai pu avoir le premier prix de grec et le premier accessit en thème latin. Nous étions quatorze en classe de première classique.

En classe de philosophie, nous avions les professeurs suivants. Philosophie : Jean Vigneau ; histoire : Félix Brigand ; anglais : Bernard ; mathématiques : Mme Benetrix ; physique : Cance ; sciences naturelles : Puyot. J'ai eu le deuxième prix de philosophie avec l'appréciation de J. Vigneau : satisfaisant à tous égards. Nous avions de l'admiration pour ce brillant professeur qui a longtemps enseigné en Tunisie, à l'île de Djerba dont il nous vantait les charmes. Il aimait nous lire les extraits de *Ainsi parlait Zarathoustra* de Nietzsche et *Regards sur le monde actuel* de Paul Valéry. Il nous faisait remarquer que nous n'apprécierons la profondeur des idées développées dans ce livre qu'à l'âge adulte. J'ai eu le deuxième prix de physique avec la mention très bon élève du professeur Cance. Il y avait en classe de Terminale trois textes obligatoirement expliqués durant l'année scolaire. *Discours de la méthode* de Descartes, les *Cours de philosophie positive* d'Auguste Comte et l'*Introduction à la méthode expérimentale* de Claude Bernard.

Nous étions 11 dans la classe. Le premier prix de philosophie était décerné à Henri Louis Valantin, petit frère de Christian Valentin, mon futur condisciple à l'École nationale de la France d'Outremer (ENFOM) en 1957-1958.

En classe de philosophie, j'étais recruté comme maître d'internat. J'avais vu Cheikh Sidya Berthé lire les ouvrages de Mao Tse Toung et notamment *Démocratie nouvelle*. Il y avait aussi un élève Dahoméen Théodore Bankolé qui s'intéressait à la littérature marxiste.

À la veille des examens, une grève de restaurant éclata spontanément. Elle était motivée par la mauvaise qualité des repas. L'administration du lycée se mit à qualifier la grève de politique. Elle affirma qu'elle a été organisée par le Parti communiste français et notamment par Jacques Duclos, le secrétaire adjoint de ce parti, qui venait d'organiser une manifestation à Paris contre le général américain Ridgway.

Le lycée fut fermé. Et les internes étaient obligés d'aller loger chez leurs correspondants. Guy de Souza, un élève dahoméen dont la mère Mme Duranton était sage-femme à Diourbel et moi, nous nous sommes rendus au domicile de Boubacar Sarr, un employé de Peyrissac membre de l'Union Démocratique Sénégalaise (UDS) dirigé par Latyr Camara. Dans sa maison située à Ndar Toute et à côté de l'institution Joseph Cluny, recevant des orphelines et des métisses non reconnues par leurs pères français, nous avons eu l'occasion de lire les journaux du RDA dirigé par Houphouët-Boigny et notamment le *Réveil*.

Cette année 1952 était marquée par la candidature de Gabriel d'Aboussier au poste de sénateur du Sénégal. Cette grande figure du RDA anticolonialiste avait été exclue du parti pour avoir refusé le repli tactique décrété par Houphouët qui avait choisi de collaborer avec les autorités coloniales sous la houlette de François Mitterrand. D'Arboussier avait échangé des lettres avec Houphouët qui étaient publiées dans une brochure. Il avait organisé avec Latyr Camara un grand meeting au cinéma Rex situé au sud non loin du studio du photographe Caristan.

Ce jour-là, les Saint-louisiens étaient émerveillés lorsque Gabriel d'Aboussier prit la parole. C'était un monument d'éloquence. Il a su faire vibrer le public, lorsque, au crépuscule, il invoqua les morts de Thiaroye. La salle était debout, complètement électrisée.

C'est à l'occasion de l'enterrement de Iba Mar Diop, le maire de Saint-Louis que le député du Sénégal, Léopold Sédar Senghor, vint à Saint-Louis. Les parents d'élèves lui ont demandé d'intervenir et d'inviter les autorités coloniales à rouvrir le lycée en raison de l'imminence des examens. J'étais chargé de recopier proprement la lettre adressée au gouverneur du Sénégal chez le docteur Doumbia, un médecin africain guinéen.

Les autorités ont accusé le Parti communiste et le RDA d'avoir organisé la grève. Elles ont décidé d'exclure du lycée les deux élèves ivoiriens : Alexis Alessé et Pierre Koffi Nguessan qui étaient en classes terminales. Traumatisé par cette décision injuste, Alex Alessé finira par mettre fin à ses jours, une fois rentré en Côte d'Ivoire. J'avoue que c'était la première fois que j'entendais parler du Parti communiste français et de Jacques Duclos.

Mon père vint à Saint-Louis pour s'enquérir de ma situation. Il est venu chez Boubacar Sarr où il a trouvé une bouteille de vin sur la table à manger. Je n'ai pas voulu compromettre les relations de mon père avec mon correspondant, je lui ai caché la vérité. Je lui dis que ce litre de vin était destiné à Mme Duranton venu rendre visite à son fils, Guy de Souza. Mon père très content des bienfaits de mon correspondant l'invita à Diourbel et le combla de cadeaux.

Malgré la fermeture du lycée, les examens du baccalauréat avaient été organisés. Les résultats de l'écrit proclamés, les candidats ayant réussi étaient obligés d'aller au lycée Van Vollenhoven de Dakar pour passer les épreuves orales. Nous étions logés à l'internat où l'on mangeait mieux qu'à Saint-Louis. C'est par l'autorail Dakar-Saint-Louis que nous avions voyagé. Certains élèves saint-louisiens qui n'avaient jamais quitté l'île franchissaient pour la première fois le pont de Leybar.

Il me paraît utile d'évoquer rapidement le contenu de certaines disciplines qui nous étaient enseignées au lycée Faidherbe.

La maîtrise du français était un objectif fondamental pour les élèves africains dont les parents ne parlaient pas la langue de Molière. Ce qui n'était pas le cas des élèves blancs ou antillais. Au lycée, on supposait que les élèves avaient suffisamment maîtrisé la langue française au niveau de la quatrième classe. En troisième classe, il n'y avait plus de dictée. Aussi l'orthographe était censée être maîtrisée. Par contre, à l'école primaire élémentaire Blanchot qui ne recrutait que des Africains, la dictée était obligatoire. Elle occupait une place importante dans les matières retenues pour passer le Brevet élémentaire.

Les grands auteurs classiques étaient enseignés de la quatrième en première classe : *Esther* de Racine en cinquième, *Le Cid* de Corneille en quatrième, *Le bourgeois gentilhomme* de Molière en quatrième. En troisième classe, nous avions à étudier *Les femmes savantes* de Molière, *Horace* de Corneille, *Andromaque* de Racine. En seconde, nous avions au programme : *Cinna* de Corneille.

En première, les explications de texte portaient sur *Le misanthrope* de Molière, *Polyeucte* de Corneille, et *Athalie* de Racine.

À cette époque, Molière était mon auteur préféré. Je dévorais certaines de ses pièces qui figuraient dans ses œuvres complètes.

La lecture était une de mes activités préférées à la suite des encouragements de Jean Galet qui nous avait dressé une liste d'ouvrages à lire comme *Fort comme la mort* de Guy de Maupassant, *Les Chouans* de Balzac, *Le Rouge et le Noir* de Stendhal, *Les Misérables* de Victor Hugo, *L'argent* d'Émile Zola, *Hernani* de Hugo etc.

À Saint-Louis, les élèves du lycée ont souffert de l'absence de théâtres où on pouvait jouer ces pièces. Heureusement une compagnie théâtrale est venue en Afrique noire sous domination française et belge faire une tournée de 7 mois (décembre 1949 – juillet 1950). L'alliance française de Dakar avait décidé de patronner officiellement durant toute sa tournée la compagnie des 4 où on pouvait retrouver Jacqueline Beyrot, Jean Guilhène, Anne Alexandre et Pierre Ringel.

Lors de son séjour à Saint-Louis, cette compagnie donna son premier spectacle classique qui plut beaucoup au public et singulièrement aux élèves africains. La troupe avait organisé un spectacle « Molière » pour les enfants des lycées et collèges. La direction du lycée Faidherbe envoya quelques élèves à ce spectacle qui a eu lieu dans la salle des fêtes de Saint-Louis située tout près du petit bras du fleuve Sénégal. J'en faisais partie, étant en première classe.

La direction de la compagnie des 4 se décida à ne pas opérer des coupures et à jouer une pièce de Molière tronquée ; elle a préféré présenter un spectacle sous forme d'une petite causerie sur Molière où elle situât chaque pièce à la place qu'elle occupe dans la vie de l'œuvre du grand écrivain et après en avoir donné un bref résumé, elle en joua une scène. Le spectacle comprenait :

- Le dépit amoureux (la scène entre Marinette et Gros-René),
- Les précieuses ridicules (« Sonnet »),
- L'école des femmes (le petit chat est mort),
- Le mariage forcé (Panerace et Sganarelle),
- Don Juan (Pierrot et Charlotte),
- Les femmes savantes (première scène entre Henriette et Armande) et enfin,
- Le malade imaginaire (scène du premier acte entre Toinette et Argan).

À la levée du rideau, la salle contenait 300 enfants garçons et filles, de 12 à 18 ans dont les 2/3 étaient noirs. Ces élèves allaient réagir magnifiquement, constate Pierre Ringel, directeur de la compagnie dans son livre : *Molière en Afrique noire ou le Journal de quatre comédiens*. (Lettre – Préface de Louis Jouvet. Paris, Presses du livre français, Paris 1951, 124 pages) : « Dès les premières répliques de la brouille entre Marinette et Gros-René, des premiers rangs d'Africains partirent un bruyant éclat de rire. J'étais rassuré. Nous pouvions « y aller » à fond. Même « L'école des Femmes », pièce assez dure pour un public qui voyait jouer pour la première fois, fut écoutée religieusement, et les effets étaient les mêmes qu'ils auraient pu être en France, à quelque matinée classique du « Français », prouvant par là, s'il en était encore besoin, l'universalité de notre grand génie comique » (p. 43).

Les personnages prescrits par Molière ont un caractère universel que l'on peut retrouver chez tous les hommes vivant dans une société. C'est à cause de cet « humanisme » de Molière qu'il était mon auteur préféré. Je possédais ses œuvres complètes où je pouvais lire des ouvrages qui n'étaient guère expliqués dans les classes des lycées et collèges.

La compagnie des quatre comédiens est allée en Afrique Occidentale à Dakar, Saint-Louis, Bamako, Kankan, Conakry, Abidjan, Lomé, Porto Novo, Cotonou et en Afrique équatoriale à Douala, Libreville, Port Gentil, Fort Lamy, Brazzaville, Léopoldville, Pointe Noire.

Cette vaste tournée a permis à Pierre Ringel d'écrire un ouvrage *Molière en Afrique* qui figurait dans les rayons de la bibliothèque de l'Assemblée territoriale de Saint-Louis. C'est mon condisciple Mayoro Ndaw qui me l'a signalé. À cette époque, je ne l'avais pas lu. Je n'ai pu le faire que maintenant en utilisant l'exemplaire qui se trouvait à la bibliothèque universitaire de Dakar (BUD).

Dans le cadre des activités culturelles de l'Alliance française, certains élèves du Lycée Faidherbe ont pu bénéficier des conférences ou des visites de grands écrivains français comme Emmanuel Mounier (1948), Bernard Simiot, Georges Duhamel. Maurice Genevoix, membre de l'Académie française et auteur d'un roman *Fatou Cissé* est passé visiter le lycée Faidherbe et singulièrement l'internat. Il venait de prendre l'avion, un DC. 4, à Casablanca dans les premiers jours de janvier 1948. Il a consacré sa première matinée sénégalaise à Gorée dont il a donné une belle description :

> C'est une toute petite île oblongue – quelques hectares – bossuée pour une moitié, plate pour l'autre ? Un fort vétuste, très anodin, quelques citernes, quelques maisons à vérandas et à toits rouges, quelques broussailles, quelques arbres, et dans toute l'île une atmosphère vieillotte et charmante, Louis Philippe ou Second Empire. Toute la partie basse est pierre chaulée, tuiles neuves, arcades percées sous des cintres d'ombre, contrevents peints, et, par-dessus les toits, rondeurs d'arbres ou cimes de palmiers – Du haut du fort, on les compterait tous (Maurice Genevoix, *Afrique blanche. Afrique noire.* Flammarion, Paris 1949:115).

M. Genevoix a fait une conférence pour les normaliennes de Rufisque qui seront les futures institurices. La directrice blanche lui a remis deux feuillets dactylographiés. C'était une « composition française », œuvre d'une élève de quatrième année, Mariama Ba, futur auteur d'*Une si longue lettre* et d'*Un Chant écarlate*.

Il s'agissait d'« éclairer par des souvenirs personnels » ces deux vers de la romance fameuse :
Combien j'ai douce souvenance
Du joli lieu de ma naissance…

Le titre même était donné, *Ma petite patrie*. Et voici ce qu'a écrit la normalienne noire de Rufisque : quelques lignes, rapides et sobres pour évoquer « un quartier de Dakar, bâti face à la mer, sur des collines brunes », des baraques rouges et grises, de hauts arbres qui se lèvent ça et là. Et tout de suite affluent les souvenirs de la petite enfance,

> plus pure que la farine de mil, plus ardente que les insectes des champs. La vie était belle, belle la lumière des sentiers où vibrait l'orchestre des métiers. Dans les cours, les femmes pilaient le mil. La chanson nourricière du pilon dans le mortier, la beauté noire et brillante des pileuses mettaient dans mon cœur de la joie. Je songeais au couscous mêlé de lait frais, le lait pur, le lait blanc des gourdes…

C'est ensuite l'école coranique, simple cour « vaste et pierreuse qu'ombrage un benténier touffu », le maître, « vieux marabout paralytique, borgne, édenté », que ses élèves appellent « le Monstre » : « je me revois avec mon petit pagne bleu, l'ardoise battant sur mes cuisses demi-nues ».

Le récit de Mariama Ba est un beau morceau de description des mœurs et des comportements des jeunes filles que l'administration allaient former comme des instructrices. On ne peut résister au plaisir d'en citer de longs passages significatifs d'une époque révolue.

On court follement à travers les filaos pour boire au puits d'un vieux jardinier, importuné par l'essaim des fillettes qu'il chasse sans cesse et qui sans cesse reviennent. On s'affronte « en des luttes terribles où les corps s'enlacent, se meurtrissent, où les plus habiles, les plus fortes jettent sans pitié leurs adversaires à terre ».

Vers trois heures, le jour de la Tabaski, il y avait tam-tam. « Sons retentissants des tabalas des fêtes non plus les tabalas des balles, mais les tabalas de fêtes, mêlés aux chants cadenacés... leste, souple, je m'élançais comme mes sœurs. Pouvoir étrange du tam-tam où la musique est mouvement, le mouvement musique. Le sang bouillonnant dans mes veines. Je sautais, je dansais. Je sentais mon ventre qui saillait ou qui s'enfonçait dans mes reins. J'avais huit ans et je criais : « tam-tam, emporte-moi » !

> Puis vint mon père, vint l'école et prit fin ma vie libre et simple. On a blanchi ma raison, mais ma tête est noire. Mais mon sang inattaquable est demeuré pur, comme le soleil, pur, vierge de tout contact. Mon sang est resté païen dans mes veines civilisées et se révolte et piaffe au son des tam-tams noirs. Toujours je veux danser, toujours danser, encore danser. Les souvenirs de ma petite patrie aujourd'hui cassée, façonnée, aplatie, transformée en une route qui mène à la boucherie de Dakar, les souvenirs de ma petite patrie font vibrer mon âme, plus que le doigt du diali la corde de son halam. Revivre les douceurs vécues ! Revivre la beauté ardente et forte qui n'est plus que souvenir ! (M. Genevoix *op. cité* pp. 120-121).

Cet académicien sera suivi par l'ami d'Alioune Diop, le philosophe du personnalisme, Emmanuel Mounier qui est venu au lycée Faidherbe visiter l'internat après avoir fait une conférence à la salle des fêtes de la mairie de Saint-Louis. Ce philosophe catholique a fortement influencé Joseph Ki-Zerbo et celui qui sera en Guinée plus tard Monseigneur Tchidimbo. *La lettre à un ami africain* adressée à Alioune Diop, directeur de la revue *Présence Africaine* est demeurée célèbre. Un de mes condisciples à l'école primaire de Diourbel, Alassane Bathily, récitait par cœur ce texte d'Emmanuel Mounier.

À l'issue de son voyage en Afrique Occidentale, Mounier a publié un ouvrage *L'éveil de l'Afrique noire* aux éditions du Seuil en 1948. Sur la couverture figure une belle photo de Jacques Senghor, frère de Mme Basse et d'Henri Senghor, médecin de son état tôt disparu.

Je rappelle que Mounier est le premier à gratifier le Dahomey de l'appellation « quartier latin de l'AOF ». Ce philosophe y a rencontré l'écrivain Hazoumé, auteur du roman historique : *Doguicimi* (Paris Larose 1938) et Maître Pinto qui habite Cotonou, mais son cœur est à Porto Novo :

> Comme tout le monde, il sait et ne veut pas s'avouer que Cotonou est la capitale infailliblement désignée par sa situation sur la côte que les jours de Porto Novo, la vieille ville aux séductions provinciales sont comptés – Cotonou, entre la mer et les cocotiers, est le Quartier latin de l'intelligence dahoméenne. C'est de là, sans doute que partira le plus vif éclair de l'esprit dans l'Afrique de demain (p. 126).

Cette intelligence dahoméenne est étrangement proche du génie français : rationnelle, analytique, agile, dégagée des lourdeurs mystiques de l'âme noire sans doute est-ce pourquoi elle a fait la jonction la première. À moins que ce ne soit, comme on le dit ici avec un reflet de malice, parce que le Dahomey est situé sur le méridien de Paris... Elle a son revers : un individualisme accusé, qui parfois laisse à redouter les pires divisions, selon E. Mounier qui ne manque pas de magnifier le royaume du Dahomey qui a été l'un des plus puissants royaumes africains et des mieux organisés. On peut s'interroger sur les raisons de la très forte sympathie que Mounier éprouve pour le Dahomey. À mon avis, c'est parce que ce pays est très christianisé.

E. Mounier met en exergue les caractéristiques des sept territoires de l'AOF qu'il a visités : le Sénégal, porte de l'Europe, le Dahomey, le Quartier latin de l'AOF, le Liberia ou l'émancipation noir sur noir, la Côte d'Ivoire où nos actes nous suivent, les mirages du Niger et le Togo – Cosmopolites.

Le philosophe du personnalisme, à l'occasion de sa visite à l'École normale des filles de Rufisque, découvre une élève Mariama Ba. On lui avait demandé, comme à ses camarades de commenter, à l'aide de souvenirs personnels : « Combien j'ai douce souvenance – du joli lieu de ma naissance ». Dans cette petite cour de l'école, trop petite, elles sont une centaine de tulipes noires, robes claires à carreaux bleus et blancs avec de larges épaulettes formant corolle autour des têtes crépues. Elles viennent de tous les points de la Fédération. Celles du Sud sont plus épaisses. Celles du Sud et les Dahoméennes ont des traits fins et de petits bustes menus. La plupart comme Mariama Ba, pilaient le mil dans leur enfance. Il n'est pas commode, note Mounier, de dompter cette force sauvage. Il a fallu leur apprendre, un à un, chaque geste de civilité. Chateaubriand et Molière concurrencent difficilement la nonchalance coquette de l'Africaine. La petite robe blanche et bleue semble avoir imposé un ordre raisonnable et calme sur ce très sage pensionnat.

Mounier a reproduit le texte intégral de Mariama Ba portant la mention : Rufisque, vendredi 14 mars. Il en cita quelques passages et fit quelques brefs commentaires : « Mon sang inattaquable est demeuré pur, comme le soleil, pur, conservé de tout contact ». Du fond de l'âme noire, chaque jour, chez ces jeunes cloîtrées, des démons aimables et violents viennent déconcentrer l'élite des Fontenaisiennes qui s'attache à les élever. Il n'y a pas longtemps, une cabale se formait contre l'élève la plus douce, et l'accusait d'avoir « marabouté » (envoûté) le professeur pour obtenir les meilleures notes.

À la directrice Mlle Paquet, très intimement liée aux Romain Rolland et qui en porte la flamme apolitique, Mounier doit une très curieuse expérience. Comme elle rejetait un à un, les trouvant au-dessus du niveau de ces élèves, les sujets de conférence qu'il lui proposait, il aperçut dans ses rayons une anthologie de Charles Péguy. Il lui offrit de lire et de commenter quelques textes. La réussite fut étonnante, selon E. Mounier. Sauf La Fontaine pour les contes d'animaux, rien ne rejoint plus aisément que Péguy la littérature orale du monde noir, avec cette manière de s'installer dans un temps sans fin, ces retours incessants du rythme sur lui-même, jusqu'aux malices qui fusent en éclair dans les failles du lyrisme. Il a recommencé trois fois l'expérience avec le même bonheur.

Au lycée, les professeurs nous faisaient réciter par cœur certains beaux passages des grands auteurs français. En seconde, Jean Galet nous a dressé une liste d'auteurs à lire dont Balzac, Émile Zola, Alphonse Daudet, Prosper Mérimé, Guy de Maupassant, Georges Sand, etc. Il nous avait recommandé d'avoir un cahier de lecture dont une page était consacrée à la définition des mots difficiles et l'autre devait être un recueil des belles phrases de l'auteur.

En seconde classe, Jean Galet s'est contenté d'évoquer très rapidement les œuvres de certains auteurs. Il nous a parlé de Tristan et Yseult et Madame de Scudéry. Par contre, il nous a largement traité des poèmes de quelques auteurs comme François Villon (*La ballade des pendus*) et Clément Marot. Joachim Du Bellay et Pierre Ronsard ont occupé une grande place dans ses explications. Ces deux auteurs m'ont beaucoup impressionné par leur combat pour défendre et illustrer la langue française. Je voyais en eux des nationalistes qui avaient compris l'importance de la langue dans la formation de la nation en France.

Il m'est encore resté dans la mémoire certains vers de Du Bellay comme par exemple :

France, mère des arts, des armes et des lois
Tu m'a nourri longtemps du lait de ta mamelle
Heureux qui, comme Ulysse, a fait un beau voyage.

Les odes, sonnets et élégies de Ronsard faisaient partie du menu littéraire que nous offrait Jean Galet. Je n'ai guère oublié l'ode : « O Fontaine Bellerie », ou le sonnet qui commence par « Mignonne, allons voir si la rose.... » pour se terminer ainsi : « Cueillez, cueillez votre jeunesse comme à cette fleur la vieillesse. Fera ternir votre beauté ». Nous récitions par cœur le sonnet de Ronsard qui commençait par ces deux vers : « Quand vous serez bien vieille, au soir à la chandelle. Assise auprès du feu, dévidant et filant » et qui se terminait par ces trois vers :

Regrettant mon amour et votre fier dédain
Vivez, si vous m'en croyez, n'attendez pas demain
Cueillez dès aujourd'hui les roses de la vie.

Les élèves de ma classe avaient une bonne connaissance des auteurs classiques comme Molière, Racine et Corneille, ainsi que les romantiques comme Victor Hugo.

J'étais touché par le poème d'André Chénier : *La jeune Tarentine*. *La mort du loup* d'Alfred Vigny avait impressionné toute la classe : « Seul le silence est grand : tout le reste est faiblesse ». Victor Hugo nous avait marqué par ses poèmes célèbres comme *Ce siècle avait deux ans*, *Veni, vidi, Visci*, *A Villequier*, *Booz endormi*.... Mon condisciple Mayoro Ndaw aimait nous faire le résumé des romans de Victor Hugo.

Nous connaissions bien *L'albatros* de Baudelaire et la poésie musicale de Paul Verlaine. Les œuvres de Chateaubriand comme *Le Génie du christianisme*, *Mémoires d'Outre-tombe*, *René*, *Atala*, *Les Natchetz* ne nous étaient pas inconnues. Nous aimions réciter le fameux poème de Lamartine : *Le lac*.

Cette formation littéraire a profondément marqué les gens de ma génération. Elle nous a permis non seulement de maîtriser la langue française, mais aussi de nous familiariser avec les œuvres des humanistes français.

Le proviseur du Lycée Sésia a contribué à associer les élèves aux manifestations culturelles organisées à Saint-Louis sous l'égide de l'Alliance française et à d'autres activités culturelles. Il a permis aux internes d'aller au cinéma Rex pour voir un jeune prodigue du violon Roberto Benzi qui s'était révélé à l'âge de 11 ans. Il a aussi organisé un concert de musique classique pour les élèves avec un virtuose du violon militaire Rougeron qui épousera une métisse maroco-sénégalaise et avec sa femme qui était pianiste.

Je dois dire que j'aimais la musique classique. Et j'adorais le violon à tel point que mon père m'a acheté un violon stradivarius commandé à la maison Paul Beuscher à Paris. J'avais comme professeur Bocage, un surveillant français qui me faisait payer ses cours à l'heure. Il m'apprenait à jouer *Rêverie* du Schubert, *Tristesse* de Chopin, etc.

Mon séjour de sept ans au Lycée Faidherbe a été salutaire. Il m'a permis d'être en contact avec des élèves venant des autres régions du Sénégal et des autres territoires de l'AOF – Togo, des Antillais, des Français et des Libano-Syriens. La vie à l'internat m'a enrichi et a ouvert mes horizons sur le monde et m'a appris à respecter la discipline indispensable à l'apprentissage de la langue française dont la maîtrise était indispensable à l'étude des différentes disciplines scolaires. Le lycée m'a permis de connaître la grande diversité des habitudes alimentaires, d'habillement, de langues, de goûts, de cultures, etc.

On peut regretter la suppression des internats qui étaient des lieux d'excellence pour les études secondaires. C'est là que se forment les élites.

Chapitre 3

Mes premières années universitaires à Dakar (1952-1957)

Arrivé à Dakar en octobre 1952, j'étais logé à la cité universitaire de Fann qui était l'ancien internat de l'Ecole africaine de médecine et de pharmacie et où était logée la dernière promotion des élèves médecins et pharmaciens africains.

Ce bâtiment massif abritait encore quelques services du Gouvernement général de l'AOF et en particulier l'ORANA (Organisme de recherches sur l'alimentation et la nutrition Africaines). Je revois encore chaque matin la grande silhouette de Thianar Ndoye, un médecin africain qui y travaillait. Des fonctionnaires fédéraux logeaient dans ce pavillon où les lits étaient des lits de militaires. Le directeur de la cité était un Français, Castain, un capitaine de l'armée française. Le matériel de cuisine, les armoires, les couteaux et les fourchettes portaient les initiales de l'Ecole africaine de médecine Jules Carde.

Les nouveaux étudiants étaient logés dans des chambres sans porte. Des murs d'un mètre cinquante séparaient les chambres qui n'avaient que des rideaux. Seuls les étudiants qui comptaient plus d'un an de résidence et en particulier les étudiants en médecine étaient logés dans des chambres ayant des portes.

J'avais obtenu une bourse pour faire des études littéraires. J'avais l'intention d'être professeur de latin et de grec ou de philosophie. C'est le professeur de philosophie de l'université de Bordeaux, P. Lacroze qui m'a dissuadé de poursuivre une carrière de philosophe. Il m'a demandé de m'inscrire en PCB (Physique, chimie, biologie). L'obtention de ce certificat était nécessaire pour faire la licence de philosophie. Devant cette difficulté, j'ai renoncé à poursuivre une carrière dans la discipline de Socrate.

L'académie de Dakar était rattachée à l'académie de Bordeaux qui nous délivrait le baccalauréat et la licence. Par exemple, c'est l'université de Bordeaux qui m'a délivré mon diplôme de licence en droit. Arrêtons-nous sur cette particularité qui a créé des injustices en Afrique occidentale sous domination française. En effet, seuls les médecins et pharmaciens africains pouvaient préparer le baccalauréat et le PCB et obtenir à Bordeaux la validation des années d'études passées à Dakar. Cette faveur n'existait pas pour les médecins vétérinaires formés à Bamako.

L'enseignement à l'École supérieure de Lettres était assuré par des professeurs de lycée. Pinson, professeur agrégé de Lettres, dispensait les cours de français, latin et grec. Un peu déséquilibré par son séjour en Allemagne comme prisonnier, Pinson avait un tic. Il ne cessait de dire tout le temps « j'allais dire » quand il traduisait des textes latins ou grecs. Cela nous amusait. Il aimait nous faire pâturer sur des textes de Virgile, de Cicéron, d'Homère, d'Aristophane et de Démosthène. En français, il avait choisi de nous expliquer *La guerre de Troie n'aura pas lieu* de Jean Giraudoux.

Profitant de sa supervision des examens (baccalauréat, certificats de lettres), Pierre Grimal, professeur à Bordeaux, nous dispensait des cours pendant un mois en latin. Il était spécialiste des jeux latins. Il était à l'aise dans les textes. Les étudiants avaient de l'admiration pour lui. L'année suivante (1952-1953), il fut promu professeur à la Sorbonne à Paris.

C'est Louis-Vincent Thomas, un professeur au Lycée Van Vollenhoven qui assurait les cours de philosophie en propédeutique. Il avait une énorme mémoire qui lui permettait de réciter des passages entiers d'Henri Bergson. Il s'attardait beaucoup sur les différents tests en psychologie qui ne nous prépareraient pas bien à l'examen. Je me souviens encore de l'exposé que Tidiane Baïdy Ly avait fait en classe sur le livre de Bergson : *Le rire* et qui a suscité beaucoup de discussions. Louis-Vincent Thomas aimait utiliser des mots compliqués et un langage hermétique devant son public d'étudiants désarmés. J'avais comme condisciples Benoît Benga, Joseph Maka, Blaise Ndiaye, Baïdy Ly, Blaise Senghor, etc.

Avec le développement de la lutte contre le système colonial, j'ai choisi de m'inscrire en droit pour obtenir la licence au bout de trois ans. C'était la seule École supérieure qui délivrait la licence complète. Ce n'était guère le cas pour l'École Supérieure de Lettres et de Sciences. Les étudiants de ces deux écoles, ainsi que les étudiants en médecine de troisième année, étaient obligés d'aller en France pour terminer leurs études.

Je considérais que la connaissance du droit était utile pour mener la lutte contre le système colonial. J'étais fasciné par Lamine Guèye, premier avocat défenseur africain au barreau de Dakar depuis 1921. Auparavant, j'allais écouter les plaidoiries de Me Monville, des avocats africains comme Sidi Kharakhi Diagne au Palais de justice de Saint-Louis où j'ai eu l'occasion d'entendre Me Sautereau, un très brillant avocat.

En première année de droit, nous avions comme professeurs : en droit privé : Roger Decottignies, en histoire du droit et droit romain : Michel Jaubert ; en économie politique : Gaston Leduc (professeur à Paris en mission) ; en droit constitutionnel : François Gonidec, alors directeur de l'École Supérieure de Droit. Je m'intéressais surtout au droit constitutionnel qui traitait des problèmes politiques et par l'histoire du droit et le droit romain à cause de ma formation de latiniste et d'helléniste.

En droit, j'avais comme condisciples une Libanaise Eugénie Issa Sayegh, actuellement avocate à Dakar, des Antillais, Serge Olo, Mlle Priam, Charles Waddi qui sera inscrit au barreau de Dakar, des Français, Mlle Muller, Pierre Caillet qui sera admis plus tard deuxième au difficile concours d'agrégation d'histoire et de droit romain, un Sénégalais Kane Diallo Duguay, etc. L'École Supérieure de Droit était dirigée par François Gonidec qui terminera sa carrière à la faculté de droit de Paris après avoir enseigné quelques années à Rennes.

Michel Jaubert, professeur d'histoire du droit et de droit romain, était doté d'une vaste culture. Pour jauger ses étudiants, il nous a soumis un ensemble de questions. Il a réussi à nous piéger en nous posant la question suivante : quelle est la hauteur de Pic de la Mirandole ? A la correction, il s'est mis à rire en nous disant que Pic de la Mirandole est un savant. Il fit à l'IFAN sous la présidence de son directeur Théodore Monod, une brillante conférence sur le thème : *Écoliers d'hier et étudiants d'aujourd'hui*.

Atteint d'une maladie cardiovasculaire, M. Jaubert est rentré en France l'année suivante (1952-1953). Il sera remplacé par Michel Alliot qui impressionnait les étudiants par son éloquence doublée d'une vaste érudition. Il nous avait dit qu'il était un ancien député à l'Assemblé nationale française. M. Alliot refusait d'interroger tout étudiant qui ne mettait pas la cravate. C'était une nouveauté à Dakar.

Pour avoir suivi deux cours différents (droit et lettres) et pour avoir consacré une bonne partie de mon temps aux activités syndicales, j'ai réussi en droit et échoué en lettres. Dans ces conditions, j'ai décidé d'achever ma licence en droit. Mais j'allais avoir d'énormes difficultés pour transformer ma bourse de lettre en bourse de droit.

En deuxième année, le corps professoral était ainsi composé : droit civil : Larguier qui venait de réussir dernier à l'agrégation. Il en garda un complexe toute l'année ; droit commercial : Jean Chabas, un ancien chargé de cours venant d'Hanoï (Indochine) et très désordonné ; droit romain : Michel Alliot, professeur agrégé ; économie politique : Jacques Lecaillon. La seule brebis galeuse de ce corps professoral était constituée par un magistrat, Serge Rau qui se livrait à la pénible lecture d'un cours de droit pénal polycopié à la rue Saint-Jacques de Paris. Certains étudiants possédaient ce cours dont il pensait détenir le monopole à tel point que ces mêmes étudiants désertaient littéralement ses cours fastidieux. Jacques Lecaillon qui venait d'être reçu au concours d'économie politique assurait les cours d'économie politique en se contentant de nous lire les cours polycopiés de Maurice Byé. Il l'avouera plus tard quand je l'ai revu à la Faculté de Droit et des Sciences Économiques de Paris. Pour connaître les problèmes africains, il mettait à contribution les étudiants qu'il avait en première année en leur faisant faire des exposés. C'est ainsi qu'il a demandé à Ousmane Camara et à un étudiant libanais de faire des exposés sur les problèmes de développement en Afrique. Il a fait publier une étude de Delvaux dans la collection de l'École de Droit imprimée par la Grande Imprimerie Africaine en 1954. C'est dans le cadre de cette même collection que J. Lecaillon a publié une étude : *Les incidences économiques et financières du Code du travail. Contribution à l'étude des mécanismes de la répartition des revenus dans les Territoires d'Outremer.*

Le Code du travail venait d'être voté en 1952 par le Parlement français. J. Lecaillon qui s'engagera plus tard dans l'étude de la répartition des revenus en collaboration avec le professeur Jean Marchal va essayer de mettre en lumière les incidences du Code du travail sur la répartition des revenus dans les territoires d'Outremer.

Ce travail n'avait pas beaucoup plu aux fonctionnaires français du Gouvernement général. C'est lui-même qui nous l'a dit. C'était pour lui un motif supplémentaire pour retourner en France et continuer ses recherches sur la répartition des revenus avec Jean Marchal.

Il a publié dans *Les annales africaines* de 1954 une étude intiluée : *L'intégration de l'Union Française dans l'Union Européenne et les enseignements de la théorie économique.* Ce texte avait beaucoup intéressé les étudiants africains de Dakar qui étaient préoccupés par l'incidence du Marché commun sur la question de l'indépendance. Le sens du Marché commun sera examiné par Abou Touré et moi-même au cours d'une des séances du Cercle d'études de l'Association générale des étudiants de Dakar (AGED).

François Gonidec nous a dispensés avec brio le cours de droit administratif. Il nous a appris aussi à commenter les grands arrêts du Conseil d'État et du Tribunal des conflits.

J'ai perdu du temps en troisième année. Le droit civil qui était une matière fondamentale ainsi que la procédure civile ne m'intéressaient guère. Le droit civil français axé sur les successions n'était pas de nature à susciter un grand intérêt pour un Africain soumis au droit coutumier ou au droit musulman. J'ai perdu beaucoup de temps également à cause des luttes syndicales et des multiples voyages effectués dans les pays de l'Est. Seul le droit civil international me passionnait. Il était dispensé par Roger Decottignies avec une très grande maîtrise et chaleur. Jean Bruyas, un autre chargé de cours dont la voix aigre rebutait ses étudiants, enseignait en troisième année de licence le cours de législation financière qui était d'une très grande aridité. Il travaillera plus tard au marché commun à Bruxelles et publiera un livre sur l'Afrique aux éditions L'Harmattan.

En troisième année de licence, les autorités universitaires avaient créé une section qui préparait les étudiants africains titulaires du baccalauréat en droit (deux années de licence) au concours d'entrée à l'École Nationale de la France d'Outremer (ENFOM).

Avec l'application de la loi cadre accordant une certaine autonomie aux territoires d'Outremer en 1956, le gouvernement français décida d'ouvrir à L'ENFOM deux autres voies d'entrée : le concours C réservé aux Africains et Malgaches titulaires du baccalauréat en droit et une section D réservée à des fonctionnaires africains et malgaches désignés par les gouvernements africains et malgache issus de l'application de la loi cadre Gaston Defferre. Jusqu'ici, pour entrer à l'ENFOM, il n'y avait que deux concours : le concours A réservé aux étudiants qui le préparaient dans les années préparatoires des grands lycées de France comme Louis le Grand et le concours B réservé aux fonctionnaires ayant une ancienneté de cinq ans.

À l'ENFOM, il y avait trois sections : l'inspection du travail, l'administration et la magistrature. Les élèves ayant passé les trois concours d'entrée (A, B, C) étaient groupés pour recevoir des enseignements conformes à leurs futures professions. Les élèves entrés par la voie du concours C n'étaient pas tenus de faire un stage en Afrique ou à Madagascar dont ils sont originaires. Les élèves entrés par la voie du concours A étaient astreints à faire un an de stage en Afrique ou à Madagascar.

À Dakar, il existait en 1956 une petite section préparatoire au concours de l'ENFOM où enseignaient le géographe Paul Pélissier, le juriste Michel Alliot (culture générale) et le géographe Assane Seck (le wolof). Je n'ai jamais suivi ces cours. J'ai préféré passer directement le concours C à Dakar, après avoir hésité à passer le concours des inspecteurs d'impôts qui était facile et qui me permettait de continuer mes études en France.

Avant de poursuivre le récit de mes activités universitaires, syndicales et politiques durant mon séjour à Dakar, j'évoquerai les activités que j'ai pu mener au sein d'une association groupant des élèves et des étudiants à Diourbel.

Les activités au sein de l'association des élèves et étudiants de Diourbel

Les Amis de la culture

Pendant les vacances scolaires de 1951-1952, j'ai créé une association dénommée « Les Amis de la culture » et dont l'objectif est d'établir entre tous ses membres un centre commun de relation amicale, de contribuer à la culture de tout membre (théâtre, conférences, etc.) et d'organiser des jeux sportifs. Son siège social était situé à la Maison des jeunes de Diourbel. Son bureau était ainsi composé : Président : Amady Aly Dieng ; Vice-président : Cheikh Fall ; Secrétaire général : Malick Fall ; Secrétaire adjoint : El Hadji Yaré Fall ; Trésorier général : Fodé

Fofana ; Trésorier adjoint : Bassirou Faye ; Organisateur : Moussa Ndiaye. Le récépissé de déclaration de l'association a été établi par le gouverneur du Sénégal à Saint-Louis le 14 mars 1953. Dès le 3 avril 1953, l'association s'affilia au Conseil mondial de la jeunesse dont le siège était au 80, rue Blanchot à Dakar. Cette association était une section de World Assembly of Youth (WAY), l'Assemblée Mondiale de la Jeunesse qui était d'obédience occidentale et rivale de la Fédération Mondiale de la Jeunesse Démocratique (FMJD) qui était basée à Budapest dans un pays de l'Est. Cette organisation internationale constituée à Londres en 1948 sur la base de Comités nationaux avait son siège au 15, rue d'Arleton à Bruxelles (Belgique). Elle a connu une croissance rapide. Alors qu'en 1947 on comptait, à part les Comités nationaux constitués dans les pays de l'Est européen, cinq ou six Comités nationaux qui devinrent plus tard membres de la WAY ; en 1949 la WAY comptait vingt-neuf Comités nationaux, en 1950, 33 ; en 1951, 42. La rapidité de la croissance de l'association a amené son Comité exécutif à proposer à l'étude du Conseil de Dakar le sujet suivant : Les Comités nationaux de la WAY. Les pays africains colonisés par la France où étaient créés entre 1949 et 1951 des Comités nationaux étaient relativement nombreux. Le Cameroun, le Dahomey, le Gabon, la Guinée Conakry, Madagascar, le Togo ont créé leurs Comités nationaux en 1949. Le Sénégal a créé le sien en 1950, tandis que le Moyen Congo, le Niger, l'Oubangui Chari n'ont créé leurs Comités qu'en 1951.

L'idée a été lancée en 1951 de constituer dans les différents pays ce qu'on a improprement appelé des « Amis de la WAY » sur le modèle des « Scouts de France ». Il y a en effet beaucoup plus de gens qu'on ne le pense qui s'intéressaient à la jeunesse et qui seraient prêts non seulement à fournir une cotisation, mais à donner de leur temps et à mettre leur expérience à la disposition des jeunes. Ils existent beaucoup plus dans les villes que dans les capitales. D'où l'importance qu'il y avait à répandre la formule des comités de coordination plus loin qu'à l'échelon national. La Charte de la WAY stipule que « la WAY a été créée afin de permettre à la jeunesse d'étudier elle-même ses besoins et ses responsabilités et d'attirer l'attention sur ceux-ci ». Pense-t-on que les jeunes adultes convaincus y apportent leur autorité, leur expérience, en dehors de tout paternalisme ? N'y a-t-il pas l'amorce d'un programme, d'une publication d'activités des « Amis ».

Le mouvement des jeunes du Sénégal était contrôlé surtout par les associations catholiques qui étaient favorables à l'Occident et au système colonial. Son orientation était contestée par le RJDA dirigé par un instituteur Alioune Badara Paye. Youssoufa Diop employé au service des poids et mesures, au nom du secrétaire général du Conseil de la jeunesse du Sénégal invita « Les Amis de la culture » de Diourbel à participer à l'organisation de journées d'études qui devaient se dérouler à Dakar du 11 au 14 juillet 1953. Je fus désigné pour représenter l'association. La réunion s'était tenue dans la salle de délibération de la Mairie de Dakar. Je me souviens encore de l'intervention de Me Lat Hyacinthe Senghor qui nous a ouvertement dit être intéressé par les voyages que pouvait lui offrir le Conseil de la jeunesse.

La mainmise de l'Église catholique était très voyante et la volonté de collaborer avec l'administration coloniale était trop visible pour laisser les jeunes nationalistes culturalistes que nous étions indifférents. Une grande bataille s'est engagée contre la ligne d'un catholique guinéen, collaborateur du système colonial et conseiller de l'Union française, Antoine Lawrence.

Si j'ai proposé de dénommer notre association « Les Amis de la culture », j'étais animé par un souci anticolonialiste. Il s'agissait de répandre la culture en général et la culture africaine en particulier. Les colonisateurs déniaient aux Africains toute culture et toute civilisation. C'est pourquoi l'Association s'est immédiatement abonnée à la Revue *Présence africaine* qui exaltait les cultures et les civilisations africaines. Il s'agissait d'armer culturellement les membres pour combattre le système colonial. L'administration coloniale entendait orienter les élèves et les étudiants vers des activités purement récréatives et festives. Pour être réalistes, les dirigeants de l'association ont choisi d'allier les activités culturelles et les loisirs. Les théâtres organisés sur la place du marché étaient suivis de bals. Mais l'administrateur de la France d'Outre-mer du cercle du Baol résidant à Diourbel tenait coûte que coûte à présider les représentations théâtrales organisées pendant les vacances scolaires. Ainsi, il pouvait surveiller l'état d'esprit des membres de l'association qui n'étaient pas encore très politisés. Dans ces pièces ou saynètes, il y avait une volonté de valoriser l'histoire et la culture des Noirs. Par exemple « Les Amis de la culture » ont donné le samedi 1er août 1953 une représentation théâtrale suivie de bal. Étaient au programme : Miva, chœur ; Docteur Camou, saynète ; Nathon, drame mimé ; mariage forcé. Cette manifestation culturelle a été renouvelée pendant les mêmes vacances scolaires.

Le jeudi 6 août 1953, Abdoulaye Mbodj a fait une causerie à la Maison des jeunes de Diourbel sur le sujet suivant : « Le sens de la discussion ». Il a aussi fait une autre causerie sur les problèmes de l'enseignement en AOF le 17 août 1953. Abdoulaye Mbodj a beaucoup aidé l'association en dirigeant les séances de répétitions théâtrales. Il s'est particulièrement illustré par son dévouement, son esprit d'équipe et sa bonne volonté.

Grâce à l'administration coloniale qui a affecté à l'association un camion, une soirée théâtrale et dansante a été organisée le 8 août à Fatick sur la place du marché. Au programme étaient : Némigni, chœur ; docteur Kamou, saynète ; Nathon, saynète mimée ; le mariage forcé, pièce en quatre tableaux ; mina, chœur. La représentation a connu un grand succès dans cette ville du Sine Saloum où n'existait pas l'éclairage électrique. Mais les conditions de voyage ont été épouvantables. Les routes menant de Diourbel à Fatick en passant par Bambey étaient en latérite.

« Les Amis de la culture » ont tenu lors de sa séance du 15 octobre 1953 à discuter de la publication d'un journal semestriel qui aurait pour objectif de faire connaître les civilisations africaines et de faire connaître l'association dans les milieux culturels. Un bureau est proposé : un directeur de publication : Fodé Fofana ; un rédacteur : Malick Fall et cinq membres simples : Ibrahima Dia, Mamadou Sy, Amady Aly Dieng, Daouda Sène, Mbaye Dioum. N'ayant pas les moyens financiers nécessaires pour publier un journal, le bureau reçut le mandat de discuter avec l'Association de la Jeunesse Scolaire du Sine Saloum (AJSS) qui avait son siège à Kaolack et qui était animée par Ameth Sy dit Kowry, Ousmane Camara, Samba Ndiaye. C'est ainsi qu'est né un journal dénommé *Lien Culturel* dont les deux numéros parus sont déposés à l'IFAN,

J'étais le directeur de publication de *Lien Culturel* qui était l'organe d'expression de liaison des « Les Amis de la Culture » de Diourbel et de la Jeunesse Scolaire du Sine Saloum (JSSS). Ameth Kowry, étudiant en médecine, était le rédacteur en chef. Ce journal a été composé et tiré à l'imprimerie spéciale du journal « Afrique Noire » édité par Guy Etchevery, 64 rue Talmath à Dakar.

Dans le premier numéro, les articles tournent autour de l'insuffisante scolarisation du cercle de Baol qui est le plus peuplé du Sénégal. Leurs auteurs demandent la multiplication d'écoles dans la brousse et la construction d'une école de jeunes filles, les parents refusaient d'envoyer leurs filles dans les écoles mixtes. Dans ce même numéro est publiée la conférence du jeune poète Amadou Lamine Diakhaté, disciple de Senghor tenue à la Maison des Jeunes de Diourbel sur le thème : « À la recherche d'une civilisation africaine moderne ».

Dans le deuxième numéro, on peut relever un article de Samba Ndiaye, élève au lycée Van Vollenhoven et une chronique littéraire intitulée : « Léon Gontran Damas géant de la sensation » écrite par Lamine Diakhaté. Ce dernier aura eu le mérite de faire connaître aux élèves et étudiants du Baol et du Sine Saloum un des trois mousquetaires de la négritude. Aimé Césaire et Léopold Sédar Senghor étaient connus tandis que le guyanais Léon Gontran Damas était méconnu.

L'association a donné le 22 août 1953 une représentation théâtrale suivie de bal sur la place du marché. Au programme figuraient : Diama Diengui, chœur toucouleur ; les deux aveugles, saynète locale ; la bataille de Bongoye (saynète tragique) ; sona, pièce en trois tableaux ; la classe à Darou, saynète locale ; revue folklorique. Précisons que la bataille de Bongoye est une tradition recueillie dans la région de Kaédi, notée et mise en scène par Mlle Verdat qui est une Française travaillant à l'IFAN de Dakar.

En dehors des représentations théâtrales, l'association organisait des séries de conférences à la maison des jeunes de Diourbel. Pour déjouer la vigilance de l'administration coloniale, le bureau apportait la précision suivante : « Ces conférences sont suivies de discussions et de questions qui, en aucune façon, ne doivent rentrer dans le cadre politique ». Durant les vacances de l'année scolaire 1952-1953, plusieurs conférences furent organisées. Au mois de juillet 1953, j'ai fait une conférence dans la cour de la maison des jeunes de Diourbel sur le thème : les relations entre le Parlement et le gouvernement en présence de l'administrateur adjoint M. Flamant qui avait épousé une libanaise. Je serai au Lycée Faidherbe le condisciple d'un de ses fils, Georges Flamant. Trois autres conférences furent organisées : le 5 août 1953, les sociétés coopératives par Amady Aly Dieng ; le 15 août 1953, les causes de la Révolution française de 1789 par Malick Fall ; le 30 août 1953 la formation des Etats-Unis par Fodé Fofana. Les sujets n'étaient pas innocents. Ils étaient liés plus ou moins directement ou indirectement aux préoccupations des Africains qui voulaient s'émanciper de la domination coloniale. C'était l'époque où le parti socialiste de Guy Mollet et de Lamine Guèye (SFIO) présentait les coopératives comme une alternative au capitalisme. C'est le Guadeloupéen Wiltord, gouverneur socialiste du Sénégal, qui était chargé de mettre en place les coopératives dans le Bassin arachidier. C'était l'époque aussi où les Etats-Unis apparaissaient comme une puissance anticolonialiste pour avoir été une colonie anglaise et pour contrebalancer l'anticolonialisme de son ennemi, l'URSS. C'était une référence pour les Africains qui désiraient réaliser leur émancipation. Par ailleurs, les principes de la Révolution Française comme Liberté, Egalité et Fraternité proclamés dans la Constitution française de 1946 instituant l'Union française étaient utilisés par les nationalistes et les assimilés français des quatre communes du Sénégal comme Lamine Guèye qui se battait pour l'égalité de traitement des Noirs et des Blancs. C'est pourquoi la recherche des causes de la révolution française était de nature à renforcer les convictions nationalistes de beaucoup de membres de l'association.

L'association « Les Amis de la culture » s'est réunie le 15 octobre 1953 pour renouveler son bureau. Sa composition est demeurée la même avec quelques nouveaux responsables : Vice-président : Aïssatou Sall ; Vice-président : Denis Woula Ndiaye ; Secrétaire adjoint : Ibrahima Malick Dia ; Commissaire : Mamadou Sy.

L'association a eu de nombreuses activités culturelles et politiques de 1954 à 1958, l'année du Référendum organisé par le Général De Gaulle.

Les années 1956, 1957 et 1958 ont été fertiles en évènements politiques à la suite de l'affaiblissement du système colonial français : défaite militaire de la France à Dien Bien Phu en 1954, déclenchement de l'insurrection armée en Algérie en 1954, accession du Maroc et de la Tunisie en 1956 à l'indépendance.

Sall Khalilou, cheminot à Thiès, est venu à Diourbel pour faire une conférence en 1957. Le docteur Sidi Guissé a fait un exposé en 1955 sur les maladies vénériennes. Ibrahima Malick Dia le futur auteur de l'ouvrage : *Le balcon de l'honneur* (NEA, Dakar 1985) nous a entretenus des évènements tragiques vécus par le RDA de Côte d'Ivoire, à la Maison des Jeunes.

L'association a eu à se livrer à des représentations théâtrales suivies de bal. En 1956, elle en a organisé une à laquelle le député du Sénégal Léopold Sédar Senghor, hôte de Louis Legrand, un métis de Mbour travaillant à la Société de Prévoyance (SP) de Diourbel, a assisté.

Des étudiants membres de la Jeunesse Scolaire du Sine Saloum venaient tenir des conférences à Diourbel. C'était le cas d'Ousmane Camara, Papa Soulèye Ndiaye. Je suis allé en 1956 à Kaolack tenir une conférence sur les problèmes politiques de l'Afrique. Je me souviens avoir conclu sur la nécessité de revendiquer l'indépendance des pays africains sous domination française. J'avais repris le titre de l'article de Majhemout Diop paru dans *Les étudiants noirs parlent* (Présence Africaine 1953) « L'unique issue, l'indépendance totale ». Les discussions étaient très animées. Les différentes sensibilités politiques sénégalaises s'y exprimaient très nettement. Les jeunes militants de la SFIO, du BDS, de l'UDS venaient y défendre les positions de leurs partis. Les fonctionnaires surtout les instituteurs et quelques employés du secteur privé constituaient l'auditoire. La ville de Kaolack, située dans la région arachidière la plus importante du Sénégal, était très politisée. Elle abritait de fortes personnalités politiques comme Ibrahima Seydou Ndaw dit Diaraf, président de l'Assemblée territoriale, Djim Momar Guèye, Cissé Dia Loum, etc.

« Les Amis de la culture » connaîtront une scission. Un groupe d'élèves créa une association dénommée : Association des Frères Unis (AFU) qui regroupait des membres comme Alla Kane, Amadou Diop appelé Tintin, etc.

La création de ces associations d'élèves répondait au besoin de passer les vacances utilement, c'est-à-dire de combiner harmonieusement les activités culturelles (conférences, théâtres, cours de vacances) et les loisirs (théâtres, bals). Ces associations étaient des écoles de formation qui permettaient à leurs membres de bien connaître le fonctionnement de leurs sociétés. Personnellement, j'ai pu accumuler une riche expérience en militant au sein de « Les Amis de la culture » de Diourbel. Cette même expérience m'a permis de mieux mener mes activités syndicales à la cité universitaire de Dakar.

La vie syndicale et politique à Dakar

Quand je suis arrivé en octobre 1952 à Dakar, j'étais inscrit en lettres, mais je suivais en même temps les cours de droit. J'ai commencé à militer dans l'Association générale des étudiants de Dakar (AGED) qui a été créée le 22 décembre 1950 et enregistrée sous le récépissé n°160/AG du 7 février 1951. Ce qui frappe dans la composition du bureau, c'est la prépondérance des étudiants français qui avaient l'intention de faire de l'association un membre de l'Union nationale des étudiants de France (UNEF). C'est au cours de l'année universitaire 1951-1952 qu'il y aura un renversement de tendance. En effet, tous les membres du bureau sont des étudiants noirs, à l'exception de Charles Chaudron qui était un métis. Dès sa naissance, l'AGED avait un caractère nettement corporatiste et apolitique. Avec l'arrivée massive d'étudiants africains venant de l'Ecole normale William Ponty de Sébikotane et du lycée Faidherbe de Saint-Louis qui avaient l'esprit très revendicatif, les choses vont changer et l'orientation de l'association va prendre un tour plus syndical et plus critique à l'égard du système colonial à beaucoup d'égards. Durant l'année 1952-1953, les étudiants réunis le samedi 17 janvier 1953 ont renouvelé le bureau de l'AGED qui sera ainsi composé : Président : Tidiane Baïdy Ly ; Vice-président : Badarou Daouda, étudiant dahoméen en médecine ; Secrétaire général : Ibrahima Faye, étudiant sénégalais en médecine ; Secrétaire adjoint : Edouard Martin, étudiant dahoméen en médecine ; Trésorier général : Papa Soulèye Ndiaye, étudiant sénégalais en médecine ; Trésorier adjoint : Mohamed Kader, étudiant guinéen en médecine ; Organisateur : Adrien Senghor, étudiant sénégalais en sciences. La composition du bureau est caractérisée par la présence massive des étudiants en médecine (4 sur 6) et des étudiants sénégalais (3 sur 6) et dahoméens (2 sur 6). La prépondérance des étudiants en médecine s'explique par le fait qu'ils devaient rester quatre ans pour faire leurs études à Dakar alors que les autres devaient partir poursuivre le reste de leurs études en France au bout d'un an. Seuls les étudiants en droit pouvaient achever la licence à Dakar au bout de trois années d'études. Par ailleurs, le Sénégal relativement scolarisé en raison de sa mise en valeur coloniale précoce et le Dahomey fortement scolarisé grâce à l'action des missions catholiques et appelé par Emmanuel Mounier « le quartier latin de l'Afrique » envoyaient à l'Institut des Hautes Études de Dakar les plus forts contingents d'étudiants. Tidiane Baïdy Ly qui était revenu de France pour poursuivre ses études de lettres à l'Institut des Hautes Etudes de Dakar a contribué à développer les activités culturelles de l'association. Certains étudiants africains venant du Lycée Faidherbe de Saint-Louis ou de l'Ecole normale William Ponty de Sébikotane ont déployé des efforts considérables de propagande pour assurer la défaite de Daouda Badarou considéré comme un président timoré, peu dynamique et complice des autorités coloniales.

Tidiane Baïdy Ly n'a pas réussi à changer complètement le caractère apolitique de l'AGED. Par contre, il a réussi à mettre sur pied de nombreuses activités culturelles au sein de l'association. Deux conférences furent organisées durant l'année 1953 dans un des grands amphithéâtres de l'École africaine de médecine et de pharmacie Jules Cardes (lieu aujourd'hui occupé par l'Institut de développement économique et de la planification (IDEP). M. Paul Gonidec, directeur de l'École supérieure de Droit, a traité du sujet suivant : « Une mystique de l'égalité : le code du travail des territoires d'Outremer ». Il avait réussi à envoûter son public par sa verve et la clarté de son exposé. Il ne cessait de se référer à l'autorité du député progressiste Pierre Cot, père de Jean-Pierre Cot, ministre de la coopération de François Mitterrand. Pierre Cot ne laissait personne indifférent dans le milieu parlementaire parisien à cause de sa légendaire éloquence et de ses terribles reparties qui mettaient les rieurs de son côté.

Quant à Tidiane Baïdy Ly, il a consacré un exposé à la démocratie chez les Dényanké du Fouta Toro. C'était l'époque où les nationalistes africains cherchaient à lutter contre la falsification de l'histoire de leur pays par les idéologues de la colonisation qui présentaient les rois ou monarques africains comme des dictateurs sanguinaires et qui niaient l'existence de toutes institutions démocratiques en Afrique. La conférence était une mise en cause, sur le plan culturel, très timide du système colonial. Elle s'inscrivait dans le cadre de la glorification des cultures et des civilisations africaines des « grands empires du Sahel soudanais ». Ce statisme historique a été vertement critiqué par l'historien sénégalais Abdoulaye Ly qui était chercheur à l'IFAN. Je me souviens de l'avoir entendu dire « C'est une histoire historisante qui manque de dynamique sociale ».

À la fin de l'année, Tidiane Baïdy a pris l'initiative d'organiser avec l'aide des jeunes filles du collège Albert Sarraut, dirigé par Mlle Riquet, une soirée théâtrale suivie de bal le samedi 4 juillet 1953, au Lido, route de la Corniche, sous la présidence d'honneur du Haut Commissaire de la République Française, Gouverneur général de l'AOF et sous la présidence de M. le Recteur, H.G. Camerlynck, Directeur général de l'enseignement en AOF, qui venait de quitter la faculté de droit de Hanoi en Indochine.

Le programme comprenait des scènes folkloriques intitulées : « Évocations » (Afrique, Antilles, Amérique), pièce écrite par Abdoulaye Ly et jouée en 1948 au Camp de vacances des étudiants africains de France de la Ferté – Macé en Bretagne, et un bal. « Cette représentation a remporté un gros succès à Paris, Coutances, Mulhouse et Colmar », précise l'affiche de l'AGED. L'organisation de cette soirée a coûté énormément cher à cause des tenues achetées par l'association. C'est grâce à une très importante subvention octroyée par le Haut Commissaire de l'AOF, Bernard Cornut-Gentille, qui sera en 1958 ministre de la France d'Outremer du Général De Gaulle et ensuite maire de Nice que l'association a pu s'en sortir sur le plan financier.

L'AGED était inoffensive sur le plan politique. Elle s'était bornée à organiser des activités culturelles. C'est pourquoi elle a bénéficié des faveurs du gouvernement général : impression par l'imprimerie fédérale du gouvernement de Rufisque des cartes d'invitation à la soirée du Lido fréquentée par la haute société blanche de Dakar, mise à la disposition de l'AGED des cars du gouvernement général pour transporter les jeunes filles du Collège Albert Sarraut, de l'École normale de Rufisque, les élèves sages-femmes et infirmières d'État de l'Hôpital Aristide Le Dantec, invitation des responsables de l'AGED à toutes les réceptions du Gouvernement général.

Le Gouverneur général, Bernard Cornut-Gentille, appartenant non au corps des administrateurs coloniaux, mais au corps préfectoral français, était relativement ouvert. Il a pratiqué une politique de domestication des anciens étudiants africains comme le Guinéen Telli Diallo, ancien magistrat à Thiès et futur Secrétaire général de l'OUA, Assane Seck qui sera au service social d'abord et ensuite

Directeur de la Cité universitaire remplaçant le capitaine Castin, le voltaïque Combo, membre de la famille du Moro Naba et futur Directeur de la Banque Centrale de la Haute-Volta pour faciliter les relations des étudiants de l'AGED avec les autorités fédérales, le colonel sénégalais Amadou Fall qui sera plus tard général après l'indépendance du Sénégal. Ce militaire sénégalais engoncé dans un élégant smoking n'a pas manqué de séduire certains membres du bureau qui n'ont pas hésité à se confectionner des smoking pour assister aux réceptions où les étudiants africains avaient l'occasion de rencontrer des personnalités religieuses du pays, les hauts fonctionnaires du système colonial comme Henri Bourges qui sera ministre de Georges Pompidou, Michel Jobert qui sera ministre de Georges Pompidou, Barbier qui sera l'auteur d'une thèse de doctorat en droit intitulé : « Le Grand Conseil de l'Afrique Occidentale Française ». Je me souviens encore d'une remarque de Michel Jobert disant au président de l'AGED, Tidiane Baïdy « êtes-vous sûrs de représenter réellement les étudiants de Dakar. Je vous renvoie à la lecture du livre d'André Malraux : *Les Conquérants* ».

L'année 1953 fut un grand tournant pour l'Association générale des étudiants de Dakar qui a décidé au cours de son assemblée générale du 7 février 1953 la création d'un Cercle d'études. J'étais très heureux de cette initiative qui contribuait à favoriser les échanges culturels au sein de la cité universitaire de Fann et la formation des étudiants africains. Ce cercle d'études qui tenait ses réunions le soir dans le sous-sol de la cité où était installé le restaurant. Son principal animateur était Camara Khaly Basile, un étudiant en lettres qui se réclamait du marxisme et qui comptait peu d'adeptes à Fann. Il revenait de France où il a eu le temps de se frotter aux durs combats politiques, à prendre connaissance de la littérature marxiste. Il avait un avantage : la connaissance de l'anglais qui lui a permis, poète qu'il était, de se familiariser avec les œuvres des écrivains négro-américains.

Dans ce Cercle d'études, étaient présentés des exposés faits par les étudiants africains. Je me souviens encore de l'exposé d'un étudiant dahoméen, militant catholique Gonzalvès sur les traits de la dialectique marxiste et à partir des *Principes fondamentaux de philosophie* (Editions sociales 1954) de Georges Politzer. Les discussions étaient animées. Elles révélaient beaucoup de choses : la méconnaissance quasi totale de la littérature marxiste, la méconnaissance aussi des hommes politiques luttant pour l'indépendance dans les pays non francophones, l'ignorance totale des travaux de Cheikh Anta Diop (ses articles et *Nations nègres et culture*).

Assistaient aux séances de ce Cercle d'études des personnalités africaines comme Assane Seck, Directeur de la cité universitaire, Alassane Ndaw, surveillant général au lycée Maurice Delafosse. Je me rappelle l'incident qui a opposé Assane Seck à Khaly Basile Camara. Ce dernier s'est permis d'appeler affectueusement le directeur de la cité « Assane » qui a vivement réagi en lui demandant de l'appeler Monsieur Seck. Cet incident montre à quel degré se situait la méfiance existant entre les étudiants de Dakar et les aînés qui étaient considérés à tort ou à raison comme des collaborateurs du système colonial.

Venaient à ce Cercle d'études pour faire des conférences d'anciens étudiants comme Khalilou Sall, directeur des chemins de fer à l'AOF. Pour les besoins de son exposé, il m'avait demandé de lui prêter un petit ouvrage édité aux Éditions Sociales : *Mésaventures de l'anti-marxisme, les malheurs de M. Merleau-Ponty*. Ce livre avait été publié en 1956 par un collectif d'intellectuels marxistes comme Henri Denis, Henri Lefebvre, Jean-Toussaint Desanti en réponse à Merleau-Ponty, professeur au Collège de France et ancien compagnon de Jean-Paul Sartre. Alassane Ndaw était un admirateur de ce philosophe français.

À cette époque, il était difficile pour les étudiants de Dakar d'accéder à ce type de littérature philosophique. Dakar était un ghetto intellectuel. Ce besoin de connaissance était énorme chez les étudiants nationalistes pour combattre le système colonial. Le Cercle d'études était une sorte d'arsenal où étaient fabriquées les munitions propres à abattre l'édifice colonial. Il était aussi le lieu d'échanges alimentant la plaidoirie des étudiants patriotes en faveur de l'indépendance.

J'ai été candidat au poste de secrétaire général de l'AGED durant l'année 1953-1954. Mais j'ai été battu par Cheikh Sidya Berté qui avait poursuivi des études secondaires au Lycée Faidherbe de Saint-Louis comme moi. Nous avons été tous les deux maîtres d'internat dans ce même lycée où il lisait des ouvrages marxistes et notamment des ouvrages de Mao Tsé Toung.

Cette même année, j'ai beaucoup milité dans l'Association musulmane des étudiants africains (AMEA) présidée par Ciré Ly, étudiant sénégalais en médecine. J'y ai exercé les fonctions de secrétaire général. À cette époque, l'association travaillait étroitement avec l'Association des étudiants catholiques africains dirigée par un étudiant dahoméen en médecine, Edouard Martin, ami de Ciré Ly. Adama Diagne était très actif dans cette association qui entendait introduire dans l'islam une forte dose de rationalisme. Ses dirigeants s'inspiraient fortement des idées de l'ingénieur nord-africain, Malek Bennabi, auteur de *Vocation de l'Islam*. En s'inspirant des travaux de cet écrivain nord-africain, Ciré Ly a fait en 1954 une conférence inaugurale du cercle culturel de l'AMEA dont le résumé est publié dans le premier numéro de juin du journal intitulé : *Vers l'Islam*. Dans cette conférence intitulée « Sources, dogmes et morale de l'Islam », il s'agissait d'un essai « d'étude philosophique suivant une méthode critique et analytique des sources, dogme et de la morale de l'islam ». Voilà ce que Ciré Ly écrit : « Dans un magistral ouvrage, « le phénomène coranique », un éminent écrivain nord-africain, l'ingénieur Malek Bennabi a fait une étude critique et analytique très serrée de l'origine du Coran. Ma prétention se bornera ici à rapporter les jalons qu'il a posés à l'aide de certains critères et ces jalons marquent les étapes d'une démonstration rigoureuse appuyée sur une documentation d'une valeur exceptionnelle » (cf. Ciré Ly *Où va l'Afrique ?* Collection « Vers l'Islam », Imprimerie Nis, sans date. pp. 14-15).

Durant l'année 1954-1955, l'article 8 des statuts fut modifié. Ainsi, deux nouveaux postes (deux vice-présidents aux affaires extérieures et aux affaires africaines) furent créés. Dans sa séance du 18 novembre 1954, les membres de l'AGED ont élu un nouveau bureau ainsi composé : Président : Moustapha Diallo, étudiant en médecine (Sénégal) ; Vice-président : Abdoul Wahab Barry, étudiant en médecine (Guinée) ; Vice-président aux affaires extérieures : Charles Diané, étudiant en médecine (Guinée) ; Vice-président aux affaires africaines : Laurent Nézit, étudiant en médecine (Côte d'Ivoire) ; Secrétaire général : Amady Aly Dieng, étudiant en droit et en lettres (Sénégal) ; Secrétaire adjoint : Bertin Borna, étudiant en droit (Dahomey) ; Trésorier général : Adama Diagne, étudiant en droit (Sénégal) ; Organisateur : Cheikh Hamidou Kane, étudiant sénégalais en PCB (Physique, Chimie et Biologie). Durant cette année, le combat mené pour l'obtention d'un enseignement de qualité à Dakar fut poursuivi avec beaucoup d'intensité et continua dans la presse des étudiants. Cette attitude de l'AGED va commencer à détériorer ses relations avec les autorités universitaires et administratives coloniales. Les étudiants commençaient à comprendre que le système colonial est un tout et que leur combat pour la qualité de l'enseignement s'inscrivait dans le cadre du combat des peuples africains pour leur émancipation. Cette année 1955, j'étais membre de la commission du journal : *Dakar-Étudiant*.

L'année suivante, c'est-à-dire l'année 1955-1956, je fus reconduit au poste de secrétaire général du bureau ainsi composé : président : Charles Diané, étudiant guinéen en médecine ; Vice-président chargé des affaires sociales et culturelles : Basile Khaly Camara, étudiant togolais en lettres ; Vice-président chargé des relations internationales : Bertin Borna, étudiant dahoméen en droit ; Vice-président chargé des relations panafricaines : Emmanuel Karl, étudiant dahoméen en lettres ; Secrétaire général : Amady Aly Dieng, étudiant sénégalais en droit ; Secrétaire adjoint : Ameth Sy, étudiant sénégalais en médecine ; Trésorier général : Adama Diagne, étudiant sénégalais en droit ; Trésorier adjoint : Daouda Sow, étudiant sénégalais en médecine ; Organisateur : Mady Sylla, étudiant sénégalais en médecine. Ce bureau était manifestement dominé par la présence de nombreux étudiants sénégalais (4 sur 9) et dahoméens (2 sur 9) et aussi par la présence d'étudiants en médecine (3 sur 9), d'étudiants en droit (3 sur 9) et d'étudiants en lettres (2 sur 9). Je me suis déjà expliqué sur les raisons qui sont à l'origine de ce phénomène. Ce bureau publia un numéro spécial de *Dakar Étudiant* no. 3 de mars 1956 intitulé : *Sabotage de l'enseignement à l'École préparatoire de médecine de l'Institut des Hautes Études de Dakar*.

La publication de ce document va constituer un *casus belli* entre les professeurs français et les étudiants africains qui vont se radicaliser.

*Camara et membres et moi même (Amady Aly Dieng, premier à gauche)
Un bal de fin d'années à Fann en 1956*

*Une délégation du COSEC à la cité universitaire de Dakar en 1956
(Amady Aly Dieng, 4e à partir de la droite)*

Chapitre 4

Mes deux dernières années de lutte au sein de l'Union générale des étudiants d'Afrique occidentale (1956-1957)

Les étudiants de Dakar vont dès le vote de la loi-cadre Gaston Defferre s'affronter dans la rue avec les forces de police à l'occasion des manifestations organisées à l'occasion des événements de Montpellier en 1956.

L'AGED et les événements de Montpellier de 1956

Les étudiants africains ont fait l'objet d'agression de la part des étudiants français dirigés par Jean-Marc Mousseron, président d'honneur de l'UNEF et avocat stagiaire au barreau de Montpellier.

La journée du vendredi 20 janvier 1956, l'UGEMA, appuyée par toutes les associations d'étudiants d'Outremer, avait décidé de faire la grève de la faim et des cours et de tenir un meeting le soir.

Les forces de police et les CRS ont pris le parti des étudiants français de droite et d'extrême droite. Les étudiants africains sont sérieusement « malmenés » par les assaillants organisés par J.-M. Mousseron et aidés par la police. « Plusieurs étudiants d'Outremer sont sérieusement blessés, des femmes sauvagement frappées ». De sérieux accidents ont eu lieu le samedi 21 janvier et les jours suivants. Le groupe de Mousseron décida d'organiser une journée de « chasse aux Noirs ». Certains étudiants africains comme Fofana, Moustapha Wade, Achille Houngès, Jean Konnan Banny ont risqué leur vie avec l'utilisation de couteaux par les nervis de Mousseron.

Le Monde du 1er février 1956 donne un compte rendu de son envoyé spécial à Montpellier qui rapporte les propos de Mousseron, un véritable défi non seulement aux étudiants d'Outremer, mais aussi et surtout aux Pouvoirs Publics. J.-M. Mousseron n'hésite pas à dire en effet : « J'accepte la responsabilité de la contre-manifestation et revendique même celle des coups qui furent donnés, en dépit de mes promesses à la sortie de la Bourse de Travail » (pour plus de détails, cf. le rapport sur les incidents de Montpellier des 20 et 21 janvier 1956, établi par Dieumb Guèye, Vice-président de la FEANF délégué à Montpellier, 7 pages). Et ce Jean-Marc Mousseron a eu le toupet de venir faire tranquillement une conférence à la chambre de commerce et d'industrie de Dakar présidée par Charles Henri Gallenca.

L'AGED a organisé pour la première fois une manifestation de rue à Dakar en guise de solidarité avec les étudiants africains de Montpellier. Les évènements de Montpellier ont eu des conséquences sur la vie de l'AGED. Il y eut une crise provoquée par l'attitude du Président, Charles Diané qui n'a pas voulu participer à la manifestation. Au cours de la première assemblée de l'AGED, Ousmane Camara accusa publiquement Charles Diané d'être le « dauphin de l'administration » et demanda sa démission. Mais le bureau fut reconduit. Et Ousmane Camara, à la tête d'une importante fraction des étudiants de Dakar, s'écria « vous bénéficiez d'une confiance usurpée ».

Par ailleurs, le vice-président chargé des affaires panafricaines Emmanuel Karl, étudiant dahoméen en lettres, fut destitué de son poste pour avoir refusé de participer à la manifestation. Cette exclusion a terni la réputation de cet étudiant qui été mis en quarantaine à Toulouse où il poursuivait ses études. Il fut remplacé par Agossou, un étudiant dahoméen en médecine qui mettra plus tard fin à ses jours.

À la suite des événements de Montpellier durant lesquels les étudiants africains ont été molestés par les étudiants français de droite et d'extrême droite, est née à la cité universitaire de Dakar une Amicale générale des étudiants de France en Afrique noire (AGEFAN) qui est une réplique à l'existence de la Fédération des Étudiants d'Afrique Noire en France (FEANF).

Avec cette création, le président de l'AGED de l'époque Charles Diane a tiré les conséquences de l'attitude des étudiants français résidant à Dakar « Vous vous êtes exclus de vous-mêmes de l'AGED ».

Lors du passage de la mission sénatoriale venue visiter l'École de Médecine, M. le Doyen Portmann, professeur de chirurgie à l'université de Bordeaux a réuni le 21 mars 1956 quatre membres de l'AGED : Charles Diané, Amady Aly Dieng, Christian Lamaury et Adama Ouattara ainsi que des membres du bureau de l'AGEFAN. Mais aucun terrain d'entente n'a pu être trouvé. La rupture entre les deux organisations interviendra le 6 avril 1956.

L'année 1956 était une année charnière à la suite du vote de la loi-cadre Gaston Defferre accordant aux territoires d'Outremer une semi autonomie.

La FEANF rompt avec l'UNEF le 11 juin et organise le 15 juin la grève des restaurants. Le Canal de Suez est nationalisé en 1956.

Khalilou Sall, ingénieur sorti de SUPELEC (École supérieure d'électricité) a organisé le 4 septembre une conférence au Casino Dolmis à Thiès sur « La loi-cadre et ses incidences politiques ». Le directeur d'école Maury Tall a eu à s'écrier « La loi-cadre est un bluff ».

Une conférence s'est tenue à la Maison des jeunes de Diourbel le 23 juillet 1956 par la section du Conseil de la jeunesse du Sénégal qui a présenté Mᵉ Doudou Thiam. Y assistaient 150 personnes environ dont la majorité est constituée d'étudiants et de fonctionnaires. Oumar Ndao, un staticien originaire de Diourbel, est intervenu au cours de la conférence.

Dans le cadre des réunions de la popularisation du parti unifié sénégalais, Khalilou Sall a fait sous l'égide de l'Union Démocratique Sénégalaise (UDS) une conférence intitulée : « Ce qu'est la loi-cadre » le 18 août à 21 heures à la salle des fêtes de Saint-Louis. À cette occasion, Amadou Seck, billeteur à l'imprimerie du gouvernement du Sénégal a déclaré : « Il faut africaniser d'une manière sérieuse et non le sommet seulement ». Gaston Defferre tient à rassurer les Européens. Assane Seck considère que la loi-cadre a des avantages qu'il ne faut pas rejeter en bloc.

La police surveillait très sérieusement les activités des anciens militants de la FEANF. C'est ainsi que, par lettre du 13 septembre 1956, le gouverneur du Sénégal écrit au Haut commissaire de l'AOF pour lui envoyer le compte rendu de la conférence de Khalilou Sall tenue à Thiès le 4 septembre 1956. Étudiant à Dakar, j'assistais aux conférences organisées au Centre Daniel Brottier.

Les conférences de Daniel Brottier de Dakar

L'Église catholique était présente en Afrique Occidentale par sa librairie Clairafrique, sa presse *Afrique Nouvelle* et son Centre culturel Daniel Brottier où des personnalités africaines, françaises ou de passage à Dakar, faisaient des conférences sur des sujets bien précis.

Au cours d'une conférence tenue par Louis-Vincent Thomas, professeur de philosophie au lycée Van Vollenhoven, qui aimait utiliser des termes philosophiques hermétiques et ne manquait pas de convoquer des citations tirées des ouvrages d'Henri Bergson, Thierno Ba est intervenu pour déplacer les discussions sur le terrain politique. Cette intervention était apparue insolite pour une partie du public qui ne comprenait pas pourquoi Thierno Ba n'ait pas voulu suivre L.-V. Thomas sur son terrain. Thierno Ba était un responsable de l'Union démocratique du Sénégal (UDES), section sénégalaise du RDA exclue en 1955. Il constituait la terreur des conférenciers. Je me souviens des réparties acerbes d'Abdoulaye Ly qui lui reprochait d'avoir lu deux ou trois bouquins marxistes pour venir se gargariser de formules. Abdoulaye Ly portait le débat sur la nature de l'impérialisme chez les penseurs se réclamant de Marx. Il citait des auteurs méconnus du public et même de ceux qui lui portaient la contradiction. Il avait eu à parler de Rosa Luxemburg, de Karl Kautsky, de Lénine, de Boukharine. C'était, en ce qui me concerne, la première fois que j'entendais le nom de ces auteurs à cause de l'absence de la littérature marxiste à Dakar.

Abdoulaye Ly a tenté de réhabiliter la conception de l'impérialisme défendue par Rosa Luxemburg. Mais il a eu le malheur de critiquer la conception léniniste de l'impérialisme devant les « Jeunes » et les « progressistes » qui se croyaient marxistes et qui s'étaient présentés comme les gardiens du temple. À cette époque, la pensée de Marx était sacralisée chez une bonne partie de la jeunesse qui avait une grande admiration pour l'Union Soviétique qui avait réussi à vaincre son « sous-développement ».

Me Doudou Thiam a tenu une conférence sur la citoyenneté dans les pays d'Outremer. Son confrère Me Valdiodio Ndiaye est intervenu pour lui rappeler l'Edit de Caracolla avec une pointe d'ironie qui frisait le mépris pour le conférencier du jour. Derrière ces débats, se profilaient les luttes politiques locales entre les membres de la SFIO, du BDS et le groupe Réalités Africaines.

La conférence d'Amadou Makhtar Mbow de 1956 est mémorable. Elle portait sur un sujet passionnant : Haïti, première République noire. La salle était comble. Les jeunes que nous étions étaient heureux d'apprendre du conférencier l'existence au XIXe siècle d'une République Noire dans les Caraïbes. Cela nous confortait dans notre lutte pour l'indépendance. C'était là un argument pouvant étayer nos revendications nationalistes.

Léon Gontran Damas a tenu une conférence sur la négritude. Il semblait ménager les autorités coloniales et notamment le Haut Commissaire de l'AOF, Bernard Cornut-Gentille. Ansoumane Traoré, le frère de Ray Autra, prit la parole pour attaquer violemment Léon Gontran Damas. Il récita par cœur des passages du *« Cahier de retour au pays natal »* et lui reprocha de n'avoir pas mis en cause la politique coloniale du gouvernement fédéral. Damas de lui dire ironiquement : « De retour à Paris, je dirai à Césaire qu'il y a un Africain à Dakar qui connaît ses poèmes mieux que lui ». Ansoumane Traoré engoncé dans son costume avait arboré une cravate rouge sang très bizarre. Il était très passionné. Cela avait contribué à diminuer la portée de son intervention qui avait suscité des salves d'applaudissements dans le public.

La célébration du 21 février à Dakar

Pour la première fois, les étudiants de Dakar ont célébré le 21 février 1956, la journée anticolonialiste. Le bureau de l'AGED me demanda de faire une conférence au Centre franco-africain, situé à la rue Grasland sur le sujet suivant : « L'attitude de la jeunesse devant le colonialisme ». Tidiane Baïdy Ly a fait le compte-rendu de cette manifestation au Comité exécutif de la FEANF dans une lettre datée du 29 février 1956 : « Un étudiant, secrétaire général de l'AGED, Dieng Amady a tenu dans une conférence fort réussie sur « L'attitude de la jeunesse devant le colonialisme ». Cette conférence était suivie de débats.

Dès que j'ai terminé, c'est Tidiane Baïdy Ly qui a pris la parole pour montrer qu'un étudiant d'un pays colonisé ne pouvait pas être apolitique. Il a âprement critiqué les étudiants « passifs, indifférents, inconscients, égoïstes et même lâches ». Il a attaqué avec véhémence ses aînés « embourgeoisés » qui ont adhéré au Bloc Démocratique Sénégalais de Senghor. Il s'agit du Groupe d'Abdoulaye Ly composé de Me Falilou Diop, Diaraf Diouf, Abdoul Aziz Wane, etc., et d'autres anciens étudiants africains comme Me Doudou Thiam. Il a dénoncé la duplicité des parlementaires africains qui trahissent en fait les aspirations des populations. Il a fait appel à l'unité de tous les jeunes pour promouvoir une politique de progrès.

Je me souviens encore de l'intervention d'Oumar Ndao, statisticien ayant déjà travaillé à Brazzaville et militant de l'Union démocratique sénégalaise (UDES), ex-section du RDA, qui s'est appesanti sur les méfaits du colonialisme dans les différentes colonies d'Afrique noire. Je n'ai pas conservé le texte de cette conférence que Charles Diané a emporté en Guinée pour s'en inspirer et faire de l'agitation politique.

Deux membres de l'UDS ont pris la parole. Les délégués syndicaux se sont réjouis du fait que les étudiants se soient décidés à venir lutter à côté d'eux et de les informer au lieu de les fuir, de les mépriser comme avant.

Tidiane Baïdy Ly a eu à leur répondre en soulignant que la politique de la FEANF et celle de l'AGED n'ont de véritable sens que dans la mesure où elles se concrétisent sur le plan pratique et que l'orientation de ces deux organismes est un encouragement dans ce sens de façon concrète pour réaliser l'unité autour d'un programme minimum.

Le résultat capital de cette journée, c'était une explication franche et totale entre les étudiants et les masses de l'existence d'une confiance accrue aux possibilités de réaliser leur solidarité dans l'action sur tous les plans et à tous les niveaux.

Dans le cadre de la journée du 21 février, un grand meeting auquel j'ai assisté avec d'autres étudiants africains comme Tidiane Baïdy Ly eut lieu au cinéma Pax. Presque tous les organismes de jeunes y étaient représentés. Le cinéma était comble. Comme toujours, la police n'a pas manqué au rendez-vous avec ses cars, ses nombreux agents. Comme organismes, il y avait : l'AGED, le RJDA, le Conseil de la jeunesse du Sénégal, le Conseil fédéral de la jeunesse catholique, la jeunesse musulmane, l'UDS, le syndicat des chauffeurs, etc.

Tous les délégués ont condamné le colonialisme en des termes violents. Tous ont fait appel à l'unité. Tous ont condamné l'Union Française, le parlementarisme comme moyen d'action. Une motion demandant la cessation des massacres en Algérie et la reconnaissance de la personnalité algérienne fut votée à l'unanimité.

L'intervention la plus émouvante fut celle d'une militante du RJDA qui exhorta les femmes à prendre conscience des réalités politiques et à s'occuper des choses utiles dans la conjoncture actuelle du pays. Elle fut très dure pour ses sœurs « intellectuelles » qui auraient dû guider les femmes ignorantes, au lieu de briller par leur passivité coupable, leurs goûts pour les choses vaines.

Après une critique féroce de l'action politique du BDS et de la SFIO, elle exhorta les femmes conscientes à militer activement dans des mouvements progressistes au lieu de perdre leur temps dans les partis pourris et sans avenir. Elle fut longuement applaudie et, fait important, beaucoup de femmes touchées par son intervention, l'approuvèrent.

Dans sa lettre du 29 février 1956, Tidiane Baïdy Ly porte une appréciation sur le meeting en ces termes : « En un mot le meeting a fort bien réussi, à la grande déception des flics et de l'administration qui s'aperçoit qu'il y a quelque chose qui a changé et qu'une nouvelle orientation se prépare ».

Rencontre avec Raymond Cartier

Assane Seck, professeur de géographie et directeur de la Cité universitaire de Fann, a profité du passage à Dakar de Raymond Cartier, journaliste au grand hebdomadaire à très grand tirage, *Paris Match* pour organiser une rencontre en son domicile regroupant Me Boubacar Guèye, avocat, Alassane Ndaw, professeur de philosophie et surveillant général au Lycée Maurice Delafosse, Ousmane Camara, étudiant en droit et directeur de publication de *Dakar Étudiant* et moi-même.

Dans le cadre de son enquête sur les répercussions politiques de la Conférence de Bandoeng tenue en avril 1955, le journaliste de *Paris Match* qui avait fait un compte-rendu désobligeant de cette grande rencontre afro-asiatique voulait rencontrer quelques représentants de ce qu'il appelait à l'époque la future élite africaine. Raymond Cartier dans une posture paternaliste commença par nous dire que l'Afrique et la France étaient mariées pour de bon, et que c'était un bon signe pour l'avenir de nos pays. Devant ses propos agaçants, Me Boubacar Guèye eut une réaction vive en rétorquant ainsi : « Raymond Cartier, nous ne sommes pas mariés, vous nous avez violés ». Outré par la vivacité des propos de l'avocat dakarois, il répondit en ces termes : « Monsieur Boubacar Guèye, je vous demande de m'appeler Monsieur Raymond Cartier ». La mise au point vigoureuse de Boubacar Guèye m'a personnellement rempli de joie. Il me paraissait monstrueux de comparer la colonisation avec le mariage qui suppose amour et consentement, alors que la conquête coloniale est un acte de violence. Après cette leçon de politesse du maître blanc au nègre d'avocat, Alassane NDaw a essayé de tempérer les discussions qui ont repris pour porter non seulement sur la conférence de Bandoeng, mais sur les conséquences politiques de la loi-cadre de Gaston Defferre accordant aux pays africains l'autonomie interne. Raymond Cartier s'est permis de dire que les Africains colonisés par les Anglais étaient tristes. Cette remarque a reçu un accueil désapprobateur de la part de ses interlocuteurs. Alassane Ndaw qui n'avait pas une bonne opinion de ce journaliste n'est pas beaucoup intervenu dans les discussions, tandis qu'Ousmane Camara et moi n'étions pas tendres à l'égard de Raymond Cartier.

Le 7 mai 1956, une conférence fut donnée à la cité universitaire de Fann par Me Boubacar Guèye, avocat à la cour d'appel de Dakar. Camara Khaly Basile est intervenu en insistant sur la nécessité de l'africanisation des cadres, à la suite de l'adoption de la loi-cadre accordant l'autonomie aux différents territoires de l'Afrique noire sous domination française. La conférence à laquelle étaient conviés certains professeurs français a été houleuse.

Boubacar Guèye, connu par son franc-parler et sa violence verbale, a vertement répondu au professeur Jean Bruyas qui disait « En vous entendant parler, il ne reste aux Français qu'à s'embarquer à Marseille avec des cercueils ». L'avocat dakarois n'a pas manqué d'invectiver les Européens venus assister à la conférence en tenant ces propos : « Vous avez mangé des rats à Paris pendant la guerre ». Ces paroles ont été chaudement applaudies par les étudiants africains.

Je suis resté, durant l'année universitaire 1956-1957, dans le bureau de l'AGED. C'était ma dernière année passée à Dakar. Tidiane Baïdy Ly, revenu à Dakar, après avoir été élu au 4ᵉ congrès de la FEANF tenu à Toulouse les 27 et 28 novembre 1953, trésorier général de la Fédération en 1954, est devenu président de l'AGED. Il était maître d'internat au Lycée Maurice Delafosse de Dakar.

De 1950 à 1955, les relations entre l'AGED et la Fédération des étudiants d'Afrique Noire en France (FEANF) étaient très lâches. La FEANF a apporté sa solidarité à l'action de l'AGED sur le problème de la qualité de l'enseignement à l'Institut des hautes études de Dakar. A ses débuts, elle a ignoré pratiquement l'AGED. Par exemple, la FEANF et l'Association des étudiants sénégalais en France (AESF) ont organisé des collectes de fonds pendant les vacances universitaires de 1953 sans y associer l'AGED. C'est à partir de 1956 que les liens entre ces deux organismes vont se resserrer.

L'AGED a décidé de s'affilier au Conseil de la jeunesse de l'AOF dirigé par Aly Bocar Kane qui était un militant du parti socialiste de Lamine Guèye. Ses dirigeants précisent la vocation anti-colonialiste de l'association : « Nous sommes sûrs que cette affiliation contribuera à renforcer de façon décisive l'union de la jeune génération dans ses luttes permanentes contre le dragon colonialiste ».

Je fus désigné, avec deux autres membres de l'AGED, Alfred Moudjenagni, étudiant dahoméen en géographie, et Abdourahmane Dia, étudiant sénégalais en droit pour assister au congrès de la World University Service (WUS) (Entraide universitaire mondiale) qui se tenait à Accra du 17 au 23 décembre 1955. Le congrès devait être ouvert par Kwamé Nkrumah qui y a renoncé à la suite des troubles politiques ayant eu lieu en pays Ashanti. Ce fut Gardiner, un Secrétaire d'État du gouvernement de la Gold Coast, futur dirigeant de la Commission économique pour l'Afrique (CEA) qui vint à la place de Nkrumah. C'était la déception des participants qui rêvaient de voir en personne ce prestigieux nationaliste africain. C'est là que j'ai rencontré pour la première fois le professeur canadien Dansereau que je reverrai quelques années plus tard en 1987 à l'université du Québec à Montréal et le professeur belge Buschmann qui enseignait à l'Université de Louvanium au Congo Belge. Ce dernier m'apparaissait comme un paternaliste qui nous parlait amplement d'un mouvement africain « Conscience Noire » qui commençait à se faire connaître à Léopoldville. J'ai connu à ce congrès des étudiants canadiens aux noms pittoresques comme Alice Desjardins et Roger de La Montagne. C'était là qu'on a appris avec joie l'indépendance du Soudan anglo-égyptien que nous avons fêtée.

En ma qualité de secrétaire général, j'ai présenté le 1er juillet 1955 un rapport moral publié dans le numéro de décembre 1955 de *Dakar Étudiant*. D'ordinaire, ce rapport était présenté par le président au début de l'année universitaire où il faut procéder au renouvellement du bureau. Cette méthode avait le gros inconvénient de laisser en partie l'appréciation du travail effectué par le bureau à des membres qui, par le fait qu'ils n'ont pas suivi tout au cours de l'année les activités de l'AGED, ne peuvent pas se prononcer valablement. On a préféré rompre avec la tradition et parer ainsi à cet inconvénient en donnant une idée exacte des résultats obtenus aux étudiants qui, dès la rentrée prochaine, devant continuer leurs études en France, ne seraient pas des nôtres. Ainsi, le rapport moral de l'association fut présenté en fin d'année. J'ai eu à préciser le contenu du rapport en ces termes : « Le moment est donc venu de vous dire dans quelle mesure nous avons pu nous acquitter de notre tâche. Mon travail sera d'autant plus facilité que notre président a eu l'occasion, dans son dernier rapport, d'anticiper sur ce que j'avais à dire et de définir, d'une manière claire et précise, le sens de l'action de l'Association générale des étudiants de Dakar. Quant à moi, je me bornerai tout simplement à vous rappeler les points essentiels de notre programme et à voir ce qui a pu être ou non réalisé. Ce programme contient en particulier deux parties : l'une est essentiellement consacrée aux problèmes universitaires et l'autre intéresse le domaine social ».

À cette époque, la conscience politique des étudiants de Dakar qui faisaient partie des catégories sociales privilégiées était très faible. En effet, en raison de leur faible nombre, ils étaient tous boursiers et ceux qui ne pouvaient être boursiers en raison de leur âge avancé étaient recrutés dans les lycées et collèges de Dakar comme maîtres d'internat et d'externat. Le montant de la bourse était élevé. La nourriture et le logement étaient bon marché. Le transport pour aller suivre les cours au Lycée Van Vollenhoven, suivre les stages pour les étudiants en médecine à l'Hôpital Aristide Le Dantec ou aller faire des courses en ville était gratuit. L'université offrait aux étudiants les services d'un gros car et d'une petite navette qui faisait le circuit Fann – Place Protêt (l'actuelle Place de l'indépendance).

Je me souviens d'une proposition du député Léopold Sédar Senghor tenant à augmenter le montant de la bourse qui serait aligné sur le salaire minimum français correspondant à 36 000 francs, alors que la bourse de 7 500 francs suffisait largement à couvrir nos besoins essentiels. Le bureau qui était présidé par Moustapha Diallo, étudiant sénégalais en médecine, a catégoriquement refusé cette proposition faite par Senghor qui nous avait reçus au domicile de Me Léon Boissier-Palun, un avocat métis franco-dahoméen, situé à l'avenue Kléber. Senghor nous avait tenu des propos qui m'avaient profondément choqué : « Les Africains commencent à être civilisés, il y a des fleurs dans les Sicap ». Et je ne comprends pas non plus qu'un député du Sénégal puisse se targuer de ne pas avoir une maison dans son pays. Cette attitude étrange a beaucoup contribué à diminuer le prestige de Senghor parmi les étudiants africains de Dakar.

Les étudiants africains de l'époque n'étaient pas bien politisés comme l'étaient les étudiants de France qui avaient l'occasion de militer dans des mouvements politiques comme le Parti communiste français. Ce parti avait organisé ses membres africains dans un groupe appelé groupe de langues, l'Association des étudiants du Rassemblement démocratique Africain (AERDA), section estudiantine du RDA de Houphouët-Boigny et le Groupement africain de recherches politiques et économiques (GAREP) dirigé par Abdoulaye Ly. Les étudiants les plus avancés à Dakar militaient dans le Rassemblement de la Jeunesse du Rassemblement démocratique africain (RJDA) qui ne regroupait que des Sénégalais et qui n'avait pas beaucoup d'influence à la Cité universitaire.

Le programme de l'AGED ne pouvait que refléter l'insuffisance de la formation politique et l'absence d'un engagement politique anti-colonialiste des étudiants de Dakar qui se battaient surtout dans le cadre d'un certain corporatisme. Ils n'arrivaient pas à faire la liaison entre leurs revendications universitaires et sociales et la politique découlant de la logique du système colonial. Ce programme peut se résumer ainsi :
— sur le plan universitaire, les étudiants demandaient le renouvellement du corps professoral de l'Institut des Hautes Études de Dakar, la garantie de la représentation des étudiants au sein du Conseil de l'Institut des Hautes Etudes et au sein du Conseil de la Cité universitaire de Fann, l'institution d'un système de sécurité sociale ou de tout autre système pouvant garantir les étudiants contre les accidents, les maladies et le développement des relations de l'AGED avec les autres organisations estudiantines de l'extérieur ;
— sur le plan social, nous avons cherché surtout à lutter contre l'analphabétisme en revendiquant une plus large scolarisation des enfants et en dénonçant tous les abus perpétrés dans les lycées, collèges et écoles normales, à organiser des cours de vacances gratuits au profit des élèves des lycées et collèges et des personnes désireuses de préparer des concours et des cours gratuits au cours de l'année, à collaborer avec les mouvements de jeunes et à contribuer à la multiplication des associations de parents d'élèves.

Le bureau a déployé d'énormes efforts pour faire aboutir les revendications universitaires et sociales de l'AGED. Au cours d'un entretien, M. François Schneider, alors Secrétaire d'État à la France d'Outremer, avait fait au bureau de l'AGED des promesses fermes en ce qui concerne le renouvellement du corps professoral. Malheureusement, elles n'ont pas été entièrement tenues puisque tous les professeurs, maîtres de conférences ou chefs de travaux pratiques annoncés ne sont pas venus.

C'est au cours de cette année que M. Jean Capelle a été nommé recteur de l'Institut. Le bureau lui a soumis les revendications des étudiants africains de Dakar. Il a permis notamment de procéder à un large recrutement de professeurs et de maîtres de conférences. À ce propos, il précisa que les maîtres de conférences devaient rester en permanence à Dakar, tandis que les professeurs ne seraient là que pour quelques mois. Cette formule, avait-il ajouté, serait applicable dès l'ouverture prochaine de l'Ecole supérieure des lettres. D'ailleurs, il a mis le bureau de l'AGED au courant de la venue d'un certain nombre de professeurs de lettres. Dès le 22 novembre 1953, une lettre signée par Moustapha Diallo, président de l'AGED, est envoyée au Haut commissaire de la République, Bernard Cornut-Gentile. Cette première lettre rappelle que diverses initiatives ont été précédemment prises par les étudiants pour attirer l'attention des autorités responsables sur la mauvaise qualité de l'enseignement dispensé à Dakar. Les étudiants ont envoyé au président du Grand Conseil, Léon Boissier-Palun une motion où ils déploraient l'absence de professeurs spécialisés. Auparavant, l'AGED avait effectué des démarches pour rencontrer la sous-commission de l'Education nationale du Palais Bourbon venue s'informer sur le fonctionnement de l'Institut. Mais cette commission n'a pas cru devoir rencontrer la délégation de l'AGED.

Dans la lettre du président de l'AGED sont exprimées les revendications des étudiants de Dakar en matière d'enseignement : « Nous avons souligné à plusieurs reprises la carence et l'inaptitude du corps professoral de l'Institut des Hautes Études de Dakar ». Plus loin, il y est écrit : « Il n'y a pas à Dakar, depuis la fondation de l'Institut, de professeurs de faculté, mais des professeurs de lycée ou de docteurs en médecine ordinaires que l'on « consacre » facilement maîtres de conférences ou professeurs de faculté comme si cela rendait leur compétence plus probante ». En conclusion, les étudiants réclament « unanimement et fermement, ou le renouvellement intégral du corps professoral, ou la suppression de l'Institut des hautes études de Dakar ».

Au lieu de chercher à résoudre les problèmes posés, les autorités universitaires de Bordeaux, tutrices de l'Institut des Hautes Etudes de Dakar, se mettent à nous menacer d'exclusion des universités françaises. Contrairement à toute attente, Me Boissier-Palun a fait alterner le bâton et la carotte devant la délégation de l'AGED qui refusa de signer un texte qu'il lui a proposé et par lequel elle se dédirait. Léopold Sédar Senghor se montra hostile à la position de l'AGED.

Dans un débat au Grand Conseil de l'AOF, en 1953, il affirma que les professeurs de lycées sont plus aptes que tout autre à enseigner l'art de la dissertation. Dans ce combat, nous n'avions que le soutien de la FEANF et d'un seul professeur français, le professeur J. Trusque, agrégé d'histologie et d'embryologie (pour plus de précision (Cf. Cheikh Faty Faye, *Les enjeux politiques à Dakar (1945-1960)*. L'Harmattan, 2000).

Les relations de l'AGED avec les organisations estudiantines de l'extérieur ont été nombreuses et fructueuses durant les année universitaire 1954, 1955, 1956. Le bureau de l'AGED s'est entretenu en décembre avec une délégation du Secrétariat de Coordination (COSEC) sur les problèmes intéressant les relations extérieures de l'association. Pour autant que je me souvienne, cette réunion s'est tenue dans le sous-sol de la cité universitaire jouxtant le restaurant universitaire de Fann. Khaly Basile Camara, étudiant dahoméen en lettres, a servi d'interprète au cours de cette réunion grâce à sa connaissance de l'anglais qu'il maîtrisait. Cet étudiant venu de France pour poursuivre ses études de lettres a joué un rôle important dans la diffusion de la littérature marxiste à la Cité en vendant le journal hebdomadaire du Parti communiste français, *France Nouvelle*, des revues et des livres d'orientation marxiste. De même, il était un poète qui a su initier les étudiants africains à la connaissance de la poésie de Langson Hugues, et d'autre poètes négro-américains.

De surcroît, il a contribué à faire connaître le Jazz à travers les ondes de la Radiodiffusion fédérale. Dans ce travail, il bénéficiait de la collaboration de Makwar Idriss, un étudiant sénégalo-marocain qui finira par enseigner aux Etats-Unis. Il a été injustement attaqué par Ousmane Camara au cours d'une assemblée générale de l'AGED.

Secrétaire général, je fus désigné pour représenter l'Association générale des étudiants de Dakar à une réunion organisée à Vienne en Autriche conjointement par l'Entraide mondiale universitaire (World University Service) qui avait son siège à Genève et l'Union internationale des étudiants qui avait son siège à Prague. Pour la première fois, je me rendais dans des pays européens. J'ai voyagé par avion reliant Dakar à Genève en passant par Paris et avec une escale à Casablanca. J'étais très déçu par la configuration architecturale de Paris dont les bâtiments étaient sombres et lugubres et dont on m'avait tant vanté la beauté. Durant le vol Paris-Genève, le commandant de bord nous annonça la proximité du Mont-Blanc dont nous apercevions le sommet neigeux à travers les hublots de l'avion. C'était un spectacle grandiose et inoubliable pour le sahélien que je suis et qui voyait pour la première fois la neige. Arrivé à Genève où je suis resté un jour, je pris le soin de visiter le siège de l'Entraide mondiale universitaire sous la direction d'un étudiant norvégien qui m'avait accueilli à l'aéroport. Le lendemain, je pris le train qui devait m'amener à Vienne en passant par Innsbruck et Munich. Le confort et la rapidité du train suisse m'avaient impressionné ; je mesurais ainsi le retard des pays africains colonisés par la France où les trains inconfortables et très lents sur des rails d'un mètre exprimaient la mesquinerie des colonisateurs. À Genève, on avait pris le soin de me chercher un laissez-passer pour circuler à Vienne dans la zone occupée par les troupes françaises. La ville était entièrement occupée par les alliés, la France, l'Union soviétique, l'Angleterre et les États-Unis. Cette conférence internationale des étudiants tenue à Vienne du 1er au 4 février 1955 portait sur la paix. C'est là que j'ai rencontré pour la première fois Jacques Vergès, avocat stagiaire au barreau de Paris qui était représentant de l'UIE. Dès que j'ai regardé avec suspicion son faciès, il s'empressa de me dire : « Je suis un eurasiatique, mon père est un Français établi à la Réunion et ma mère est vietnamienne ». Il devait quitter notre réunion très tôt, car il devait suivre la conférence des avocats stagiaires dont il emporta le premier prix pour son éloquence. Ainsi, il sera secrétaire de la conférence des avocats, distinction très appréciée au barreau de Paris. Sa très brillante intervention émaillée de références à l'ouvrage de Malraux, *La condition humaine*, avait été chaleureusement accueillie par de forts applaudissements. Un des responsables de l'Entraide mondiale universitaire, John Thompson, un Anglais, m'a raconté qu'il ne pouvait pas résister au charme de l'éloquence de Jacques Vergès. Il lui était une fois arrivé d'applaudir Vergès lors d'un réquisitoire politique qu'il avait prononcé contre lui. Je me souviens de la présence à cette conférence d'un pasteur, Cadier que je retrouverai quelques années au Sénégal.

Après la conférence, je fus invité à me rendre à Prague en Tchécoslovaquie pour visiter le secrétariat de l'Union internationale des étudiants (UIE). Le compte rendu de cette visite est publié dans le numéro de mai-juin 1955 de *Dakar Etudiant*, organe mensuel de l'Association des étudiants de Dakar dont le directeur était Ousmane Camara, étudiant en droit et le rédacteur en chef était Samba Diarra, étudiant en médecine, futur auteur de l'ouvrage : *Les faux complots d'Houphouët-Boigny* (Éditions Karthala. 1997). Dans ce compte-rendu, j'insistais sur la nécessité pour l'AGED de rompre son isolement et renforcer sa collaboration avec l'UIE. En ce qui concerne notre collaboration, nous avons convenu avec les dirigeants de l'UIE, et moi de travailler à la fortifier par des échanges d'étudiants. Pour concrétiser cette collaboration, ils nous invitèrent à participer au Ve Festival de la Jeunesse et des Etudiants à Varsovie ; cette participation sera rendue difficile par la question des passeports que nous ne saurions laisser sous silence. Quand il s'agit d'envoyer des délégués aux conférences du Secrétariat de coordination des unions nationales (COSEC), organisation présumée de tendance occidentale, l'Administration leur délivre en deux jours des passeports, mais quand il s'agit d'en envoyer aux conférences de l'U.I.E, baptisée d'« Organisation de l'Est », elle s'y refuse systématiquement. Nous nous élevions énergétiquement contre de tels refus qui sont des violations à la liberté de se déplacer, reconnue par la Constitution. Cette liberté nous est d'autant plus chère que l'Afrique qui a longtemps souffert de son isolement a besoin d'avoir des contacts directs avec l'extérieur ». Je dois dire que j'ai eu beaucoup de difficultés pour avoir un passeport me permettant d'aller à Vienne. J'ai été obligé d'aller voir El Hadji Seydou Nourou Tall pour lui demander d'intervenir auprès de l'Administration coloniale. C'était sous le proconsulat de Bernard Cornut-Gentile, Haut commissaire de la République Française, Gouverneur général de l'AOF. Je terminais ce compte-rendu en faisant appel aux leaders d'opinion de l'époque pour mener le combat en faveur de la liberté de déplacement : « Nous invitons les hommes politiques de toutes tendances, les responsables de mouvements de jeunes, des notabilités, les journalistes et tous les hommes de bonne volonté, à lutter pour le respect du droit pour tout citoyen d'obtenir un passeport ».

Le Congrès de l'UNEF à Strasbourg (1956)

Charles Diané et moi, nous nous sommes rendus en France pour assister au congrès de l'Union Nationale des Étudiants de France (UNEF) qui s'est tenu à Strasbourg. Nous avons travaillé en étroite collaboration avec la délégation de la FEANF constituée par Ogo Kane Diallo, Marguerite Senghor et Diawar Sow. Nous avons été accueillis par le président de la section académique de la FEANF, Paul Gabla, un Togolais qui avait l'air d'être un étudiant sans grande conscience politique. Nous avons eu une longue discussion avec Ogo Kane Diallo qui était membre du Parti communiste français sur l'éventualité de changer le nom de l'Association générale des étudiants de Dakar (AGED). Car avec un tel nom, on pouvait penser qu'elle constituait une section de l'UNEF. C'est pourquoi Ogo Kane Diallo nous avait proposé de l'appeler « Union générale des étudiants d'Afrique Occidentale (UGEAO) pour bien marquer notre volonté de lutter contre le système colonial. Voici ce que les agents des renseignements généraux ont pu écrire : « Dieng Amady, dit-on, instigateur de ce changement dont il est symptomatique qu'il se traduise déjà dans le nouveau titre : UGEAO et non UGEAOF, l'adjectif « Français » ayant été jugé superflu comme il ne correspond pas à la situation ».

Charles Diané était réticent. Par contre, j'étais fermement plus radical, j'avais dit qu'il fallait qu'on ne dise plus, de notre retour à Dakar et à l'AGED, Afrique Occidentale française, mais Afrique Occidentale seulement. C'est le 12 juin 1956 que ce changement est intervenu.

À ce congrès, les délégations de la FEANF et de l'AGED ont présenté la situation déplorable de l'enseignement dispensé à l'Institut des Hautes Etudes de Dakar. Nous avons noué des contacts intéressants avec les associations opérant dans la sphère des colonies françaises. C'est ainsi qu'un étudiant malgache nous avait proposé de créer une organisation des trois A (Afrique, Antilles et Asie). C'est à l'occasion de ce congrès que j'ai vu pour la première fois le philosophe Roger Garaudy venu représenter son parti au congrès de l'UNEF.

Charles Diané et moi, nous sommes arrivés à Paris le 3 avril pour prendre le lendemain le train pour Strasbourg. À la fin du congrès, Charles Diané est rentré le 10 avril, tandis que je devais aller à Prague, siège de l'UIE, le 13 avril pour participer, en compagnie d'Ogo Kane Diallo, à un séminaire.

Là je devais rencontrer un étudiant africain de la Rodhésie du Sud, Sipalo, violemment antiblanc, un étudiant tunisien Akrout Assane, très bourguibiste, un étudiant nigérian Ademola Thomas qui était plein de déception, un étudiant communiste iranien membre du Toudeh, Babak, réfugié à Prague, un étudiant soudanais communiste que je retrouverai plus tard à l'IDEP à Dakar.

Le Congrès de l'UIE (1956)

À mon retour du congrès de l'UNEF., j'ai assisté à la conférence tenue par Tidiane Baïdy Ly au cinéma Rex de l'avenue Faidherbe le 24 avril 1956 sur le thème : « Élites, masses et colonialisme ».

J'ai participé au Congrès de l'Union internationale des étudiants (UIE) qui s'est tenu à Prague en Tchécoslovaquie en août 1956. J'y étais avec Adama Diagne, trésorier de l'AGED et Khaly Basile Camara, étudiant togolais en lettres. J'y ai rencontré Ogo Kane Diallo, vice-président aux affaires extérieures de la FEANF et Emilie Cantara, une étudiante guinéenne qui représentaient la FEANF. Le secrétariat de l'U.I.E estimant qu'Ogo Kane Diallo n'était pas malléable, envoya un billet au président de la Fédération, Ondoua Balla Benoît, étudiant camerounais, membre du groupe de langues du Parti communiste et considéré comme manupilable pour qu'il assiste au congrès de l'UIE. Ce militant de l'UPC m'avait paru sans personnalité et naïf pour son âge. Ogo Kane Diallo a réussi à le neutraliser. Par la suite, il sera déchu de son mandat de président de la FEANF. Je le retrouverai comme condisciple à l'Ecole Nationale de la France d'Outremer. Quelque temps après sa sortie, il collaborera avec le régime d'Ahmadou Ahidjo qu'il avait combattu pour devenir son Ministre des affaires étrangères.

Le Congrès était houleux. On était en pleine période de guerre froide. L'opposition des deux camps pesait lourdement sur les travaux du congrès. La question d'Israël n'a pas manqué de susciter des débats orageux entre la délégation soviétique et les étudiants arabes. Les étudiants israéliens avaient poussé le vice jusqu'à rappeler le soutien dont ils avaient bénéficié de la part de l'Union soviétique en 1948. Sur ces questions délicates, la délégation de l'AGED a adopté une position de prudence en n'intervenant pas dans le débat. Nous avions reçu un mandat strict de notre organisation qui était celui de faire connaître nos revendications relatives au problème de la qualité de l'enseignement à l'Institut des Hautes Études de Dakar. C'est dans ce cadre que je suis intervenu. Notre allié algérien (UGEMA), Malek Reda, étudiant en philosophie à la Sorbonne et qui sera par la suite directeur de cabinet de Ferrat-Abbas et président de la République algérienne m'a fait remarquer que les revendications de l'AGED étaient trop corporatistes et éludaient les problèmes de la lutte pour l'indépendance qui était fondamentale pour les étudiants maghrébins. Durant le congrès, Adama Diagne et moi, nous avions pris en sympathie un étudiant surinamien, Molt qui nous a invités à faire escale à Amsterdam. Il nous fit visiter la ville en commençant par le centre et notamment la célèbre rue appelée Vondelstraat qui nous livrait toutes ses curiosités et qui nous rappelait constamment que nous étions dans une ville d'eau.

Visite en URSS

C'est à l'occasion d'un séminaire de l'Union internationale des étudiants tenu à Prague fin février 1956 que je fus invité en URSS. Arrivé à Moscou, je fus logé dans un hôtel situé tout près de la Place rouge. Ainsi, j'étais à deux pas du Kremlin, siège du gouvernement de l'URSS. L'interprète qu'on avait affecté à la délégation d'étudiants africains invitée à visiter le pays des Soviets était une dame qui parlait un français assez approximatif. J'étais avec Benjamin d'Almeida, étudiant dahoméen en droit qui représentait la FEANF et un étudiant ressortissant du Soudan ex-anglo-égyptien qui ne cachait pas son appartenance au parti communiste de son pays.

On visita le métropolitain de Moscou qui est un bijou architectural reluisant de marbre. C'était la fierté des Moscovites.

J'avais formulé le désir d'aller à l'université de Lomonossov où un boursier de la FEANF Khila Dièye poursuivait des études de mathématiques. Nos hôtes ont voulu m'encadrer. Ce que j'ai refusé au motif que je n'avais pas besoin d'interprète. J'ai eu beaucoup de difficultés à voir Khila Dièye qui était furieux et qui était en train de tancer le gardien de l'université Lomonossov en russe. Khila Dièye m'avait fait part de ses sentiments sur son séjour en URSS. S'il était satisfait des cours, il se plaignait des conditions de logement. Les étudiants étaient logés à quatre dans une chambre. Khila Dièye m'avait fait comprendre que l'URSS était un pays qui souffrait terriblement de la bureaucratie instaurée par le parti. Les dirigeants de la jeunesse soviétique « Konsomol » nous avaient proposé de visiter une République soviétique d'Asie. C'est ainsi que nous avons été amenés à prendre un avion bimoteur qui était assez vieux et obsolète. C'est une déception ; car nous nous attendions à voyager dans des avions très modernes.

Arrivé à Bakou, la capitale de l'Azerbaïdjan située au bord de la mer Caspienne, j'étais frappé par le nombre de visages basanés que je rencontrais dans ce pays. La présence de Noirs dans ce pays d'Asie était insolite. Certains habitants de la République d'Azerbaïdjan nous demandaient en russe le nom de nos pays d'origine. D'autres touchaient nos peaux noires. La ville de Bakou est très belle. Elle connaît des levers de soleil fantastiques. Le pays avait comme ressource principale le pétrole. Il compte de nombreux puits de pétrole dont certains étaient en mer. La visite était fatigante, mais intéressante.

Une question m'est venue à l'esprit. Comment ces asiatiques au teint basané et de surcroît musulmans pouvaient-ils vivre en bonne intelligence avec les Russes blancs et orthodoxes ? Mais je n'osais pas la poser à nos hôtes soviétiques. Cette situation n'était guère en faveur de la consolidation de l'Union soviétique. Tel était mon sentiment.

Le Festival mondial de la jeunesse et des étudiants de Moscou (juillet 1957)

Représentants de l'UGEAO, Ousmane Camara et moi avions participé au Ve Festival Mondial de la Jeunesse et des Étudiants tenu à Moscou du 28 juillet au 11 août 1957. À l'ouverture officielle du Festival qui a duré deux semaines, toute la délégation de la FEANF était en costume typiquement africain. La vingtaine d'Africains arborait des pagnes et des camisoles inestimables. Comme toujours devant l'Hôtel de la Délégation africaine, se pressait une assistance nombreuse.

La délégation du Ghana ouvrait la marche ; aussitôt après elle, arrivaient des Gambiens et des Nigériens, puis c'est le groupe de la FEANF. Les festivaliers se sont rendus au Stade Central Lénine qui est un vaste amphithéâtre qui normalement contient 110 000 personnes. Précédés de tam-tams, tous en dansant, les délégués de la FEANF pénétraient dans l'arène. Les acclamations redoublaient. Des milliers de bouches surgir ces cris cent fois répétés : « Afrika ! Afrika ! Afrika ! ». Arrivés en face de la tribune du Parti et du Gouvernement de l'URSS, ils s'arrêtaient un instant et tous se levaient pour les saluer, leur souhaiter la bienvenue. Comme pour ne pas manquer un spectacle si beau, on voyait M. Nikita Kroutchev qui maniait nerveusement sa lorgnette.

La plupart des pays défilèrent dans le grand stade Lénine avec leurs drapeaux nationaux. La délégation de la FEANF, elle, avait arboré son emblème sur un modeste rectangle blanc. Mais les applaudissements frénétiques avaient fait sentir aux délégués que les 110 000 spectateurs ne les traitaient pas en parents pauvres. Seules les délégations des Etats-Unis et de la Chine ont été aussi chaleureusement accueillies.

Les jours suivants ne devaient pas être moins beaux. Ils ont été utilisés pour la visite de la ville, de ses monuments et ses environs. Le métro de Moscou ? Quelle merveille ? Tout ruisselle de marbre étincelant ; partout ses escaliers roulants qui, doucement et sans bruit, conduisent les voyageurs, comme vers les entrailles de la terre ; ils sont enfin déposés sur un quai et les trains arrivent, impeccables et propres, des sièges capitonnés.

La délégation de la FEANF a visité des usines, des Kolkhozes, des chantiers, des musées. Ses membres ont été dans les théâtres, au cinéma, à l'opéra, le Bolchoï. Quelques-uns des délégués ont été à Leningrad, toute la délégation, après le Festival, a été invitée à Stalingrad. Mais le 5 août, certains membres de toutes les délégations ont été reçus au Kremlin par les membres du Parti et du

Gouvernement. Dès le portail, ils ont été accueillis par un charmant ensemble de jeunes filles soviétiques en costume de leur région. Elles chantaient des airs populaires et tandis que certaines fleurissaient les délégués africains, d'autres leur souhaitaient la bienvenue. Tout au bout des jardins du palais se trouvaient les personnalités officielles. M. Nikita Kroutchev en costume droit gris-bleu, jovial, rougeaud, costaud, félicitait chacun des cinq délégués des cinq continents après son discours, buvant de la vodka avec chacun ; M. Boulganine, grand, assez svelte, flegmatique, l'air ennuyé, tel un britannique ; M. Mikoyan, avec sa petite moustache d'Arménien, visage rusé, petits yeux pétillants d'intelligence ; le Maréchal Joukov souriant, serrant les mains, souriant toujours (cf. Albert Balima Salfo, *Les Africains à Moscou. L'Étudiant d'Afrique Noire* n° 17 décembre 1958 p.10). Ensuite, ce fut le bal, il y avait là des jeunes de toutes les nations qui essaient de se comprendre par toutes les langues. Lors de la réception au Kremlin, il y avait dans la délégation commune UGEAO-FEANF, Noé Kutukli, Ousmane Camara, Amadou Gaye, Abdoulaye Fadika, Nafissatou Guèye, Abdel Kader Fall, Abdoulaye Barry, Albert Balima Salfo et Amadou Booker Sadji.

A B Sadji n'a pas manqué de rapporter ce qui s'est passé lors de la réception comme l'avait fait Albert Balima Salfo dans *L'Étudiant d'Afrique Noire* : « Ousmane prit la parole au nom de toutes les délégations d'Afrique Noire et ravit la palme aux autres orateurs grâce à son brillant discours anti-impérialiste incisif et piquant comme il savait le faire en ce temps-là. Cela lui valut des félicitations très chaleureuses et expansives de la part des dirigeants soviétiques et surtout de Nikita Kroutchev (A B Sadji, *Le rôle de la génération-charnière Ouest Africaine. Indépendance et développement*. L'Harmattan 2006 pp. 235-236).

Amadou Booker Sadji, Abdoulaye Barro, Abdel Kader Fall et d'autres étudiants africains firent une excursion à Gorki où ils ont visité la Maison de Lénine.

La visite au mausolée de Lénine et de Staline ne dura que 3 à 4 minutes. C'est un spectacle religieux que de voir des dizaines de milliers de personnes de toute la terre, faisant une queue interminable, durant des heures pour pouvoir contempler les visages des fondateurs de l'État soviétique. Quand on arrive devant le monument, on est d'abord frappé par sa simplicité. Pour toute inscription, il porte « Lénine – Staline ». Il est de forme toute simplifiée : rectangulaire à la base, carrée par le haut. Il est en granit de rare espèce, de couleur orange, chocolat et plus chocolat qu'orange. L'intérieur brille de propreté. On tourne à droite. On monte trois ou quatre marches d'escalier et, côte à côte, dorment, momifiés, les deux grands chefs : Lénine dont on remarque facilement la main droite, crispée par la paralysie qui devait l'emporter ; Staline, plus frais, semble dormir, la poitrine bardée de décorations, la moustache drue, le menton tombant.

Albert Balima Salfo, un étudiant voltaïque, conclut son compte-rendu en ces termes :

> Voyez-vous, disait l'illustre écrivain Il y a Ehrenbourg au cours d'une conférence dans un français de forme châtiée, pour certains, l'Union Soviétique est un enfer, pour d'autres, c'est un paradis. Au demeurant, ce ne sont là que des vues religieuses sur les choses. Il convient de voir la réalité. Il faut toujours regarder d'un œil laïc.

Ce festival de Moscou était mémorable. Nous y avons personnellement participé. Ousmane Camara et moi-même, nous représentions l'Union Générale des Etudiants d'Afrique Noire Occidentale de Dakar (UGEAO). La délégation de la FEANF et celle de l'UGEAO avaient fusionné pour constituer une seule délégation. Elles habitaient le même hôtel : l'hôtel Yanoslovoskaya où était la délégation du Conseil Fédéral de la Jeunesse d'Afrique.

La constitution du comité de direction de l'hôtel n'a pas été facile. Car la délégation du Conseil Fédéral de la Jeunesse nourrissait de la méfiance à l'égard de la délégation très nombreuse de la FEANF, accusée de vouloir prendre tout en main. Le président de la FEANF, Noé Efoé Kutukli, s'est incliné devant les exigences de la délégation de la jeunesse africaine qui voulait diriger le comité de direction de l'hôtel.

La FEANF avait constitué des groupes artistiques dont les prestations ont été satisfaisantes. Le groupe Apsita Fradet-Cissoko Amadou qui avait accepté d'annuler ses contrats pour partir avec la délégation de la FEANF lui a rendu de très grands services : la délégation sportive devait comprendre 18 personnes. Finalement, l'équipe de football elle-même s'est trouvée incomplète. Malgré cela, l'équipe s'est très bien défendue devant les délégations étrangères. Elle a eu trois victoires et un match nul et ne s'est inclinée que devant les soviétiques (cf. Amadou Gaye, *Le festival de la jeunesse : des difficultés qui en valaient la peine. L'Étudiant d'Afrique noire* no. 17, décembre 1957).

Le public soviétique du Bolchoï a un sens artistique très développé. Il n'acceptait pas n'importe quelle prestation. Il a fortement apprécié la prestation des membres du ballet Keita Fodéba.

À l'ouverture du Festival, il y eut un incident qui a opposé le président de la FEANF à un étudiant camerounais à qui il avait demandé de porter un costume africain. Ce dernier lui a rétorqué qu'il ne pouvait pas le faire car, à ce moment, il devait revêtir des habits en écorce d'arbre.

L'hôtel était très fréquenté par les jeunes Soviétiques qui venaient établir des liens d'amitié avec les jeunes Africains ou acheter des chemises nylon dont ils étaient friands. Les jeunes festivaliers roumains étaient à la recherche de montres venant des pays occidentaux dont les articles étaient prisés dans les pays de l'Est. À la suite du taux de change favorable aux festivaliers, beaucoup d'étudiants africains ont vendu leurs chemises nylon et leurs montres. À cette époque, on voyait la fascination que l'Occident exerçait sur les jeunes soviétiques et roumains.

L'étudiant voltaïque Albert Salfo Balima qui entrera en octobre 1957 à l'École Nationale de la France d'Outremer (ENFOM, section Inspecteur du Travail) publiera le même compte-rendu du VIe Festival Mondial de la Jeunesse et des Étudiants paru dans *L'Étudiant d'Afrique noire* (no. 17, décembre 1958) dans *Jeune Volta*, janvier 1958, organe de l'Association des Étudiants Voltaïques en France sous le titre : *Je reviens de Moscou*.

À la fin de ce festival, plusieurs étudiants africains furent invités à visiter certaines républiques soviétiques ou d'autres pays de l'Est. Par exemple, secrétaire général de l'UGEAO, je fus invité à me rendre en Chine populaire.

Mon séjour en Chine (1957)

Les jeunes communistes de l'URSS ont organisé le voyage par train qui devait nous mener de Moscou à Pékin. Nous avions emprunté le transsibérien. Ce voyage a duré huit jours. Les trains étaient très lents comparés aux trains français ou suisses. Durant les arrêts à la gare, les jeunesses communistes nous accueillaient avec des guirlandes de fleurs.

Le voyage était si long que j'étais condamné à passer mon temps à lire. C'est dans le train que j'ai lu *Les Principes du léninisme* de Joseph Staline. Le train a longé l'énorme lac Baïkal qu'on disait être le lac le plus grand du monde.

Nous sommes restés huit jours sans nous doucher. C'était une épreuve difficile à supporter. Au fur et à mesure que nous nous approchions de la Chine, nous voyions parmi les jeunes qui nous accueillaient des visages asiatiques aux yeux bridés. Nous traversions la Mongolie intérieure. Arrivé à Pékin, j'étais heureux de pouvoir vérifier ce qu'on disait du fameux « Bond en avant de la Chine ». C'était la période des communes. Beaucoup d'articles sont parus dans la presse française. Le parti communiste avait beaucoup magnifié cette expérience.

Conférence du COSEC (septembre 1957 à Ibadan, Nigeria)

J'ai représenté l'Union Générale des Étudiants d'Afrique Occidentale à la conférence des Étudiants, organisation étudiante anticommuniste et rivale de la Fédération Mondiale de la Jeunesse Démocratique (FMJD). L'UGEAO tenait à avoir une tribune pour exposer les problèmes de l'université de Dakar. Elle ne voulait pas prendre parti dans le débat qui opposait le COSEC à l'U.I.E.

La conférence s'est tenue à l'université d'Ibadan qui était une belle université. Les étudiants semblaient être bien logés. Les chambres étaient bien meublées à partir du bois du pays. J'y ai rencontré un étudiant nigérian très réactionnaire et hostile à la FEANF et à la WASU. Il ne parlait que de la « ... so called FEANF ». Il déniait toute représentativité à la FEANF et à la WASU.

Le 3ᵉ Congrès interterritorial du Rassemblement démocratique africain de Bamako (25-30 septembre 1957)

Venant d'Ibadan où j'ai participé à une réunion de la conférence des étudiants du COSEC, organisation étudiante pro-occidentale, je devais rencontrer à l'aéroport d'Accra le nationaliste Pathé Diagne, admirateur de Nkrumah, venu presque en pèlerinage en Gold Cost.

Nous prenions le même vol pour aller à Bamako. Nous logions tous les deux chez un étudiant soudanais en médecine, Maïga. Le congrès s'est tenu au Lycée Technique de Bamako. Y assistaient environ 2000 personnes dont 254 délégués et 570 observateurs. Il a été réservé aux personnalités politiques et formations politiques syndicales, de jeunesse et estudiantines 75 places et 24 aux représentants de la presse et de la radio. L'âge moyen des congressistes était de 37 ans, situé dans un éventail de 23 à 67 ans. Les délégués venant de 10 territoires de l'Afrique Occidentale et Équatoriale se partageaient entre les professions suivantes : 35 fonctionnaires de la santé, 44 de l'enseignement, 83 de la fonction publique, 17 commerçants, industriels et artisans, 17 agriculteurs, 53 salariés divers et 5 chefs coutumiers. Parmi les délégués, on peut noter la présence de Mamady Keita (Guinée), Laurent Bandaogo (Haute-Volta), Youssouf Sylla (Sénégal), Koffi Gadeau (Côte d'Ivoire), François Aplogan (Dahomey), Antoine Hazoumé (Gabon).

Assistaient au congrès notamment Me Lamine Guèye, des délégués de l'Union culturelle musulmane (UCM), des sections du Sénégal, Guinée, Côte d'Ivoire, Soudan, des délégués de l'Unions des syndicats de travailleurs algériens (USTA). La revue *Présence Africaine* était présente à ce congrès. Son représentant a tenu à souligner l'importance de la tenue du congrès pour le devenir de l'Afrique noire : « Le présent congrès du RDA va peser d'un poids considérable dans les destinées de l'Afrique en gestation. Des générations d'Africains se ressentiront pendant longtemps des conséquences concrètes qui découleront des délibérations de ces journées historiques ».

C'est Modibo Keita qui prononça le discours d'ouverture du Congrès. Il demanda d'observer une minute de silence pour le repos en paix de l'âme de Mamadou Konaté, premier secrétaire général de l'Union soudanaise. Il remercia la direction du parti d'avoir choisi, après Abidjan, pour la tenue du 3ᵉ congrès Bamako, lieu de naissance du mouvement « C'est à Bamako, cœur du Soudan, que le RDA a vu le jour en octobre 1946, alors que les forces réactionnaires, bousculées par le souffle libérateur de la fin de la guerre, essayaient de reprendre pied pour nous frustrer des libertés chèrement acquises avec notre large participation. C'est à l'issue des travaux de ce congrès qu'est née l'Union Soudanaise, de la fusion de notre section SFIO et du Parti démocratique soudanais et de l'adhésion de nombreux militants du Parti progressiste soudanais, le parti de Monsieur Fily Dabo Sissoko ». Modibo Keita s'est voulu rassurant en rappelant que des Français étaient élus par des Africains lors des élections municipales du

18 novembre : « Partout des Européens appartenant à toutes les branches de l'activité sont inscrits sur les listes de l'Union soudanaise dans des quartiers purement africains. Dans la gestion des municipalités, des Européens partagent avec nous les postes de Maire et d'Adjoint ».

Deux personnalités politiques françaises, François Mitterrand, ancien ministre de la France d'Outremer et Edgar Faure, ancien président du Conseil, qui étaient invitées à ce congrès, étaient devenues de véritables vedettes au cours de cette grande manifestation politique africaine. Leur intervention était très attendue dans la salle. Les deux orateurs ont rivalisé d'éloquence. Les congressistes étaient médusés par le verbe chaleureux de François Mitterrand et subjugués par l'éloquence fleurie d'Edgar Faure, un fin algébriste de la parole. Le public n'a pas manqué de se lever pour l'applaudir et l'ovationner lors de sa péroraison qui s'est terminée sur l'évocation des belles rives du Djoliba et de la Seine.

Tidiane Baïdy Ly et moi représentions l'Union générale des étudiants d'Afrique Occidentale (UGEAO). Emmanuel Batiébo, un étudiant voltaïque, lit le 25 septembre un long texte bien préparé par le Comité exécutif de la FEANF qui sema le froid dans la salle qui considérait ses propos comme extrémistes, comparé au discours tenu par Tidiane Baïdy Ly au nom des étudiants de Dakar. L'organe de presse de l'UGEAO, *Dakar-Étudiant* (janvier-février 1958) a rendu compte du contenu de l'intervention de la délégation de l'UGEAO. Il rappela les énormes responsabilités qui pesaient sur les congressistes de Bamako et précisa clairement la position des étudiants à Dakar : « Nous ne sommes pas de jeunes excités, des illuminés, des exaltés, des rêveurs, des révolutionnaires que l'on veut bien croire. Nous tenons simplement à ce que les problèmes soient correctement posés, les étudiants, sans équivoque, posent le problème de l'indépendance, non pas théorique, mais concrète ». Le représentant de l'UGEAO, dans une brillante improvisation, a su séduire les congressistes par sa modération. Les délégués ont essayé d'exploiter cette différence de ton dans les discours des deux organisations sœurs pour les diviser. Mais ils n'y ont pas réussi. Les dirigeants du RDA avaient mauvaise conscience à la suite de leur politique de collaboration actuelle avec l'administration coloniale qu'ils avaient vigoureusement combattue 11 ans plus tôt sur les rives du Niger lors de la création de leur mouvement en octobre 1946.

Dans un document intitulé : « les jeunes se soucient de l'avenir du RDA » et signé le 26 septembre par les étudiants de Dakar et les étudiants de France, on peut noter leurs critiques et leurs suggestions. Les dirigeants du Comité directeur avaient demandé aux étudiants africains de ne pas se borner à faire des critiques négatives trop faciles. Ils les invitaient à leur dire ce qu'à leur place ils auraient fait. Ils avaient aussi promis de confronter le point de vue des étudiants avec le leur et s'étaient engagés à conformer leur ligne de conduite ultérieure aux conclusions de la discussion. Mais cette rencontre n'a pas eu lieu par la faute des membres du Comité directeur. Les étudiants étaient exacts au rendez-vous.

Les étudiants de Dakar et de France ont fait une mise au point en direction de ceux qui voulaient les diviser en ces termes : « Hier, le représentant des Etudiants de Dakar et celui des Etudiants de France ont fait des interventions d'ordre général qui ont été diversement commentées, voire même opposées l'une à l'autre. Mais ce qu'on ignore peut-être c'est que nous avions d'un commun accord conçu ces deux interventions, ayant pour but de présenter la pensée des Étudiants africains ».

Pour faire une œuvre positive digne de l'Afrique, les étudiants africains ont présenté des suggestions. Pour eux, l'avenir d'un parti politique dépend d'une part de son organisation intérieure qui assure sa force, d'autre part de sa politique générale qui oriente son action future. Ils font les suggestions suivantes : fixation d'une périodicité des congrès, mode uniforme de désignation des délégués au congrès, dimunition du pouvoir du Comité directeur et suppression du poste de président du parti. Ils critiquent les pratiques antidémocratiques qui ont cours dans le parti. Ils pensent que le RDA doit se débarrasser de ce qui lui reste de son caractère de regroupements hétéroclites pour devenir un véritable parti organisé et discipliné autour d'une idéologie clairement définie. On peut se demander au nom de quel principe des mouvements de masse comme la FEANF et l'UGEAO ont le droit de suggérer à un mouvement politique de se transformer en un parti politique. C'est une question que l'on peut légitimement se poser.

Le congrès était dominé par des divergences politiques qui existaient entre Sékou Touré, fédéraliste et Félix Houphouët-Boigny, farouchement hostile à toute idée de fédération en Afrique Occidentale et soutenu par le gouvernement de De Gaulle qui en avait fait un ministre d'État. Je me rappelle que Sékou Touré avait eu la côte fêlée en descendant les escaliers du Grand Hôtel de Bamako. Son intervention a été enregistrée sur bande magnétique. Le 3e Congrès du RDA étant très important, il est très utile de s'y attarder un peu.

Le 3e Congrès du RDA

Au numéro 7 de *L'Étudiant d'Afrique Noire* (novembre-décembre 1956), est annexé un supplément : Plus de mille étudiants adressent un manifeste au RDA intitulé : *« Ce que nous aurions voulu dire à Bamako... »* qui est signé par des étudiants non seulement de la FEANF, mais aussi de l'UGEAO. Les auteurs du manifeste formulent clairement ce que l'Afrique ne pardonnera jamais à Houphouët Boigny. Premièrement, lui étant ministre, qu'on ait pu expédier allègrement des mercenaires africains sur les champs de bataille d'Algérie pour servir de « chiens de garde du colonialisme ». Deuxièmement, lui étant ministre, qu'on ait pu procéder à l'enlèvement de Ben Bella sans qu'il ait eu la saine réaction d'Alain Savary, ministre socialiste dans le gouvernement de Guy Mollet de démissionner devant l'exploit policier consistant à kidnapper les cinq dirigeants de FLN. Troisièmement, il est inadmissible que sous l'œil des parlementaires africains, et singulièrement ceux du RDA, on ait pu garder Claude Gérard, une journaliste française, en prison durant onze semaines.

Les auteurs du manifeste considèrent comme une honte et une abomination qu'avec l'approbation des « élus » africains, on ait fait débarquer à Port-Saïd des troupes de tirailleurs « sénégalais » que les amateurs de cinéma ont pu « contempler » en actualité sur les écrans français et britanniques.

Ce texte se termine par cette conclusion : « Nous affirmons, pour notre part, que l'indépendance d'un peuple est la première condition de toute réorganisation économique et sociale profonde ».

Les auteurs du manifeste n'ont pas manqué d'exprimer leurs inquiétudes et leurs peurs. Ils ont peur de voir que le prochain congrès du RDA soit en tout point semblable à certains rassemblements politiques, où l'on assiste à une gymnastique verbale permettant aux responsables du Mouvement une large liberté de manœuvre pour ne pas « perdre la face » pour expliquer, justifier et légitimer tout ce qu'ils ont fait – y compris les erreurs les plus monstrueuses.

Ils ont peur que ce Congrès ne tourne en une vulgaire apologie, que les délégués n'applaudissent que de grands discours. C'est pourquoi il serait urgent de procéder à une autocritique sincère et à l'effacement de certains dirigeants qui ont éliminé, au grand scandale du monde africain, une section puissante, fidèle et valeureuse comme l'Union des Populations du Cameroun et ont conduit leur parti à une douloureuse faillite dont les effets se font déjà sentir.

Les inquiétudes des acteurs du manifeste ne sont guère sans fondement. La FEANF aura l'occasion de le vérifier en assistant au 3e Congrès du RDA. Elle élaborera un document ronéotype de 23 pages et intitulé : « La Fédération des étudiants d'Afrique noire en France au 3e Congrès du Rassemblement démocratique africain ». Ce document portant la date du 25 septembre 1957 mérite d'être rapidement analysé.

Après avoir procédé à une brève esquisse de l'historique de la FEANF et de sa nature syndicale, les auteurs du document se proposent de prendre position sur les problèmes politiques.

Ce furent d'abord Édgar Faure et François Mitterrand qui passèrent à la même tribune. L'un et l'autre prônèrent à nouveau la thèse de la « communauté franco-africaine » qu'Edgar Faure concrétisait dans une métaphore originale d'après laquelle le Niger du Soudan et la Seine de France charrieraient les mêmes paillettes d'or de la « communauté franco-africaine ».

Ce discours d'Edgar Faure prononcé avec la légendaire éloquence qu'on lui connaît a eu un profond écho sur les congressistes qui l'ont longuement ovationné. Mais cette déclaration suscita une réflexion fort pertinente des jeunes du Soudan qu'Emmanuel Batiebo, le délégué de la FEANF, ne manque pas de rappeler. Voici ce qu'écrit Birama Traoré dans la *Voix des Jeunes* du 7 octobre 1957 (*La voix des jeunes* est l'organe bimensuel de l'Union de la Jeunesse démocratique soudanaise, mouvement syndical très sérieux, qui a l'estime de tous les démocrates et nationalistes africains) :

> ... De telles images associant fleuve et or nous rappellent, nous de Bamako, un triste souvenir : en 1947, Vincent Auriol, alors Président de la République Française, posa, avec une truelle en or, la première pierre du pont qui devait enjamber le fleuve Niger, justement à Bamako. En 1957, nous n'avons pas encore eu ce pont, mais tout simplement sa première pierre ; quant à Vincent Auriol, il a emporté la truelle en or que les autorités lui ont remise... !

La parole est ensuite donnée à Alioune Cissé, secrétaire général de l'UGTAN (Union générale des travailleurs d'Afrique noire) qui demanda le droit à l'indépendance de l'Algérie.

La parole fut donnée à la FEANF qui relata l'accueil qui fut fait à son intervention en ces termes : « les mots me manquent pour reproduire l'accueil plus qu'enthousiaste fait à cette intervention par la population bamakoise. Dehors, les jeunes déliraient de joie ; les vieux, par ce signe de tête majestueux et si caractéristique du vieillard africain, approuvaient, saisis d'intense émotion, ce que leurs enfants ont enfin porté à la connaissance de tous ».

Tidiane Baïdy Ly prit ensuite la parole. Dans une brillante intervention improvisée, il sut exprimer les positions de l'Union générale des étudiants d'Afrique occidentale (UGEAO) dont il était le président. J'étais de la délégation de l'UGEAO.

L'histoire africaine des dix années a fait l'objet d'une analyse critique suivie d'un appel aux congressistes de Bamako.

Il est indéniable que dans les premières années qui suivirent sa formation, le RDA a répondu aux promesses de Bamako. Seule organisation politique véritablement révolutionnaire à l'époque, il était de ce fait tout désigné aux foudres des gouvernements français d'alors. La répression s'abattit sur les militants en Côte d'Ivoire, au Dahomey, au Togo, au Cameroun oriental et au Tchad. L'étincelle était devenue flamme et la libération des peuples africains semblait proche.

1950, année-charnière, année historique marquée par un événement capital qui va donner une orientation nouvelle à la vie des pays africains : il s'agit de ce que l'on a appelé le « repli tactique ». Sur le plan extérieur et parlementaire, le repli tactique a signifié surtout le reniement des principes fondamentaux adoptés au Congrès de Bamako.

La fameuse loi-cadre du 23 juin 1956 a eu pour objectif essentiel l'affaiblissement du mouvement révolutionnaire de libération des Africains. Dans le contexte fédéral, la loi brise la structure des Fédérations. On aboutit à ce paradoxe que chaque territoire est « autonome » dans l'ensemble africain, mais est directement rattaché à la France.

Emmanuel Batiébo, étudiant voltaïque et secrétaire aux Relations Internationales de la FEANF, a fait un compte-rendu détaillé du 3e Congrès du RDA dans un numéro spécial de *L'Étudiant d'Afrique Noire* no. 16 de décembre 1957.

Après l'arrivée de Houphouët-Boigny dans la matinée, le Congrès s'ouvrit le 23 septembre à 16 heures au Collège Technique, somptueux bâtiment ayant coûté au Soudan la bagatelle d'environ 200 millions de F CFA. Modibo Keita souhaita la bienvenue aux participants et Ouezzin Coulibaly y répondit dans une salle décorée aux drapeaux tricolores et dont l'entrée était balisée par des jeunes soudanais.

Puis, la parole est donnée aux invités. C'est à ce moment seulement que la FEANF fut citée comme devant prendre la parole.

La tonalité et le caractère improvisé et oral de l'intervention de Tidiane Baïdy Ly étaient à l'opposé de l'intervention du délégué de la FEANF qui était très long (23 pages) et intégralement lue. Certains esprits se sont saisis à la faveur de la différence de ton et de style ainsi que de la position sur le droit à la séparation pour affirmer l'existence d'une divergence de point de vue de ces deux organisations sœurs. En réalité, il y a une parfaite identité de position sur les problèmes essentiels : l'indépendance et l'unité des pays africains.

Si Tidiane Baïdy Ly est un partisan immédiat du droit à l'indépendance, il n'a pas conclu à la nécessité de revendiquer le droit à la séparation dans son intervention :

> D'où vient le litige entre les Étudiants et le RDA ? Il semble que le RDA ait opté pour la Communauté Africaine. Je puis vous affirmer qu'aucun étudiant n'est hostile *a priori* à la Communauté des Peuples. Bien au contraire, c'est le rêve le plus cher de tous les étudiants. Seulement, la communauté à laquelle les étudiants aspirent, c'est la communauté basée sur l'amitié, la paix, la coopération fructueuse pour les partenaires, la communauté fondée sur l'égalité et non la sujétion. Ce que les étudiants demandent, convaincus qu'aucune nation, qu'aucun peuple ne peut vivre en autarcie, c'est la reconnaissance de la personnalité africaine, du droit du peuple africain à disposer de lui-même, c'est-à-dire à la séparation et l'union, c'est-à-dire en clair, son droit à l'indépendance ».

Des membres plus modérés de la Convention Africaine et du RDA partagent les points de vue défendus par Tidiane Baïdy Ly (*Documents Étudiants* – directeur de la publication, Emmanuel Terray – no. 1 décembre 1957).

Kane Ali Bocar prit ensuite la parole, au nom du Conseil Fédéral de la Jeunesse d'Afrique Occidentale, pour développer les mêmes thèmes que tous les démocrates : indépendance nationale, droit de l'Algérie à l'indépendance.

Dans la salle, l'atmosphère était lourde. Le « pavé jeté dans la mare aux grenouilles » se faisait encore sentir. C'est à ce moment que Me Lamine Guèye, au nom du Mouvement Socialiste Africain (MSA), monta à la tribune. Le peuple attendait. La musique avait changé de ton et il était dangereux de ne pas se mettre au diapason. Le doyen des hommes politiques africains l'avait compris. Se plaignant tout d'abord d'avoir été mis par le RDA à une place qui n'était pas la sienne, il se prononça, lui aussi, sans ambages, pour l'indépendance. Mais il s'empressa d'emboucher aussitôt sa cornemuse pour chanter l'indépendance de l'individu. Par ailleurs, il demanda une confrontation de tous les partis d'Afrique Noire.

Mamadou Dia prit la parole après le leader du MSA pour développer, au nom de la Convention Africaine, ses thèses sur le fédéralisme et le regroupement des partis. Plus scolastique que politique, son discours n'emporta pas l'enthousiasme du public. Il faudra retenir de son intervention qu'il est pour le regroupement des partis qu'il analyse en trois formules : l'unité d'action, l'intégration et la fusion.

Mais, dit-il, parti unifié ne signifie pas parti unique. Qualifiant successivement la première (l'unité d'action) de solution de facilité, la deuxième (l'intégration) d'unilatérale et de totalitaire, il penche pour la troisième (la fusion).

On remarquera l'absence de Léopold Sédar Senghor qui a été absent au 1er congrès de Bamako tenu en 1946 et a préféré envoyer Mamadou Dia.

Puis, se succédèrent à la tribune Oumar Diallo du Parti Africain de l'Indépendance (PAI), Barry Diawadou du Bloc Africain de Guinée (BAG) qui plaida pour le droit à la vie des minorités politiques, Ouédraogo Gérard Kango du Mouvement démocratique voltaïque (MDV) qui implora les « trois grands », Me Lamine Guèye, Léopold Sédar Senghor et Houphouët-Boigny de « s'immoler sur l'autel de l'unité ». Tous demandèrent le regroupement des partis, l'opinion politique attend la rencontre qui permettra ce regroupement. Ainsi, prenait fin la séance inaugurale. Le lendemain, Houphouët-Boigny présenta le rapport moral et de politique générale.

Les salles du Collège Technique se vidaient peu à peu et la foule se retirait, réconfortée et consciente de son rôle décisif qui se fera sentir à la fin du Congrès. Les jeunes de Bamako avaient, selon Emmanuel Batiébo, l'intention d'organiser en l'honneur des étudiants une soirée qui leur fut déconseillée. Le Congrès reprenait le 26 septembre au matin les huit rapports. On peut noter que Sékou Touré n'a pas joué un grand rôle à ce congrès en raison de la fêlure d'une de ses côtes. Quelques leçons peuvent être tirées de cette rencontre de Bamako.

La fin difficile du Congrès devra montrer à Houphouët Boigny que le sort du peuple ne se joue pas sans le peuple. Le verdict populaire est sévère. Le militant de base n'entend plus être sollicité à trois mois des élections pour être ensuite classé au dossier de l'oubli.

L'histoire africaine démontre que le peuple, quand il accorde sa confiance, celle-ci est sans réserve. Quand il la retire, il le fait brutalement. En 1951, le doyen des hommes politiques africains, Me Lamine Guèye, connut au Sénégal un échec qui surprit tout le monde. On crut à un accident, mais 1956 permettait de vérifier que le peuple sénégalais avait retiré à l'homme qu'il avait entouré d'auréoles toute la confiance qui faisait sa force. Le danger que fait courir une politique ne s'appuyant pas sur la force populaire est certain. Se contenter des rapports de fidèles adulateurs prépare de bien pénibles réveils. Puisse l'exemple de Lamine Guèye assagir les leaders du RDA.

Ce 3ᵉ Congrès du RDA a eu une très grande importance pour les étudiants africains. C'est pourquoi un numéro spécial de *l'Étudiant d'Afrique Noire* (no. 16, décembre 1957) lui a été consacré. Six articles de fond y ont été publiés : L'économique de Bamako par Osendé Afana, le RDA par Emmanuel Batiébo, le RDA et la solidarité des peuples colonisés par Joseph Van den Reysen, la Communauté Franco-africaine et la question d'un État Africain par Samba Ndiaye, Propos sur la jeunesse de Bamako par Léopold Agboton.

C'est en venant d'un voyage de la Chine populaire que j'ai appris par le journal *Le Monde* mon admission à l'École nationale de la France d'Outremer (ENFOM) située sur l'Avenue de l'Observatoire non loin du Jardin du Luxembourg. J'avais passé le concours en amateur au mois de juin à Dakar. Je n'avais pas fourni toutes les pièces nécessaires. C'est le commissaire central, Lapierre qui m'a convoqué dans son bureau pour me réclamer les pièces qui manquaient à mon dossier et me posa quelques questions sur mes activités syndicales menées à la Cité universitaire. Les services du Gouvernement général m'établirent un titre de voyage pour prendre l'avion et me rendre à Paris. Je quittais Dakar à bord d'un avion DC 6 qui devait mettre 9h 30 de vol avec une escale à Casablanca. Les avions à l'époque étaient à hélice. Les avions à réaction comme le Comète qui a fait plusieurs accidents ayant motivé l'arrêt de sa production commençaient seulement à apparaître sur le ciel de Dakar une fois par semaine.

Adama Diagne et Amady Aly Dieng
Visite d'une usine textile à Prague à l'occasion du Congrès de l'UIE en août 1956

Chapitre 5

Mes premières activités politiques, syndicales et universitaires en France (1957-1959)

Arrivé à Paris en octobre 1957, je suis accueilli par mon ami Ferdinand Turpin qui m'hébergea dans sa chambre d'étudiant de la Résidence Jean Zay d'Antony. Au bout de quinze jours, j'ai réussi à avoir une chambre au Pavillon de la France d'Outremer (aujourd'hui résidence Lucien Paye) qui était à la Cité universitaire au 44, boulevard Jourdan Paris XIVe.

J'ai occupé la chambre 238 avec Ousmane Camara pendant six mois. C'était une obligation pour les étudiants de ce pavillon d'être logé d'abord en chambre à deux. Nous avions la chance d'avoir une très grande chambre réservée aux étudiants en architecture. Cela nous permettait de loger nos amis qui venaient passer leurs vacances de Noël à Paris ou participer aux congrès de la FEANF. C'était le cas de Birane Wane, de Samba Ndiaye, Osendé Afana, Joseph Van Den Reysen.

Nous recevions des journaux du Sénégal que certains étudiants venaient lire dans notre chambre. Oumar Wane, étudiant sénégalais qui avait décidé de se documenter sur l'existence de ressources minières au Sénégal et au Soudan français (actuel Mali), venait s'enquérir des nouvelles du pays dans notre chambre. Nous recevions la visite de Mamoudou Touré, logé au Pavillon du Maroc, de Joseph Mathiam, étudiant sénégalais en lettres.

Quand Ousmane Camara a obtenu une chambre individuelle, il a été remplacé par Abdou Diouf qui m'avait été présenté en 1956 lors de ma conférence à Louga. Je me souviens d'avoir été logé chez son cousin Mansour Bouna Ndiaye qui était à l'époque représentant de la société Lesieur.

Ce n'est qu'à la fin de l'année 1958 que j'ai pu obtenir une chambre individuelle qui était devenue un lieu de rencontre où l'on pouvait prendre du thé après le déjeuner. Mady Sylla, étudiant en odontologie, préparait le thé avec un petit réchaud à alcool pendant que certains d'entre nous apprenaient le Russe grâce à la méthode Assimil et avec des disques.

Pathé Diagne et Cheikh Bâ se joignaient très souvent à nous pour boire du thé et écouter les éditoriaux de Jean Gramougin et de Geneviève Tabouis qui fascinaient beaucoup d'étudiants africains. J'avais loué une radio dans une maison spécialisée au quartier latin.

Au mois de juillet 1958, les étudiants africains du Pavillon de la FOM se retrouvaient au sous-sol pour assister aux différents matchs de football organisés dans le cadre de la coupe du monde.

Les étudiants africains qui soutenaient la talentueuse équipe du Brésil étaient consternés lorsque le trio Piantoni, Kopa et Fontaine mit dès le départ un but à l'équipe du Brésil. Il y eut un silence pesant dans la salle où la télévision française nous projetait les images venant de la Suède. Nos idoles le jeune Pelé, Didi, Vava et Garrincha, quelques minutes après, ont réussi à égaliser et par la suite à battre l'équipe de France. Le soutien du Brésil par les étudiants africains exprimait la position hostile qu'ils avaient à l'égard non seulement de l'esclavage des Noirs, mais aussi du système colonial.

Ayant obtenu la licence en droit en 1957 à Dakar, je me suis demandé ce qu'il fallait faire pour aller en France continuer mes études. A cette époque, l'administration coloniale refusait d'octroyer aux étudiants africains des bourses en vue de poursuivre des études pour le doctorat d'Etat.

Le baccalauréat et la licence obtenus à cette période étaient délivrés par l'université de Bordeaux dont les professeurs supervisaient ces deux examens.

Pour continuer mes études au-delà de la licence, je n'avais que quatre choix : passer le concours de l'Ecole de la France d'Outremer (ENFOM ou ex-Colo), de l'Ecole des impôts, de l'École des douanes ou de l'École du Trésor. J'ai préféré aller à l'ENFOM qui était une grande école prestigieuse d'où sortaient les « commandants de cercle », les magistrats et les inspecteurs du travail.

Je me suis présenté en amateur. Je ne me suis pas préparé. Mon dossier n'était pas complet. Les candidats ont passé les épreuves écrites au Building fédéral. Les épreuves orales étaient réduites à des interrogations dans une langue africaine. J'avais choisi le wolof. J'étais interrogé par deux instituteurs : Cissé Diarmeve et Agne, un ami d'Abdoulaye Fofana qui m'ont demandé, entre autres, de leur parler de la forme pronominale en wolof.

C'est de mon retour de Pékin que j'ai appris mon admission à l'ENFOM par le journal *Le Monde*. Nous étions quinze Africains et Malgaches à être reçus : Albert Balima Salfo (Haute-Volta), Babacar Ba, Abdoulaye Diop Mathurin, Ousmane Goundiam (Sénégal), Coulibaly Lanciné (Côte d'Ivoire), Diallo Modibo Kane (Soudan), Dina Lobé, Etéki William, Balla Ondoua Benoît (Cameroun), Baldé Hacimiou, Barry Bassirou (Guinée), Brahim Said (Tchad), un Dahoméen, deux Malgaches dont j'ai oublié les noms.

Mon séjour à l'École nationale de la France d'Outremer (ENFOM)

Avec mon admission à cette école, je suis devenu un fonctionnaire français stagiaire. Je devais toucher un traitement de 75 000 francs français alors que la bourse d'un étudiant africain n'était que de 25 000 francs. J'étais privilégié puisque je bénéficiais des œuvres universitaires. La direction obligeait tous les élèves à se procurer une tenue avec casquette. Elle nous indiquait l'adresse du tailleur qui savait confectionner ce genre de costume exigé.

C'est à l'occasion de la fête du 11 novembre que le directeur a organisé une cérémonie spéciale dans le hall de l'École (à côté de la salle Pavie) présidée par le Ministre de la France d'Outremer Louis Jacquinot. En rangs bien serrés, les élèves étaient tenus de se recueillir en écoutant la sonnerie aux morts. L'École formait trois types de fonctionnaires : les administrateurs, les magistrats et les inspecteurs du travail. J'avais choisi d'être administrateur. L'École recrutait avant l'avènement de la loi-cadre Gaston Defferre de 1956 deux catégories d'élèves par voie de concours : le concours A réservé aux élèves admis dans des classes de préparation des grands lycées et le concours B réservé aux fonctionnaires ayant exercé pendant cinq ans. Les élèves reçus au concours A étaient tenus de faire un stage d'un an en Afrique et de soutenir un mémoire. Par contre, les élèves reçus au concours B ne faisaient qu'une scolarité de deux ans. Avec l'application de la loi-cadre Gaston Defferre qui accordait une semi autonomie aux colonies d'Afrique, la direction de l'École créa un concours C qui était réservé aux Africains et Malgaches titulaires du baccalauréat en droit ou titulaires de deux certificats de licence en lettres. Elle avait prévu aussi d'accueillir au cours de l'année 1957-1958 des fonctionnaires africains et malgaches désignés par les premiers gouvernements de la Loi-cadre dans une section appelée section E.

Ce caractère hétéroclite du recrutement allait compliquer la tâche de la direction de l'École pour organiser les enseignements. Il était relativement facile de grouper dans des cours communs les élèves du concours A, B, C, mais il était difficile d'y intégrer les fonctionnaires désignés par les gouvernements de la Loi-cadre. Ces derniers étaient des commis de l'administration coloniale qui n'étaient pas titulaires du baccalauréat et qui n'avaient suivi aucun enseignement universitaire. Je me souviens d'un incident qui est arrivé à l'École. M. Paul Gonidec qui faisait le cours de droit du travail avait déclaré en plein amphithéâtre que les fonctionnaires de la section E étaient incapables de suivre ses cours. L'association des élèves présidée par De Soy avait protesté contre ces propos considérés comme injurieux à l'égard d'une fraction des élèves de l'École. Mais la direction de l'École a été obligée de prévoir des cours spéciaux pour compléter leur formation générale comme des cours de français.

Je comptais parmi mes condisciples un Voltaïque Salfo Balima et deux Guinéens Hacimiou Baldé et Bassirou Barry, un Sénégalais Henri Arphang Senghor qui étaient tous trois inscrits à la section inspection du travail, trois Sénégalais

Ousmane Goudiam, Abdoulaye Diop Mathurin et un Ivoirien Lansiné Coulibaly qui étaient inscrits à la section magistrature, un Soudanais Modibo Diallo Kane, deux Camerounais, Benoît Ondoua Balla et Lobé Dina, un Sénégalais Babacar Ba, un Tchadien Brahim Said et deux Malgaches dont j'ai oublié les noms qui étaient inscrits à la Section administration. J'ai retrouvé deux Sénégalais Cheikh Hamidou Kane et Christian Valantin qui devaient refaire la première année. Il y avait le cas spécial de Kéba Mbaye qui était désigné par le gouvernement du Sénégal et qui avait le privilège d'avoir obtenu sa licence en droit à Dakar avant de venir à l'École. C'est cela qui lui a permis de suivre les cours de la section des magistrats.

Les élèves des concours A B C suivaient beaucoup de cours en commun. Tous ces élèves étaient obligés de suivre des cours dans les facultés des lettres et de droit pour achever leur licence qui était indispensable pour obtenir le brevet de l'ENFOM. Les élèves fonctionnaires de la section E n'étaient pas tenus de suivre les cours de Maurice Duverger sur les partis politiques français. Néanmoins, je les suivais avec beaucoup d'intérêt. La maîtrise de son cours et la fluidité de ses propos exerçaient une grande fascination sur ses étudiants. Les anecdotes ne manquaient pas d'émailler ses cours. Il ne cachait jamais son admiration pour le Général De Gaulle qui venait de prendre le pouvoir sous la pression des factieux d'Alger et qui était très contesté par les partis de gauche.

Le programme était très chargé. Les professeurs qui enseignaient à l'École étaient des universitaires ou des hauts fonctionnaires. Le gouverneur Robert Delavignette donnait des cours de sociologie. Ancien directeur de l'École, il était aussi auteur de plusieurs livres ou d'articles de revue. C'était un homme de lettres qui s'était égaré dans l'enseignement de la sociologie africaine. Il ne nous parlait pas des grandes théories sociologiques. Lyrique, il l'était dans ses cours qui respiraient un relent de bucolisme attardé. Il ne cachait pas son hostilité à l'industrialisation de l'Afrique. Il exprimait son aversion à l'égard de l'Afrique des cheminées d'usine qui fument. Il était admiratif devant le vieillard africain qui est un champion de l'existence assis sur un trône reposant sur un cimetière d'enfants. Il a passé beaucoup de temps à nous commenter le premier roman du camerounais Alexandre Biyidi : *Ville cruelle* publié aux éditions Présence africaine en 1954 et sous le pseudonyme d'Eza Boto. Par la suite, cet écrivain camerounais sera connu sous un autre pseudonyme : Mongo Béti.

Le gouverneur Robert Delavignette nous a fortement recommandé la lecture du pasteur Maurice Leenhardt qui a écrit *Do Kamo. La personne et le mythe dans le monde mélanésien* (Gallimard 1947) et qui a rendu un hommage d'admiration et d'affection à la mémoire de Lucien Lévy-Brühl. Ce dernier a tracé de la mentalité primitive un tableau magistral. L'un de ses plus illustres disciples, le phénoménologue G. Van der Leeuro (*L'homme primitif et la religion en Hollande*), a continué sa pensée dernière en montrant que la primitivité n'était pas une caractéristique de l'homme des premiers âges et que les hommes étaient aussi primitifs que modernes. C'est là une vue dans la lignée des travaux inaugurés par Lévy Brühl.

En s'appuyant à trouver dans le mythe et la rationalité, modes complémentaires de la connaissance, les deux éléments de structure de toute mentalité archaïque ou moderne, l'étude du Mélanésien a révélé à Leenhardt en même temps l'aberration du primitif, qui s'est laissé aller à construire un monde avec le seul mode de connaissance affective et mythique : « La primitivité est là, dans cet aspect unilatéral de la pensée qui, en privant l'homme de la balance de ces deux modes de connaissance, le conduit aux aberrations ». (*Do Kamo*, p. 254).

Senghor a ignoré cet ouvrage remarquable et l'autocritique de Lucien Lévy-Brühl dans ses *Carnets*. Ainsi le gouverneur Robert Delavignette nous a largement ouvert les portes de l'Océanie et nous a appris à connaître l'ethnologie de cette partie du monde peu connue des francophones qui n'avaient d'yeux que pour les pays de l'empire français situé en Indochine, en Afrique du Nord et en Afrique Noire.

Le cours d'ethnologie était assuré par Paul Mercier, auteur du livre : *Les pêcheurs Lebou du Cap-Vert*, écrit en collaboration avec Georges Balandier et publié dans la collection de l'IFAN de Saint-Louis en 1952. Ce professeur très méticuleux et soucieux de ne pas demeurer un « armchair anthropologist » a réussi à introduire ses élèves à la connaissance de l'anthropologie anglo-saxonne. Il avait une très bonne connaissance de l'anglais qui l'amenait à traduire pour la revue *Présence Africaine* des textes de l'anglais au français. Il nous obligeait à lire systématiquement cinq livres fondamentaux : *Les peuples, et les civilisations de l'Afrique* de H. Baumann et D. Westermann (Payot 1955 avec une préface de Monod), *Les gens du riz, les Kissi de Haute Guinée*, (Librairie Plon Paris 1954), *Mentalité primitive* d'Henri Lévy-Bruhl, *Do Kamo* de Maurice Leenhardt (Gallimard 1947), *Sociologie actuelle de l'Afrique noire* de Georges Balandier. J'avais une grande admiration pour Paul Mercier qui dépensait beaucoup d'énergie verbale pour nous faire connaître certains grands auteurs de l'ethnologie et de l'anthropologie comme Bronislav Malinowski, Radcliffe-Brown, Margaret Mead, Marcel Mauss. Paul Mercier ne manquait pas de nous demander de lire attentivement l'ouvrage collectif dirigé par Jean Poirier et intitulé : *Ethnologie de l'Union Française*.

J'avais envisagé de préparer une thèse de troisième cycle sur les problèmes de consommation au Sénégal. J'allais fréquemment à son domicile situé à Issy-Les-Moulineaux pour lui présenter mon travail. Mais sa mort tragique a mis fin à ce projet.

Les cours d'économie politique étaient donnés par Luc Bourcier de Carbon qui était professeur à l'Université de Nancy. Par la lenteur et le caractère monotone de son débit, il avait réussi à nous dégouter de cette matière dont nous attendions beaucoup. Le professeur de comptabilité privée qui venait d'Indochine soignait plus sa mise vestimentaire que ses cours. Nous éprouvions beaucoup de peine à l'écouter.

Par contre, les cours de Pierre Moussa qui était professeur d'économie africaine étaient vivants. Ancien élève de l'École normale de la rue d'Ulm et agrégé de lettres, Pierre Moussa, un pied-noir d'Algérie, faisait preuve de beaucoup de suffisance.

Henri Brunschvicg qui ne cessait de nous rappeler qu'il était très fier d'être français, malgré ses origines alsaciennes, était notre professeur d'histoire coloniale. Il passait tout son temps à réfuter la thèse de Lénine, auteur de *l'Impérialisme, stade suprême du capitalisme*. Pour lui, la France n'a pas colonisé les pays africains pour des raisons économiques, mais pour des raisons militaires et politiques. Il ne manquait pas l'occasion de se faire provocateur dans ses cours. Par exemple, il disait, pour imiter Lénine, « La décolonisation, stade suprême de l'impérialisme ». Ses propos m'agaçaient beaucoup. Quelquefois, je ne pouvais pas résister à l'envie de lui porter la contradiction. Certains de mes condisciples m'ont demandé d'éviter de lui répondre. Pendant que je suivais les cours de l'Ecole, j'étais inscrit à la Faculté de Droit et des Sciences Économiques de Paris pour préparer le diplôme d'étude supérieure d'économie politique que j'ai obtenu avec la mention assez bien.

À la fin de l'année 1958, je devais aller au Sénégal pour préparer mon mémoire qui devait porter sur l'étude de la Société électrique et industrielle du Baol (SEIB). Mais entre temps, le général De Gaulle a décidé d'organiser un référendum qui consistait pour chaque territoire africain à répondre par un oui ou un non. Le non équivalait à l'obtention de l'indépendance. Sans hésiter, j'avais choisi de faire campagne pour le non, c'est-à-dire pour l'indépendance du Sénégal. J'avais organisé plusieurs meetings au Cinéma Triumph, situé à côté de la gare de Diourbel et appartenant à un Libanais. Le commandant de cercle Lafay qui venait de Labé a envoyé de jeunes français, stagiaires à la Résidence de Diourbel, pour écouter mes propos et lui rendre compte de ce qui se disait au cours de notre meeting. Il fit un rapport qu'il envoya au directeur de l'Ecole, Bouteille. Sur cette base, le conseil de perfectionnement décida de m'exclure de l'Ecole au motif que mon attitude était incompatible avec la fonction d'un haut fonctionnaire français. Le même Conseil de perfectionnement prit la décision d'exclure un autre Sénégalais, Nah Diallo qui était nommé par le Gouvernement du Sénégal et qui était responsable de la section de Kaolack du RDA, l'Union démocratique sénégalaise (UDS) alors dirigée par Abdoulaye Guèye dit Cabri.

Dans le procès-verbal du Conseil de perfectionnement réuni le 28 novembre 1958, on pouvait lire : « M. Bouteille (le directeur de l'École) donne lecture d'une lettre qu'il vient de recevoir de M. Mamadou Dia, Président du Conseil de gouvernement du Sénégal et demande l'avis de la commission ».

Par une lettre no. 861/PCG/SP datée du 18 novembre 1958, le Président du Conseil adresse à Monsieur le Directeur de l'ENFOM la lettre suivante :

> Je viens d'être avisé que les élèves Dieng Amady et Diallo Nah respectivement élèves de 2e et 1ère année dans votre établissement ont été exclus par décision du Ministère de la FOM. Cette lettre est pour vous demander de les considérer à partir du 1er novembre, comme étant entièrement au compte du Budget Sénégalais, comme auditeurs libres. Je donne toutes instructions nécessaires pour que le Territoire les prenne (sic) en charge à partir de cette date.
>
> Signé Mamadou Dia.

Le Gouverneur Le Layec expose que les décisions du Ministre excluant Dieng et interdisant l'accès à l'École à Diallo visaient deux élèves destinés à entrer dans le corps des administrateurs de la FOM ou dans les corps métropolitains. Les auditeurs libres qui sont désignés sur proposition des gouvernements locaux sont par contre destinés à entrer dans des fonctions publiques locales. Il semble par conséquent difficile de s'opposer au choix réfléchi de M. Mamadou Dia ; un tel refus et les raisons évoquées pour l'étayer risqueraient de créer un très fâcheux malentendu.

La commission approuve à l'unanimité le raisonnement du Gouverneur Le Layec et émet en conséquence le vœu que MM. Dieng Amady et Diallo Nah soient admis à l'ENFOM en qualité d'auditeurs libres.

Un pourvoi a été formé sous le no. 1987/58 contre la décision de mon exclusion du 31 octobre 1958 par le Président de l'Association des anciens élèves de l'ENFOM, Attuly par le Président de l'Association des Élèves de l'ENFOM, De Soye et moi-même, élève de 2e année. Ce pouvoi formé auprès du Tribunal administratif de Paris a été communiqué au Ministre de la France d'Outremer qui a formulé les remarques suivantes :

Formes

Le ministre ne fait aucune observation particulière en ce qui concerne le premier des requérants (Amady Aly Dieng).

Par contre, les deux autres requérants doivent préciser les intérêts des associations qui se trouvent réellement lésés par l'entreprise ministérielle et d'indiquer en quoi ils le sont.

Fond

La décision ministérielle no. 1391 du 31 octobre 1958 prise envers Dieng Amady Aly est parfaitement régulière tant au regard de la réglementation qu'au regard de la jurisprudence.

Les faits qui ont nécessité l'exclusion de l'élève Dieng Amady Aly étant extérieurs à l'École, le Conseil de perfectionnement de cet établissement n'avait pas à être saisi et la décision appartenait au Ministre en vertu de ses pouvoirs généraux.

Le licenciement peut être prononcé lorsque sont révélés au cours de la scolarité des faits dénotant un comportement incompatible avec l'exercice des fonctions (Magnier – 29 juin 1949 – Chauveau – 23 février 1949 – Salignac 31 mars 1951 – Lingois 29 juillet 1953 – Barel et autres 28 mai 1954 – Cordelet – 9 juillet 1954) et l'appréciation à laquelle se livre l'Administration des faits révélés n'est pas susceptible d'être discutée devant les juridictions administratives statuant au contentieux.

Le Ministre de la FOM demande au tribunal administratif de débouter les trois requérants. Le tribunal rejettera par la suite le sursis à exécution demandé par les requérants.

Le président de l'Association des élèves de l'ENFOM De Soye et moi-même avions demandé un rendez-vous au député du Sénégal Léopold Sédar Senghor qui nous a reçus en son domicile parisien 1, rue Alexis Tocqueville. Ce dernier était furieux et nous a promis d'intervenir dans cette affaire. Il évoqua la jurisprudence du Conseil d'État.

À mon retour du Sénégal, je fus convoqué au Ministère de la France d'Outre-mer, rue Oudinot où un chef de service me notifia la décision de mon exclusion et me demanda de signer une décharge. Ce que j'ai refusé de faire. Il me demanda de prendre une note qui me permettrait d'obtenir un billet de retour au Sénégal. J'ai refusé de prendre cette note. Il me rappela que je devais quitter le territoire français. Je lui rétorquai que ce n'était pas à lui de me dire ce que j'avais à faire.

L'Association des élèves de l'ENFOM s'est solidarisée avec moi et m'a demandé d'intenter un procès en sursis d'exécution au Tribunal administratif de Paris en attendant de recourir au Conseil d'Etat. C'est son président François De Soye qui m'accompagna chez le député du Sénégal qui nous reçut à son domicile sis au 1 Square Tocqueville à Paris. Senghor était outré par l'exclusion de deux élèves sénégalais. Il avait décidé de protester auprès du Gouvernement du Général De Gaulle qui avait porté son choix sur son rival, Houphouët Boigny, nommé ministre d'Etat. Il avait avancé l'idée que chaque citoyen avait la liberté d'opinion consacrée par l'Arrêt Bedjaoui, algérien non admis à l'ENA pour des raisons politiques pris par le Conseil d'État. Le vice président du Conseil du gouvernement Mamadou Dia a élevé une protestation contre mon exclusion à la Radiodiffusion fédérale.

À la suite de nombreuses pressions exercées, la direction décida de nous réintégrer à l'École comme auditeurs libres pouvant prétendre à l'obtention du brevet de l'ENFOM. Nah Diallo accepta l'offre. J'ai catégoriquement refusé. Sur ces entrefaites, le gouvernement de Mamadou Dia par l'intermédiaire de

Daniel Cabou me proposa de payer mon inscription à l'École d'Économie et Humanisme du R.P. Lebret, artisan du 1ᵉʳ plan de développement du Sénégal. Pour moi, il n'était pas question de suivre les cours de cette école. Je fis comprendre à Daniel Cabou que je désirais terminer mes études de doctorat à la faculté de Droit et des Sciences Économiques. Une bourse me fut accordée.

En décembre 1958, Ousmane Camara, membre du comité exécutif présidé par Noé Kutukli, un étudiant togolais en droit et ancien militant du Groupement africain de recherches politiques et économiques (GAREP), dirigé par Abdoulaye Ly, me demanda d'aller à Accra pour représenter la FEANF au côté d'Ibrahima Konaté, secrétaire général de la FEANF à la All-African people's Conference (Conférence des peuples africains qui devait se tenir du 5 au 13 décembre 1958).

Conférence des peuples africains d'Accra du 5 au 13 décembre 1958

Pour ce déplacement, j'ai été obligé de me rendre au siège de l'UIE à Prague le 6 décembre pour chercher deux titres de voyage pour que Charles Diané puisse aller en Guinée et pour que je puisse aller à Accra. Je suis revenu de Prague le 8 décembre pour me rendre le lendemain à Accra.

Charles Diané, vice-président aux affaires extérieures, était désigné pour aller rencontrer Sékou Touré avec moi qui devait revenir à Paris en faisant escale à Conakry. Ousmane Camara me précisa que je devais rester très vigilant pour surveiller les manœuvres de Charles Diané qui voulait offrir ses services au président de son pays. La suite des évènements ne manqua pas de donner raison à Ousmane Camara qui n'a jamais eu confiance en Charles Diané et qui avait réussi à faire tomber le bureau de l'AGED qu'il présidait en 1956 à Dakar en l'accusant d'être « le dauphin de l'administration coloniale ».

A Accra, je me retrouve avec Ibrahima Konaté, secrétaire général de la Fédération pour représenter la FEANF. Il est inexact d'écrire, comme l'a fait Diané Charles dans son livre : *La FEANF et les grandes heures du mouvement syndical étudiant noir* (Éditions Chaka, Dakar, 1990. P.133) que les représentants de la FEANF étaient Noe Efoé Kutukli et Charles Diané. Ni l'un ni l'autre n'était présent à cette conférence. Quand j'ai fait dans un des numéros du quotidien sénégalais, *Wal Fadjiri*, le compte-rendu de ce livre où je relevais cette erreur, un membre de la délégation de l'UPS (Parti de Senghor), Atoumane Ndiaye qui était à Accra a pris spontanément sa plume pour confirmer la non venue de Charles Diané à Accra. La délégation de l'Union progressiste sénégalais (UPS) comprenait le Dr. Doudou Thiam, député à l'Assemblée constituante du Sénégal et membre de l'Assemblée fédérale de l'Afrique occidentale, le Dr. Karim Gaye, vétérinaire inspecteur en chef et rédacteur en chef du journal *Le Regroupement*, organe de l'Union progressiste sénégalaise, Mᵉ Boubacar Guèye, avocat, secrétaire administratif du parti.

Babacar Niang et Majhemout Diop représentaient le Parti africain de l'indépendance qui venait d'être créé en septembre 1957 à Thiès. Le Parti du regroupement africain (PRA-Sénégal) avait envoyé Abdoulaye Ly et Benoît James qui a beaucoup aidé sa délégation, par sa maîtrise de la langue de Shakespeare, à prendre des contacts avec les autres délégations anglophones. Le Mouvement de libération nationale (MLN) était représenté par le professeur Joseph Ki-Zerbo qui enseignait à l'époque à Conakry dans le cadre du collectif d'Africains venus soutenir le gouvernement de Guinée boycotté par la France de De Gaulle comme Abdou Moumouni, Mame Diack Seck, Abdourahmane Touré, Khalilou Sall, Oumar Ndao, Seyni Niang, etc.

Parmi les participants, on peut noter la présence de beaucoup de personnalités politiques et syndicales comme Ernest Ouandié et Félix Roland Moumié de l'Union des populations du Cameroun (UPC), le Dr Hastings Banda du Nyassaland, Abdoulaye Guèye, secrétaire général de l'Union générale des travailleurs d'Afrique noire (UGETAN), le prince camerounais Dika-Akwa nya Bonambela, K.D. Kaunda du Zambian African National Congress, Patrice Lumumba et Pierre Djomi du Congo Belge, etc.

La conférence a été présidée par le syndicaliste ougandais Tom Mboya. De même, le syndicaliste ghanéen, John K. Tettegah, secrétaire général du Trade Union Congress (TUC), s'est particulièrement engagé dans l'organisation de la conférence. Le maître d'œuvre de la conférence était incontestablement le Jamaïcain Georges Padmore, conseiller technique de Nkrumah.

Je me souviens des discussions très animées des membres du Parti africain de l'indépendance présents à la conférence sur le rôle joué par les prostituées du Vietnam pendant la lutte pour l'indépendance de leur pays et sur le type de mariage que devraient contracter les militants du PAI. Ces discussions étaient teintées de nombreuses illusions.

À Accra, j'étais logé dans un Rest House très sobrement équipé avec des mobiliers fabriqués localement. C'est à l'hôtel Ambassador que logeaient les chefs de délégations. C'est dans le hall de cet hôtel que j'ai connu Patrice Lumumba et Pierre Djomi qui était un bourgmestre à Léopoldville. J'avoue que Patrice Lumumba ne m'inspirait guère confiance en raison de sa timidité et de sa posture de résigné que j'attribuais peut-être à tort à l'éducation très paternaliste des pères blancs du Congo belge. Pierre Djomi semblait plus remuant et plus ferme que Lumumba. Rappelons que c'est le compte-rendu de cette conférence qui a provoqué de graves événements à Léopoldville.

Cette conférence a lancé un appel à l'indépendance des peuples africains à la suite de la conférence des Etats africains tenue à Accra en avril 1958 à un niveau gouvernemental. La conférence des États regroupait huit pays : la République Arabe Unie, l'Éthiopie, le Ghana, le Libéria, la Tunisie, le Soudan et la Lybie. Ont assisté à la conférence du rassemblement des peuples africains les représentants des organisations politiques, nationalistes, progressistes, des syndicats, des coopératives, des mouvements de la jeunesse, de femmes et d'autres organisations populaires de tous les pays d'Afrique acquis à la lutte pour l'indépendance. Cette conférence devait se charger de proclamer l'existence d'une personnalité africaine basée sur la philosophie :

> un socialisme panafricain comme l'idéologie de la Révolution africaine pacifique.
> Une notice spéciale précisait le but fondamental de la conférence : Le but principal de la Conférence sera d'élaborer des projets pratiques et de préparer la tactique et la stratégie à la Ghandi en vue de la Révolution Africaine Pacifique...

La délégation de l'UPS a tenu à rappeler que son parti était la plus puissante section territoriale du Parti du regroupement africain (PRA) qui avait adopté en juillet 1958 à Cotonou le mot d'ordre d'indépendance immédiate dans l'unité de l'Afrique.

La délégation de l'UPS regrette que l'ordre du jour de la conférence ne donne pas une grande importance aux problèmes économiques et culturels qu'ils méritent : « la conférence semble se cantonner uniquement aux problèmes politiques. Nous pensons cependant qu'il n'y a pas de véritable indépendance sans indépendance économique, pas plus qu'il ne peut y avoir de panafricanisme valable si l'unité culturelle de l'Afrique noire n'est pas une de nos préoccupations dominantes ». Elle tient à adresser aux dirigeants deux griefs : d'abord la revue *Présence Africaine* dont on connaît l'audience internationale sur le plan de la culture et de l'étude des civilisations négro-africaines, n'a pas été reçue comme une délégation officielle. Ensuite, il n'a pas été tenu suffisamment compte de la représentation de l'Afrique d'expression française de telle sorte que cette conférence apparaît un peu comme une rencontre de l'Afrique d'expression anglaise. Ces critiques reflétaient les idées de Léopold Sédar Senghor hostiles à l'indépendance des pays africains et défenseur de la francophonie. À cette époque, Houphouët-Boigny et Léopold Sédar Senghor constituaient les alliés des autorités coloniales hostiles à l'indépendance des pays africains. Lors du référendum du 28 septembre 1958, ces deux leaders appelleront à voter en faveur du oui pour rester « dans la Communauté franco-africaine » et ainsi écarter l'indépendance. La délégation sénégalaise s'était visiblement faite l'avocat de la France coloniale. Dès la fin de la conférence, j'avais pour mission de me rendre en Guinée pour rencontrer le président Sékou Touré en compagnie de Charles Diané.

Durant mon séjour en Guinée, j'ai pu rencontrer la plupart des cadres africains qui avaient accepté d'aller travailler dans ce pays victime du boycott du général De Gaulle comme Amsata Sarr François, directeur de cabinet du ministre de l'éducation nationale, Khalilou Sall, directeur des chemins de fer, Seyni Niang, professeur de Mathématiques, etc.

Charles Diané prenait des contacts avec beaucoup d'hommes politiques du régime. Il m'emmena chez Madame André Touré, la femme de Sékou Touré. Ayant obtenu un rendez-vous avec le président de la République, Charles Diané, Damou Sakho et moi-même, nous nous rendîmes à la présidence de la République. Au moment où Sékou Touré devait nous recevoir, Charles Diané me dit que lui et Damou Sakho en tant qu'étudiants guinéens pouvaient entrer. Je trouvais ce geste tout à fait louche. À la sortie, les deux étudiants guinéens ont gardé un silence total sur le contenu de leur entretien avec Sékou Touré. Cette attitude me confirma qu'Ousmane Camara avait raison de m'avoir mis en garde contre les éventuelles manœuvres politiques de Charles Diané en direction des autorités politiques de son pays.

C'est grâce au rapport de la Direction des renseignements du Ministère français de l'intérieur, établi en mars 1958 que j'ai pu avoir des informations sur les activités de Charles Diané qui, parti de Paris le 11 décembre 1958 pour Conakry, en est revenu le 25 décembre porteur de divers documents recensés par la police française.

D'abord une bande sonore destinée à être diffusée au congrès de l'Association des étudiants guinéens en France (AEGF) sur laquelle se trouvaient enregistrés le nouvel hymne national de la Guinée intitulé « Liberté », ainsi qu'une allocution prononcée le 22 décembre 1958 sur le même thème de l'indépendance par le président de la République, Sékou Touré.

Ce message exalte les martyrs africains tombés pour la liberté : Mamadou Konaté, Ouezzin Coulibaly, Ruben Um Nyobé et surtout Alpha Yaya de Labé. Ce dernier est présenté comme « un héros qui luttait contre l'exploitation que comporte toute privation de liberté ». Il est donné en exemple aux Guinéens.

Charles Diané a rapporté également divers imprimés : la Constitution de la République de Guinée promulguée le 12 novembre 1958, illustrée aux couleurs rouge, jaune et vert du nouveau drapeau guinéen. Il était détenteur de plusieurs autres documents : un opuscule de Sékou Touré : « L'action politique du Parti démocratique de Guinée pour l'émancipation africaine », imprimé à Conakry en septembre 1958 et un opuscule intitulé : « L'indépendance et l'Étudiant » édité par le COSEC à Leiden (Pays Bas), et contenant le rapport de la délégation étudiante internationale envoyée en Asie du Sud-Est en 1955-1956.

Mais le document le plus important pour la police française était constitué par une note ronéotypée intitulée : « Instructions générales à l'intention des étudiants guinéens en France », et portant le cachet officiel ainsi que la signature du Ministre de l'enseignement supérieur de Guinée, M. D. Barry. L'analyse de sept points offre un certain intérêt. On peut évoquer ces points qui sont relatifs aux difficultés rencontrées par les étudiants guinéens au lendemain de l'indépendance de leur pays, l'orientation des étudiants, la création à Conakry d'une commission d'attribution des bourses, l'administration des étudiants guinéens qui continuera à être confiée à l'Office des étudiants d'Outremer dirigé par Guibert, l'éventualité d'une acquisition d'un hôtel pour les étudiants guinéens et les questions politiques.

Les instructions du gouvernement guinéen ont été communiquées par Charles Diané aux étudiants guinéens lors de la séance de clôture du congrès de l'AEGF, le jour même de son retour de Conakry. Le bureau qui avait été formé par les « extrémistes » au congrès d'octobre 1958 et qui avait été contesté par certains étudiants guinéens, a été entièrement réélu le 25 décembre 1958.

Si les étudiants guinéens sont restés à la FEANF comme étudiants africains militant pour l'unité africaine, le gouvernement guinéen changera plus tard de position pour demander aux étudiants de l'AEGF d'intégrer la Jeunesse du Parti démocratique de Guinée (PDG) qui posera de graves problèmes à la FEANF. Dans ce cadre, c'est Charles Diané qui se chargera en 1960 de défendre désespérément la position du gouvernement de Sékou Touré.

Après mon séjour à Conakry, je suis revenu à Paris le 28 décembre au moment où se tenait le congrès annuel qui avait déjà commencé dès le 27 décembre 1958 pour se terminer le 31 ; j'y fis le compte-rendu de la conférence des peuples d'Accra. Les discussions ont été très animées en raison de l'existence de deux organisations politiques comme le Mouvement des étudiants du Parti africain de l'indépendance (MEPAI) et le Mouvement de libération nationale (MLN) dirigé par Joseph Ki-Zerbo, rentré en Afrique et comprenant Albert Tévodjeret, Mamoudou Touré, Cheikh Hamidou Kane, Christian Valantin, Daniel Cabou, Babacar Ba, Abdoulaye Wade, Amadou Sow, Henri Senghor, etc.

Par ailleurs, l'adoption de la politique de non-violence de Gandhi par Kwamé Nkrumah a irrité beaucoup d'étudiants comme Djim Momar Guèye représentant la section de la FEANF de Poitiers qui n'ont pas manqué de le manifester ouvertement au congrès. De plus, certains étudiants ne comprenaient pas du tout qu'un progressiste comme Nkrumah puisse coopérer avec les Israéliens.

C'est au cours de ce congrès tenu en décembre que je fus élu vice-président chargé des affaires culturelles dans le Comité exécutif présidé par Hamat Ba, étudiant en médecine, membre de la direction du MEPAI et qui a été obligé de transférer son inscription à la Faculté de médecine de Paris.

Dépôt d'une gerbe de fleurs à la mémoire des chinois massacrés par Changaetsech Nankin, août 1959

Chapitre 6

Mon entrée au comité exécutif de la FEANF en 1959

Le 17 janvier 1959, Ousmane Camara, vice-président chargé des Affaires extérieures et moi, nous prenons l'avion pour Prague pour nous retrouver au Conseil de l'UIE qui se tenait à Varsovie en Pologne.

Mon séjour en Pologne
Dès l'arrivée à l'aéroport, j'ai pu constater à ma grande surprise l'existence de la corruption dans un pays socialiste alors idéalisé lorsque le douanier me demanda sans se gêner du tout de lui donner des devises. C'est par la suite que je me suis rendu compte que la Pologne était traversée par une crise morale profonde. Une personnalité du régime a essayé de nous expliquer que la mort de six millions de Polonais de sexe masculin avait provoqué de graves crises morales dans plusieurs familles. Les Polonais n'avaient d'yeux que pour les marchandises venant de l'Occident. Les jeunes filles étaient fascinées par l'Amérique. Elles aimaient jouer au houla houp. Les stylos Parker étaient vivement recherchés. Ils étaient achetés à prix d'or à coup de zloty, la monnaie inconvertible du pays. Possesseur de stylos Parker, tout touriste pouvait passer d'agréables vacances sans pratiquement bourse délier. Par ailleurs, un étudiant polonais, membre du Parti communiste, m'avait avoué que les églises étaient mieux fréquentées que les réunions de son parti lorsque j'ai été étonné de voir le nombre considérable des sœurs fréquenter les rues de Varsovie.

Une visite que je n'oublierai jamais, c'est celle effectuée au Musée situé dans le fameux ghetto de Varsovie où de nombreux Juifs ont été torturés et massacrés par les nazis. À la vue des images insupportables, je n'ai pas pu retenir mes larmes. Un autre jour, j'ai visité un atelier de travail d'étudiants des beaux-arts où je fus très choqué de voir des jeunes filles toutes nues qui posaient pour les besoins de la peinture. Ousmane Camara et moi avons visité une usine de textile située dans une autre ville de Pologne, Loedz. D'énormes détails techniques nous étaient prodigués par le directeur de l'entreprise qui était visiblement satisfait des performances de ses ouvriers. La visite s'était terminée par un cocktail où les discours échangés portaient sur la paix du monde et l'amitié des peuples.

La réunion du Conseil de l'UIE était dominée par les préoccupations de l'organisation des étudiants soviétiques représentés par Oborotof qui ne semblait plus être un véritable étudiant. Il était un véritable bureaucrate prêt à donner un point de vue sur toutes les questions discutées. Il cherchait à nous instrumentaliser. Mais Ousmane Camara et moi, étions très rétifs. Il s'en est très vite rendu compte. C'est pourquoi Ousmane Camara qualifiait ses interventions avec beaucoup de sarcasme de « dissertations ». A la fin de la réunion, je devais rentrer à Paris. Ousmane Camara était convié en Yougoslavie. Nous tînmes une petite réunion où nous avions rappelé que la FEANF était une organisation de masse groupant des étudiants aux appartenances politiques et religieuses différentes unis pour la lutte en faveur de l'indépendance et l'unité des pays africains. En conséquence, la lutte contre l'impérialisme est la base sur laquelle reposaient les relations de la FEANF avec les autres organisations membres de l'UIE.

Au cours de l'année 1958, Amady Aly Dieng, qualifié de « nationaliste francophobe entièrement acquis au communisme » par le document du Ministère français de l'intérieur (p. 243), a effectué de nombreux déplacements à Prague, Varsovie, Stockholm. Interpellé le 7 décembre 1958 à l'aérodrome d'Orly, revenant de Tchécoslovaquie, il a été trouvé porteur de documents confidentiels destinés à Alain Guillé, responsable aux questions internationales de l'Union des Étudiants Communistes de France.

Élu lors du congrès de décembre 1958 au Comité exécutif, je fus désigné pour représenter la FEANF à la conférence du COSEC.

Conférence du CIE-COSEC à Lima (Pérou) du 15 au 22 février 1959

J'ai participé à la 8e conférence des Étudiants organisée par la CIE-COSEC qui est une organisation hostile à l'UIE. Cette conférence tenue du 15 au 22 février 1959 à Lima (Pérou) revêtait une grande importance pour la FEANF qui tenait à être représentée à cette réunion pour rencontrer les délégations des autres associations d'étudiants d'Afrique et défendre, comme à Kampala, les thèses de l'UIE. À cette conférence, devait se rendre une élève du Soudan français (actuel Mali), sage-femme à la maternité de Port Royal, Selly Tall, qui n'a pas pu faire le déplacement. Dans l'avion qui devait nous mener à New York, nous avons voyagé avec une forte délégation d'hommes politiques du Cameroun dirigé par Ahmadou Ahidjo. C'est à cette conférence du COSEC que nous avons eu l'occasion de rencontrer Alpha Ibrahima Sow, représentant l'UGEAO, Tahar Belkodjia, représentant de l'UGET (Union Générale des Étudiants de Tunisie), Crawford Young, représentant de l'Union Nationale des Étudiants Américains et devenu spécialiste de l'étude des questions africaines et notamment des problèmes du Zaïre. À notre départ de Paris, la police française a pu saisir certains documents dont j'étais porteur.

Cette police a pu avoir des informations à partir du téléphone de la FEANF branché sur table d'écoute. L'avion que je devais prendre a connu un très grand retard à cause du mauvais temps. Le vol a duré quatorze heures pour atteindre Boston à la suite de l'impossibilité d'atterrir à Terre Neuve qui était l'escale prévue au départ de Paris. Tout cela était dû à un terrible orage.

Arrivé à New York, j'ai passé la nuit à l'hôtel où j'ai retrouvé dans ma chambre une Bible que j'ai feuilletée. C'est une tradition typiquement américaine. C'était une période de conflits entre Blancs et Noirs en Amérique. C'est pourquoi je n'ai pas osé sortir de ma chambre d'hôtel.

L'avion qui devait m'amener au Pérou a fait escale à Miami et à Guayaquil (Équateur). L'aéroport de Lima présente un grand danger : car il est situé entre deux montagnes. Ce qui ne rassurait guère les voyageurs.

Au retour, le COSEC a loué un Boeing qui nous a amenés aux Bermudes avant d'atterrir à Lisbonne. Mais un sérieux mauvais temps a contraint l'équipage à atterrir non à Lisbonne, mais à Madrid. Durant cette escale forcée, un étudiant espagnol antifranquiste condamné à mort a eu des sueurs froides. Heureusement, les passagers étaient installés en salle de transit. Ainsi, ils n'étaient pas obligés de procéder à des formalités de police à Madrid. L'équipage devait aller à Lisbonne pour être relayé par un autre équipage qui amènera les voyageurs à Leiden en Hollande, le siège du COSEC. De la fenêtre de la chambre d'hôtel, j'ai assisté à un spectacle insolite le matin à l'heure du travail. C'était une mer de bicyclettes qui occupaient la chaussée. C'est là que j'ai compris l'importance de la bicyclette dans les pays plats comme les Pays-Bas. C'était une chose qui avait frappé mon esprit, étant ressortissant du Sénégal, pays sablonneux où l'usage de la bicyclette entrerait difficilement dans la culture de ses habitants.

Le deuxième Congrès des écrivains et artistes noirs à Rome (1959)

Le Comité exécutif de la FEANF m'avait désigné pour le représenter au deuxième Congrès des Écrivains et Artistes Noirs qui devait se tenir à Rome du 26 mars au 1er avril 1959. En voyage collectif organisé par *Présence Africaine*, nous étions un certain nombre d'étudiants africains comme Marcien Towa, étudiant camerounais en lettres à Caen, Abdel Kader Diallo, élève vétérinaire sénégalais à Maison Alfort, Vertu, étudiant tchadien, etc. à prendre le train le 24 mars à la gare de Lyon pour nous rendre à Rome.

Les participants venaient de pays différents d'Afrique, des Antilles et des Amériques. On pouvait noter la présence d'Américains comme Mercer Cook qui sera le premier ambassadeur des États-Unis au Sénégal, J.T. Harris, R. Carter, Tibério, d'Antillais comme Aimé Césaire, Léonard Saintville, Frantz Fanon, René Picquion, Dr Jean-Price Mars, ambassadeur de Haïti à Paris, Émile

Saint Lo, René Maran, Édouard Glissant, d'Africains comme Ousmane Sembène, Oumar Ba, Alioune Diop, directeur de *Présence Africaine*, Hampaté Ba, Bernard Dadié, Pierre Sékodandi, étudiant du Rwanda résident à Bruxelles, de Malgaches comme Jacques Rabémananjara, Adriantsi.

On pouvait noter la présence de certains africanistes comme Lilyan Kesteloot qui préparait une thèse sur les écrivains négro-africains à Bruxelles, un Allemand qui me parla à mon grand étonnement, en pulaar sans avoir jamais séjourné dans un pays pulaarophone, Madeleine Rousseau, directrice de la revue *Le Musée vivant* où Cheikh Anta Diop a publié un article : « Peut-on parler de renaissance africaine ? » à l'occasion de la célébration du centenaire de l'abolition de l'esclavage dans les colonies françaises en 1948.

Le choix de Rome comme lieu du Congrès a suscité de nombreuses discussions et de sérieuses réserves. Certains écrivains se sont abstenus de venir. L'écrivain noir américain, Richard Wright refusa de participer aux travaux tenus en 1956 à Paris. Pour lui, tenir un congrès à Rome signifiait un hommage au catholicisme et un pèlerinage dans la ville du Pape. Si ce motif semble avoir été déterminant dans l'abstention de R. Wright, il n'est pas exclusif ; car il reprochait aux écrivains et artistes noirs de se complaire à traiter de thèmes éthérés qui s'éloignaient trop de la vie quotidienne des peuples. Alioune Diop a répondu en ces termes : d'une part, « Rome les a choisis » et d'autre part Rome « est un de ces hauts lieux responsables de l'image de l'homme qui a présidé à la construction du monde ». Il ajouta que l'Allemagne, après l'Italie, avait invité les congressistes à tenir leurs assises chez elle. Mauvaise organisation, absence de démocratie, place démesurée accordée au protocole, tels sont les griefs qui ont lourdement pesé sur le déroulement du Congrès.

Il y avait une pléthore de commissions dont certaines étaient bien fréquentées, d'autres étaient pratiquement inexistantes ; d'autres ne devaient leur existence intermittente que par le va et vient de commissaires polyvalents. Toutes ces commissions, à l'exception d'une, travaillaient dans la même salle. Ce qui nous plongeait dans une atmosphère de foire ou de festival culturel.

Il n'existait ni traduction simultanée, ni traduction non simultanée pour les travaux de certaines commissions. Par exemple, à la séance inaugurale, rares furent les gens qui purent comprendre ou soupçonner tout ce qu'on a pu dire. Les discours étaient soit en italien, soit en français. Les anglophones furent dans l'affaire les parents pauvres, car à la sortie de la séance, ils ne pouvaient rien dire sur le contenu des interventions. La mauvaise organisation matérielle avait contraint les participants des différents pays à se côtoyer dans l'indifférence totale. Ainsi, les congressistes furent sevrés de contacts humains fructueux qui auraient dû occuper une grande place dans le congrès.

L'inauguration du Congrès a eu lieu sous la présidence du Dr Jean Price Mars à l'Auditorium le 26 mars dans une des grandes salles des Palais du Capitole qui est la plus importante des sept collines de la Ville éternelle et où la

Commune de Rome a élu son siège. Les séances plénières se tenaient à l'Auditorium de la CIDA (*Confederazione Italiana Dirigenti di Azienda*) tandis que les commissions se réunissaient à l'Institut italien pour l'Afrique.

C'est là que je me suis rendu compte de l'intérêt que manifestaient les autorités italiennes à l'égard des pays africains à la veille de l'indépendance de beaucoup d'entre eux. L'Institut italien pour l'Afrique était créé pour « l'expansion et le renforcement des rapports économiques, culturels et d'amitié italo-africains ». Il abrite un musée africain et une bibliothèque. Riche de plus de 40 000 volumes, cette bibliothèque possède la plus grande collection de livres qui ont trait, en Italie, à l'Afrique. Nombreuses sont ses publications. Ses cours sont fréquentés chaque année par environ 8 000 élèves qui, après un examen final, reçoivent un « diplôme » pour « la connaissance de l'Afrique ».

Le Congrès devait être financé par un sénateur démocrate chrétien qui venait de mourir quelques temps avant sa tenue, m'avouait Jacques Rabémananjara au cours d'un déjeuner. Cette information ne manqua pas de susciter une plus grande réserve sur la signification de cette rencontre baptisée de culturelle et qui semblait prendre un tour politique défavorable à la lutte pour l'indépendance des pays africains. D'autres indices relevés par la suite au cours des différentes séances me conforteront dans la méfiance que je commençais à éprouver sur l'orientation du Congrès aux multiples enjeux politiques.

Un incident diplomatique est intervenu à la suite de la présence de Frantz Fanon qui était membre du Front de libération nationale d'Algérie (FLN). La France par le biais de son ambassadeur a élevé une protestation diplomatique auprès d'Alioune Diop qui était très gêné. Il a tenu à préciser que Frantz Fanon était invité comme homme de culture et non comme membre du FLN. L'auteur de *Peaux noires, masques blancs* avait déjà participé aux assises du premier Congrès des Écrivains et Artistes Noirs qui s'est tenu à la Sorbonne à Paris en septembre 1956.

Frantz Fanon qui était déjà atteint de leucémie a été obligé de changer de nom et de prendre le nom de Dr Omar pour intervenir. Il a étudié le fait culturel dans ses rapports avec l'histoire nationale, la conscience nationale. Il a été amené à confronter deux termes : Nation et Culture. Il ne saurait exister de culture authentique que nationale. La culture est d'abord l'expression d'une nation. Or, avec la situation coloniale, la culture dépérit et agonise. Donc la condition permettant l'existence de la culture est la libération nationale.

Le Dr Omar va jusqu'à affirmer que la lutte nationale est elle-même un phénomène culturel. Cette lutte est précisément ce creuset où se structurent les formes culturelles d'un peuple, et d'où peut naître et se définir un nouvel humanisme. Dans cette perspective, il est évident que la chose la plus urgente pour l'intellectuel africain est la construction de la nation. Son frère se trompe en écrivant que Frantz Fanon est intervenu sous le prénom d'Ibrahima (cf. Joby Fanon. *De la Martinique à l'Algérie et à l'Afrique*. L'Harmattan p. 187). C'est sur son cercueil qu'il était indiqué : Docteur Ibrahima Fanon 06 décembre 1961 (*op. cité* p. 207).

Dès l'ouverture, le problème du statut de la FEANF était posé. J'ai tenu à ce que cette question soit clarifiée. Dans la lettre d'invitation, la FEANF bénéficiait du statut de délégué. Malgré cela, les organisateurs voulaient nous empêcher d'assister aux travaux des commissions. C'est après mes protestations qu'ils m'ont admis à travailler au sein des commissions. Ce n'était pas une simple question de procédure, c'était une question de fond qui révélait l'existence d'une véritable bataille idéologique feutrée. Les organisateurs et certains participants surtout américains comme Mercer Cook qui maîtrisait très bien la langue de Molière considéraient que la FEANF était une organisation communiste qu'il fallait neutraliser au cours du Congrès.

La semaine culturelle de Rennes (juillet 1959)

En juillet 1959, la section académique de Rennes dirigée par Assane Dia (président), Édouard Kodjo (secrétaire général) et Raymond Cocker (Vice-président aux affaires culturelles) a tenu un séminaire sur les problèmes culturels. Amadou Samb, étudiant en lettres, et Cheikh Anta Diop, doctorant, ont été les conférenciers. Le Comité Exécutif de la FEANF était représenté par Hamat Bâ, président, Ousmane Camara, vice-président aux Relations extérieures et Amady Aly Dieng, vice-président aux Affaires culturelles.

Ce séminaire a permis à Cheikh Anta Diop de défendre ses thèses : l'unité culturelle et linguistique de l'Afrique. C'est à cette occasion que nous lui avons demandé, dans le train qui nous menait de Paris à Rennes, de faire un article : « L'unité linguistique de l'Afrique » qui a été publié dans un numéro spécial de *L'Afrique et la communauté de l'Étudiant d'Afrique noire (1959)*. Ce séminaire qui est un appel à la recherche scientifique est différent du séminaire de Grenoble qui était un acte de reconnaissance des cultures africaines par les Occidentaux.

Dans un article : « Le séminaire de Rennes ou un appel au travail de recherche », publié dans *L'Étudiant d'Afrique noire* n° 26 juillet-août 1959, Henri Lopès rend compte des débats ayant eu lieu à ce « petit congrès ». On a dit des Africains qu'ils étaient sans histoire, sans culture et des primitifs avant l'arrivée des Occidentaux. Sur un autre plan, mais voisin, certains ont prétendu que les étudiants africains, sortis de la politique, étaient incapables de s'intéresser aux différents domaines de la culture. À la première opinion, les deux congrès des écrivains et artistes noirs ont répondu. Au mois de juillet 1959, le séminaire organisé par la FEANF à Rennes vient apporter un démenti à la seconde affirmation. Le manque d'ampleur de la manifestation ne doit pas être une raison pour sous-estimer son importance. Chaque étudiant doit le connaître et s'efforcer d'en faire naître des prolongements.

Il est au moins un régistre où un rapport d'une grande valeur semble avoir été obtenu : c'est celui de la linguistique. Cela n'a été rien moins que le fruit des travaux d'Amadou Samb et de Cheikh Anta Diop. L'auteur de *Nations nègres et culture* exposa de façon claire la méthode pour intégrer toute la réalité concrète et abstraite, même celle de l'Univers moderne, dans une langue comme le wolof. À la vérité, cette démonstration, plus qu'un exercice intellectuel, avait valeur de stimulant : entendre la démonstration de la fonction $Y = AX2 + BX + CV$, écouter la traduction d'un passage d'Einstein sur la relativité, tout en langue africaine, sans aucun emprunt, sans périphrase, a prouvé que l'Afrique était capable de s'affirmer sans calque, ni éclectisme. Finalement, une commission fut chargée de rédiger une motion proposant une solution multinationale des langues africaines, aux termes de laquelle demande était faite aux gouvernements africains de favoriser les différentes étapes qui permettront d'arriver à l'adoption d'une langue unique de gouvernement coiffant les principales expressions nationales. Par ce biais, on pourra éliminer les préjugés d'ordre tribal. Pour cela, « il nous faut prendre le taureau par les cornes » et refaire ce qu'a fait la Pléiade, ce qu'a fait Malherbe et bien avant encore, Cicéron. Il est possible en dix ans de créer un vocabulaire qui permettra de donner l'instruction secondaire moderne en langue africaine.

À notre avis, Henri Lopès, dans un élan et une ferveur nationalistes qui emportaient les étudiants militant en faveur de l'indépendance nationale, n'a pas été assez critique à l'égard de la thèse fondamentale de Cheikh Anta Diop : l'unité culturelle et linguistique de l'Afrique noire.

Fasciné par le travail des auteurs de la Renaissance française comme Du Bellay, auteur de *Défense et illustration de la langue française*, Cheikh Anta Diop a recouru au raisonnement par analogie qui ignore les différences. Ni la France de la Renaissance, ni la Rome de Cicéron ne présentent la même situation que les pays africains sous domination coloniale. Cheikh Anta Diop ne s'est pas livré à l'étude de la sociolinguistique et à l'examen systématique de la question nationale en Afrique Noire. Une seconde partie du Séminaire a été consacrée à l'examen des structures et politiques en Afrique Noire et au problème du « sous-développement ». Mais l'étude du sous-développement était plus descriptive qu'analytique.

Le rédacteur en chef du journal de la FEANF, Ahmadou A. Dicko, a fait un commentaire très intéressant sur l'article de Lopès. Il met en garde contre l'exigence d'un État fort formulée au cours du séminaire. Cet État fort devait supprimer les dépenses superflues ou de prestige. Ce séminaire est un appel à l'effort de la recherche scientifique. Après le séminaire, la section académique de la FEANF a organisé dans une très grande salle une conférence au cours de laquelle Cheikh Anta Diop a développé ses thèses. Je me souviens encore des propos tenus par Assane Dia, un des fervents disciples de Cheikh Anta Diop : « *Nations nègres et culture* aura le même sort que la Bible et le Coran ».

Le président de la FEANF, Hamat Bâ, a voulu accepter l'invitation au cocktail offert par le préfet. Mais Ousmane Camara a catégoriquement refusé et menacé de prendre le train pour retourner à Paris. Cette attitude montre que les militants de la FEANF n'ont guère envie de collaborer avec les autorités qui symbolisent le système colonial.

Septième festival de la jeunesse et des étudiants pour la paix et l'amitié (Vienne, 26 juillet – 4 août 1959)

Je représentais la Fédération des Étudiants d'Afrique Noire en France (FEANF) à Vienne. A cette occasion, le rapport de la police française me présente comme « l'un de ses dirigeants extrémistes les plus actifs » de la FEANF et du Comité exécutif. Je précise que je n'ai jamais été membre du Comité central du PAI.

La FEANF a été chargée de présenter du 1er au 3 août 1959, devant les étudiants rassemblés à Vienne pour le VIIe Festival une série de conférences sur le thème suivant : « Problèmes économiques, politiques et culturels des pays coloniaux et sous-développés et rôle des étudiants dans la solution de ces problèmes ». Les sujets des trois conférences prévues sont les suivants :

(1) les étudiants avant-garde du peuple dans la lutte contre toutes formes du colonialisme ;
(2) les étudiants et la liquidation des séquelles du colonialisme et le renforcement de l'indépendance ;
(3) la solidarité internationale estudiantine contre le colonialisme.

Un canevas de ces conférences est préparé à Prague (Archives diplomatiques de Nantes – AOF 116).

L'administration coloniale déployait à cette époque d'énormes efforts pour surveiller les activités de la FEANF et des mouvements de la jeunesse d'Afrique Noire. C'est ainsi que le directeur du Bureau technique de la sûreté extérieure de Dakar transmet au Ministère de la France d'Outremer le texte de douze motions adoptées par les délégations africaines au cours du VIIe Festival Mondial de la Jeunesse à Vienne.

La commission qui a préparé les onze premières motions comprenait les ressortissants des Etats d'Afrique Occidentale appartenant à la Communauté : Lô Cheikh Bara, Secrétaire Général Adjoint de la FMJD, Dieng Amady Aly, membre du PAI et de la FEANF, et Kane Ali Bocar, Président du Conseil de la Jeunesse d'Afrique (Archives Diplomatiques de Nantes – AOF 116).

À ce Festival ont participé 151 jeunes qui ont quitté Dakar à bord du Jean Mermoz (Sénégal : 48 dont 8 filles, Mauritanie : 14, Soudan : 15, Dahomey : 7, Niger : 1), 17 membres de l'UGEAO dont 3 filles, 39 jeunes de la Guinée dont 11 élèves.

La participation à ce festival n'a pas été facile pour la FEANF qui a eu des difficultés pour assurer les frais de transport qui lui permettaient d'acheminer sa délégation à Vienne. À la suite d'échange de multiples correspondances avec la Fédération mondiale de la jeunesse démocratique (FMJD) et de l'Union internationale des étudiants (UIE), les difficultés ont été partiellement résolues. La caractéristique de ce festival est qu'il se tenait pour la première fois hors des pays socialistes et dans un pays neutre comme l'Autriche.

Par lettre no. 516/b réf. LD/du 3 juillet 1959, la Commission estudiantine du 7e Festival a répondu à la missive de la FEANF de juin concernant sa participation au programme des étudiants. Un délégué de la FEANF a été envoyé à Vienne pour régler les problèmes relatifs à la participation des étudiants africains avec la Commission permanente où siégeaient Jean Garcias et le Nigérien Daouda Ardaly, représentant le Conseil de la Jeunesse d'Afrique. La Commission a appris au Comité exécutif de la FEANF la participation de Maurice Sonar Senghor, Directeur du Théâtre du Palais de Dakar, comme délégué du Bureau des Écrivains et Artistes Noirs pour le séminaire des étudiants sur la littérature.

Beaucoup d'étudiants avaient écrit, par l'intermédiaire de leur section, pour participer. C'est le cas du Guinéen Kémoko Keita de Dijon, du Sénégalais Abdourahim Ndiaye de Toulouse, du Guinéen Alpha Mamadou Diaby Barry du Pavillon de la FOM, Bd Jourdan, Paris 14e, etc.

La commission internationale des étudiants dont le président est Fermin Luis Melendez, le secrétaire Lubomir Dra Maliev a offert à la FEANF de présenter un rapport au séminaire : « Les problèmes économiques et culturels des pays coloniaux et sous-développés et le rôle des étudiants dans leur solution ». Sous-thème : « La lutte contre toutes les formes du colonialisme pour l'indépendance nationale et le rôle des étudiants ». Mais la FEANF n'a guère répondu à cette offre.

Le 7e Festival était émaillé d'incidents opposant les jeunes et étudiants du monde dit libre et des pays communistes.

Le grand chanteur communiste américain Paul Robson, connu pour son chant Mississipi, a donné le 15 juillet 1959 un concert où il a eu à proclamer « je serais avec vous ». L'année 1959 est riche en évènements politiques et culturels. Elle se situe à la veille de l'indépendance des pays africains sous domination française.

Le Comité exécutif de la FEANF a tenu à célébrer le dixième anniversaire de la Fédération. À l'occasion du Congrès tenu en décembre 1959, Hamat Ba a fait le bilan de dix ans de luttes de la FEANF. Il avait choisi la lutte pour l'indépendance de Sékou Touré et Kwamé Nkrumah. Cela avait provoqué l'ire de Jacques Baroum, un étudiant tchadien en médecine, qui faisait remarquer que ces deux leaders n'étant pas encore morts pouvaient trahir. Cette remarque me paraissait tout à fait juste. Mais l'enthousiasme de la jeunesse l'avait emporté sur la raison et la lucidité. Et les photos furent maintenues.

Les membres du Comité exécutif n'avaient pas toujours la même opinion sur les grandes questions politiques qui agitaient le mouvement étudiant et le même tempérament. Il y avait une tendance animée pour Ousmane Camara à laquelle j'adhérais et une autre qui gravitait autour de Hamet Ba et groupait Papa Gallo Thiam et Papa Souleye Ndiaye.

Ousmane Camara et moi étions considérés comme des extrémistes qui contestaient très souvent les positions du président Hamat Ba qui était plus âgé que nous et qui avait tendance à faire trop de compromis. Lors du séminaire tenu à Rennes en juillet 1959 avec Cheikh Anta Diop, Ousmane Camara, vice-président aux Affaires extérieures de la FEANF a failli claquer la porte et retourner à Paris parce le président voulait accepter l'invitation au cocktail organisé par le préfet, comme l'avait proposé le président de la section rennaise de la FEANF, Assane Dia.

Le président de la FEANF a voulu soutenir les positions de Modibo Keita qui voulait s'appuyer sur certaines forces religieuses pour contrer la politique collaborationniste de Senghor. Ousmane Camara et moi-même étions opposés à ce genre de position qui consistait à s'immiscer dans les querelles des partis au pouvoir au Soudan et au Sénégal.

Par ailleurs, durant les vacances, le président avait choisi de loger à l'hôtel des députés à Dakar. Ce geste avait fait l'objet de critiques de ma part. Je lui ai demandé de venir loger à la cité universitaire de Fann. Ma position a été fermement soutenue par Ousmane Camara au cours d'une des réunions du Comité exécutif tenue au siège parisien de la FEANF.

Je n'ai pas, à l'époque, accepté la position du président de la FEANF qui consistait à financer en partie les cérémonies du mariage de Frédéric Kodok, un étudiant camerounais militant de l'UPC et futur directeur de cabinet d'Amadou Ahidjo. Ces cérémonies devaient avoir lieu dans un des grands hôtels de Paris, l'hôtel Lutetia. Là aussi, Ousmane Camara et moi-même avons fait remarquer que la FEANF, en difficulté financière pour payer le loyer du siège et le salaire de la secrétaire, ne pouvait pas se payer ce luxe. Mais le président campait sur des positions sentimentales qui défiaient toute logique politique.

Au cours de l'année, l'Union nationale des étudiants américains avait envoyé un étudiant noir pour proposer des bourses de leadership qui devaient permettre à leur titulaire de sillonner les différents États du pays de l'oncle Sam pour faire des conférences sur les problèmes africains. Nous étions très réticents devant cette proposition à la suite d'un document secret de l'union nationale des étudiants américains que nous avons pu avoir et qui portait des appréciations politiques sur les membres du Comité exécutif. Dans ce document, les membres du Comité exécutif étaient classés en deux catégories : étudiants récupérables et étudiants non récupérables. Des désaccords sont vite apparus entre le Comité exécutif et le représentant des étudiants américains sur la nature et les modalités d'application de ce projet.

Une bonne partie des divergences intervenues, entre d'une part, Ousmane Camara et moi-même et, d'autre part, Papa Soulèye Ndiaye et Hamat Ba, provenait du fait que le président de la FEANF avait un cursus atypique. Ce dernier a été à l'École Normale William Ponty, à l'École Africaine de Médecine et de Pharmacie. Il a exercé son métier en Haute-Volta et à Thiès au Sénégal. Il a été candidat à la députation en Mauritanie. Mais il a préparé à Thiès le baccalauréat pour achever ses études de doctorat d'État à Bordeaux. C'est de là qu'il est parti pour venir à Paris. Il avait noué des liaisons personnelles et politiques avec les gens de sa génération militant au RDA.

Conclusion

Tous ces faits expliquent la source de divergences politiques qu'Ousmane Camara et moi-même appartenant à une autre génération avions avec le président de la FEANF qui a eu beaucoup de problèmes avec la direction de la section du PAI du territoire français.

Cette année qui se situe à la veille de l'indépendance des pays africains sous domination française est une année charnière qui a révélé les germes de certaines mutations et ruptures politiques, sociales, économiques et culturelles survenues en Afrique. Tous ces faits n'ont pas manqué de se répercuter sur le mouvement étudiant africain.

La période allant de 1945 à 1960 est une période de lutte en faveur de l'indépendance et de l'unité des pays africains. Ce combat anticolonialiste a été couronné de succès à la suite de l'accession de beaucoup de pays africains à la souveraineté internationale ou à l'indépendance formelle. Cette année 1960 qualifiée année de l'Afrique clôt le chapitre de la lutte contre le colonialisme classique. Elle ouvre une ère nouvelle caractérisée par la lutte contre le néocolonialisme.

Avec mon élection à la présidence de la FEANF en 1961, j'ai été obligé, avec les membres du comité exécutif, de tenir compte des changements politiques intervenus en Afrique et en France et qui ont eu des répercussions sur les structures et la stratégie de notre fédération.

Visite de la délégation de la FEANF durant deux mois juillet-août 1959.
En haut, de gauche à droite, Léopold Agboton, Alpha Ibrahima, Amady A. Dieng, Renjambé, Mikoas Elisé, Angaye.
En bas Amadou Dicko, Djibril Aw, Pierre Kwenge

Visite de la délégation de la FEANF en Chine 6 juillet-août 1959 De gauche à droite : Djibril Aw, Renjambé, Amadou Dicko, Aline Lydie Sangaret, Léopold Agboton, Amady Aly Dieng

Exposé en 1960, à Pékin

Discours de Hochi Minh à Hanoï à l'occasion de la fête nationale Amady ALy Dieng en présence de quelques membres de la FEANF (Ama de l'UGEAO et Siradoui Diallo)

Exposé fait par un chinois sur l'histoire de la Chine, à Pékin

Participant à la conférence du COSEC à Lima, Pérou, janvier 1960
A gauche : Alpha Ibrahim Sow (UGEAO) et à droite Amady Aly Dieng (FEANF)

Discours d'ouverture du Xe Congrès de la FEANF

De gauche à droite : Papa Souleye Ndiaye, Abdoul Ba, Michel Ndoh, Ousmane Camara, Lazare Matsocota, Amadou Dicko et Amady Aly Dieng

Annexes

Ces annexes sont constituées par mes articles, discours ou conférences. Elles portent sur la période de ma vie estudiantine à Dakar et à Paris (1952-1960). J'entends mettre à la disposition des historiens professionnels ou essayistes des documents qui peuvent leur servir de sources. J'essaierai de les commenter autant que faire se peut.

Annexe 1 : Rapport moral du président des « amis de la culture »

Je suis très heureux de vous présenter pour la quatrième fois le rapport des activités que nous avons menées au cours de l'année. Tout d'abord, permettez-moi de remercier tous les nouveaux adhérents qui sont venus grossir nos rangs.

L'année dernière, le bureau et moi, nous vous avions soumis un programme de travail qui a reçu votre approbation. Mais aujourd'hui, il s'agit de voir ensemble ce qui a pu ou non être réalisé dans ce que nous vous avions proposé. Pour ce faire, nous nous permettrons de vous énumérer brièvement les différents points de ce programme où nous nous proposions :

(1) d'instituer des cours de vacances gratuits au profit des élèves des lycées et collèges et au profit des fonctionnaires désireux de se préparer à des concours ;

(2) de créer un cercle d'études où étudiants, élèves et fonctionnaires se rencontreraient pour traiter des problèmes économiques, sociaux, culturels etc. ;

(3) de publier un bulletin qui serait en somme le reflet des préoccupations de notre association ;

(4) d'instituer une bibliothèque où l'on pourrait trouver des ouvrages les plus divers ;

(5) de donner des représentations théâtrales destinées à lutter contre certains vices ou contre certains fléaux comme l'alcoolisme ;

(6) d'encourager les élèves des écoles primaires en offrant des prix aux meilleurs d'entre eux ;

(7) de demander la création à Diourbel d'une école de Jeunes filles et la multiplication des écoles de brousse à l'intérieur du cercle du Baol.

En ce qui concerne les cours de vacances, nous avons réussi avec les concours de 6 chargés de cours à dispenser l'enseignement du français et des mathématiques dans les classes de 6e, 5e, 4e et 3e. Malgré les difficultés rencontrées au début, nous avons obtenu des résultats satisfaisants et encourageants. Ainsi, nous nous sommes acquittés, comme nous l'avons pu, d'un devoir social envers notre pays, devoir d'autant plus impérieux que tout le monde connaît l'insuffisance de la scolarisation en Afrique Noire et l'absence de professeurs de l'enseignement secondaire qui passent leurs vacances en Métropole. D'ailleurs, si ces mêmes professeurs restaient dans notre pays, nos parents éprouveraient beaucoup de difficultés à y envoyer leurs enfants ; car ils n'ont pas, dans la plupart des cas, suffisamment de ressources pour payer des cours à raison de 200 francs à 400 francs l'heure. Et d'autre part, ces cours ne seraient organisés que dans les villes où il y a des lycées et collèges comme Dakar, Saint-Louis, Thiès pour ne citer que le cas du Sénégal. Et ainsi, les villes comme Kaolack, Diourbel, Louga ne pourraient pas bénéficier de ces cours.

À l'avenir, nous organiserons ces cours en étroite collaboration avec l'Association des Parents d'élèves du Baol. Ainsi, les cours de vacances prendront de l'ampleur, surtout si l'on songe que l'année prochaine le nombre des élèves fréquentant les établissements secondaires augmentera et que nos chargés de cours seront plus nombreux.

Pour les cours à dispenser aux fonctionnaires et aux autres personnes désireuses de préparer des examens ou des concours, nous avons le regret de n'avoir pas pu les organiser : cela tenait à l'insuffisance du nombre de chargés de cours d'une part, et à l'insuffisance des personnes pouvant bénéficier de ces cours, d'autre part.

S'agissant de la création du cercle d'Études, nous avons remporté un vif succès ; car en l'espace de deux mois, nous avons pu donner onze conférences sur les sujets les plus divers grâce au dévouement de certains membres de notre association et du Foyer des Jeunes comme Guissé, Gassama, Mbodj Abdoulaye, Fall Malick, Bâ Moustapha, etc., à qui nous adressons nos plus vifs remerciements.

En ce qui concerne la création du bulletin, nous sommes très heureux de vous annoncer qu'il paraîtra à la fin du mois de septembre sous le titre de « Lien Culturel ». Disons le tout de suite, notre journal ne sera placé sous l'obédience d'aucune idéologie. Il restera dans la voie de l'indépendance et de l'objectivité ; son impression sera très onéreuse pour nos finances. Malgré tout, nous essayerons d'assurer régulièrement sa parution.

Pour ce qui est de l'institution d'une bibliothèque, nous avons acheté, malgré nos faibles ressources, une centaine d'ouvrages. Cette année nous nous proposons de nommer un bibliothécaire, responsable de l'organisation du prêt de ces livres. Ainsi, nous serons en mesure de les prêter aux personnes étrangères à notre association.

En ce qui concerne les représentations théâtrales, nous en avons données deux qui ont eu beaucoup de succès. Ici, nous pourrons nous féliciter d'avoir rompu avec une certaine tradition qui allait aux pièces purement distractives et sans portée éducative en ayant toujours le souci de présenter des sujets éducatifs et pleins d'actualité.

Pour encourager les meilleurs élèves des écoles primaires de Diourbel, nous leur avons décerné onze prix. Nous aurions voulu leur en offrir davantage, mais nos faibles moyens ne nous le permettaient pas. Cependant, nous pensons que l'année prochaine nous serons en mesure de leur offrir une vingtaine de prix.

S'agissant maintenant de la création d'une école de Jeunes filles à Diourbel et la multiplication des écoles de brousse à l'intérieur du cercle du Baol, nous avons adressé à Monsieur le Gouverneur du Sénégal une lettre pour attirer son attention sur la nécessité de résoudre le plus rapidement possible le problème. Sur ce point précis, la Jeunesse scolaire du Sine-Saloum avec qui nous collaborons et qui suit de très près nos revendications, a promis de nous appuyer. Quelle leçon tirer de tout cela :

- D'abord nous avons pris conscience des devoirs que nous avons envers notre pays. Ensuite, nous avons pris l'engagement, par beaucoup de nos activités, de nous acquitter de ces devoirs. Ainsi, nos jeunes âmes qui forment notre association commencent à s'élever à la compréhension du sens de l'intérêt général, du désintéressement et du sacrifice : continuons alors, camarades, à travailler dans le même esprit de sacrifice pour nous rapprocher de « cette jeunesse qui est l'aile marchante de tout pays qui veut évoluer » (Ce sont les mots du Professeur Seck Assane).

Alors, camarades, je vous convie très amicalement à œuvrer, dans une même volonté de persévérer et de réussir, pour une meilleure Afrique. Car elle a besoin, pour pousser, de notre sève.

Le Président,
Dieng Amady Aly

Ce texte est publié dans *Liens culturels*, organe d'expression des Amis de la Culture de Diourbel et de l'Association de la Jeunesse du Sine-Saloum. Il a été composé et tiré à l'imprimerie spéciale du Journal *Afrique noire*, 64 rue Talmath, Dakar, dirigée par Guy Etcheverry.

Annexe 2 : Le Bloc populaire sénégalais (BPS)

Analyse critique du programme et de l'organisation du BPS

Le Bloc populaire sénégalais a connu une longue période de gestation avant de devenir aujourd'hui une réalité vivante dans l'histoire politique du Sénégal. Il n'est pas né d'un coup de baguette magique. Il est le résultat d'une longue lutte des forces jeunes et vives du pays en vue de réaliser l'unité autour de la lutte contre le colonialisme. Son existence est trop récente pour nous permettre d'arriver à formuler de nombreuses conclusions. Néanmoins, des évènements riches d'enseignements se sont déroulés ces derniers temps et nous donnent la possibilité de dégager un certain nombre de leçons. Le BPS vient d'avoir huit mois d'existence, puisqu'il a tenu son congrès constitutif en février dernier à Dakar. Et de ce congrès sont sortis des résolutions et des statuts qui définissent son programme et son organisation. L'heure est venue de réexaminer la situation ; car le congrès historique du RDA vient de prendre position sur les grands problèmes d'actualité. Un nouvel examen de conscience s'impose aux membres du parti unifié sénégalais qui prétend être à l'avant garde de la lutte pour l'émancipation de l'Africain. Pour faire une analyse objective de la situation, il faut partir d'une donnée fondamentale qui est la suivante : le BPS est héritier de trois formations politiques qui avaient chacune ses qualités et ses défauts. Cela veut dire en language clair qu'il n'est pas possible de parler de BPS sans jeter un coup d'œil en arrière pour analyser l'essence des formations politiques qui sont ses composantes actuelles. Le Bloc populaire sénégalais regroupe le Bloc Démocratique Sénégalais, une fraction de la Section Française de l'Internationale Ouvrière et l'Union démocratique sénégalaise. Et pour être plus exact, je dois ajouter les indifférents ou ceux qui, devant les luttes fratricides, avaient choisi comme Lamartine de siéger au plafond. Aujourd'hui, mon propos n'est pas de faire une étude complète de la situation, (cela est impossible dans le cadre de cet exposé), mais simplement d'apporter des éléments d'informations et d'appréciation dans la discussion de tout à l'heure qui constitue la partie la plus intéressante dans un véritable cercle d'études. C'est dire donc que nous allons essayer de replacer le Bloc Populaire Sénégalais dans son véritable cadre historique pour ensuite examiner son programme et son organisation actuels. Ainsi, nous examinerons dans une première partie l'histoire de sa formation et dans une seconde partie nous analyserons d'une façon critique son programme et son organisation.

Histoire de la formation du BPS

Pour ne pas remonter très loin dans l'histoire politique du Sénégal, il convient de partir de l'année 1946 qui marque un tournant historique dans l'évolution politique de l'Afrique Noire sous domination française pour aboutir à l'année 1956 qui a vu le triomphe de l'unité sur la division, du regroupement sur l'isolement territorial. En 1946, grâce à la pression des événements extérieurs (critiques internationales, accroissement du camp socialiste, notre allié naturel), grâce à la pression des événements extérieurs (participation à la libération de la France occupée, ébranlement de l'autorité de l'Administration coloniale), les données du problème colonial changèrent totalement et des réformes s'imposaient : les Africains furent conviés à envoyer des représentants dans les assemblées politiques françaises. Cette représentation suppose l'existence de partis politiques qui avaient pour tâches d'organiser la propagande, de dresser un programme, de recruter des membres et d'investir des candidats. À l'époque, au Sénégal, il y avait un parti politique ; car les citoyens originaires des quatre communes du Sénégal élisaient des représentants. Le parti de l'époque était le Bloc Africain que le leader Me Lamine Guèye affilia purement et simplement à la SFIO, Section Française de l'Internationale Ouvrière. La fédération socialiste envoya deux députés : le premier le leader Lamine Guèye, le second Léopold Sédar Senghor, le député de la brousse ou des paysans comme se plaisait à le répéter le leader dans les réunions électorales.

La Fédération socialiste présentait deux importants avantages : d'une part elle regroupait toutes les forces sénégalaises et évitait de ce fait les luttes stériles. D'autre part, elle constituait une force incontestable dans la balance parlementaire. Mais si cette formation avait à son actif ces deux atouts, elle présentait, cependant de graves défauts qui devaient l'affaiblir considérablement.

En premier lieu, le parti n'existait que de nom, c'était un vaste comité électoral qui se réveille à la veille des élections pour entendre prononcer son oraison funèbre une fois les résultats proclamés. Le parti a sa vie liée aux élections ; il chôme entre les périodes de consultations politiques.

En second lieu, le parti n'avait aucun programme précis, aucune orientation définie ; il se contentait d'embarquer de nombreux passagers sans leur dire le lieu de sa destination. Cette absence de doctrine et de programme était remplacée par un culte de la personnalité qui était soigneusement entretenu autour de la personne de Lamine Guèye. C'est pourquoi certains hommes avertis avaient bien raison de dire que nous avons affaire non à des socialistes, mais des laministes. En tout cas, s'ils étaient socialistes, ils n'en conservaient que le déguisement et non la conscience. De leur vie, certains militants n'ont jamais entendu le nom de Jaurès, Marx, Guesde ou Léon Blum. Le mot socialisme est une sarabande, mieux un simple maquillage destiné à dissimuler les rides de l'inconscience politique qui ravageait le parti.

En troisième lieu, le parti conservait dans ses cadres influents de nombreux escrocs et de vieux flibustiers de l'ancienne politique, notoirement connus. La présence de ces hommes aux postes de direction allait contribuer au discrédit du parti.

En quatrième lieu, le parti avait le grave défaut d'être une succursale de la SFIO. Or chacun sait que le parti socialiste français élabore sa doctrine et sa tactique suivant les données de la politique française et cherche à séduire la clientèle électorale française. Prenons un exemple : Guy Mollet élu dans le Pas-de-Calais, en cas de conflits d'intérêts entre ses électeurs et les socialistes sénégalais, va-t-il sacrifier ses électeurs au profit de la fédération ? Il faut être fou pour penser que Mollet va nous préférer aux siens. De plus, les grandes décisions intéressant l'avenir de notre pays sont laissées à la discrétion d'hommes qui éprouvent terriblement de la peine pour vous montrer sur une carte de l'Afrique Saint-Louis du Sénégal, ou qui n'hésiteraient pas un jour à vous demander combien de mois il neige en Afrique. Cette affiliation au parti français signifie que nous acceptons la politique d'assimilation et que nous abdiquons notre personnalité d'africains. Elle veut dire que nous sommes des Français et non des Africains, que nous sommes non nous-mêmes, mais des chimpanzés à lunettes toujours prêts à imiter l'Homme Blanc qui reste le Grand Modèle de la Perfection. Rien de plus ridicule et de contraire à la réalité pour un Africain de dire « je suis français ». Car Français veut dire habitant de France. Et pour ma part je ne connais pas de livre de géographie où l'Afrique s'appelle France. Il n'y a que les fumistes et les griots apprivoisés ou accrédités qui se donnent mission d'aller partout criant que « nous sommes français ». Cette affirmation est démentie par les cruelles réalités de tous les jours. On ne va pas me dire que Ngor Sène qui habite au fin fond de la brousse, qui est illettré et qui de sa vie n'a jamais vu un Français est un Français. Même s'il l'affirmait, ce serait contraire à la réalité et à sa conscience. De plus, de la même façon que je ne demanderais pas au Français de renoncer à sa qualité de français, de la même façon, je veux qu'il me laisse la liberté de demeurer africain.

Quoi qu'il en soit, la Fédération Socialiste vécut pendant deux ans dans ces contradictions, et c'est en 1948 que Léopold Sédar Senghor décida de démissionner du parti pour en former un autre. Cette rupture entre Lamine et Senghor est due plus aux questions de personnes qu'à des raisons de haute politique. Senghor, pour former son parti devait se servir de certaines leçons tirées de l'expérience socialiste passée. Mais il n'alla pas jusqu'au bout et il devait lui aussi hériter de la succession laministe.

Senghor avait quitté le parti socialiste, encouragé par certains opportunistes qui étaient déçus de ne pouvoir jouer un grand rôle dans le parti. S'il voulait créer un parti entièrement neuf, il en serait empêché par les circonstances dans lesquelles il devait le créer ; car pour la majorité de ceux qui avaient rallié, il s'agit moins de lutter pour des principes ou un idéal que de remplacer « les nantis de la SFIO ». Néanmoins, Senghor essaya de rompre avec les partis français en refusant toute affiliation à proprement parler. Il créa un parti local avec un nom local qui signifiait que nous rompions avec l'ancienne politique d'assimilation et que nous entendons rester des Africains. C'est pourquoi le nouveau parti devait porter le nom de Bloc Démocratique Sénégalais. Donc formellement, le parti avait répondu à une revendication d'autonomie africaine qui, si elle était diffuse dans la conscience des Africains, n'en restait pas moins réelle et profonde. Mais Senghor devait se rendre compte qu'un parti qui veut faire entendre sa voix au Parlement français devait jouir d'une large audience et rechercher une alliance non seulement avec les partis français, mais aussi avec les partis africains des autres territoires. C'est pourquoi Senghor chercha à créer un groupe des indépendants d'outremer. Malheureusement, ce groupe n'avait aucune puissance et était voué à l'échec pour plusieurs raisons.

Premièrement, les indépendants d'outremer ne sont qu'une alliance parlementaire sans support populaire ; c'est dire que c'est une alliance peu solide et occasionnelle. En effet, Senghor est élu comme BDS et non comme indépendant d'outremer ; Maga est élu comme représentant du Parti Dahoméen du Nord et non comme indépendant d'outremer. Le Groupe des IOM est ignoré par la plus grande partie des masses africaines. Il n'est ni un parti, ni un mouvement ; donc il ne peut pas avoir un programme précis et une discipline établie ; la meilleure preuve, c'est que lors des grands votes, et particulièrement lors du vote de la Loi Cadre, les voix des IOM étaient dispersées.

Deuxièmement, le groupe des indépendants d'outremer était constitué d'hommes qui étaient préoccupés plus par des questions électorales que des questions de politique générale ou d'hommes prisonniers de leur clientèle électorale. Certains étaient élus par les bonnes grâces de l'Administration, d'autres élus par les féodalités religieuses, d'autres par les missions catholiques, d'autres par les chefs coutumiers ; c'est dire que ces hommes étaient condamnés à rester des conservateurs.

Troisièmement, le leadership que le député du Sénégal entendait exercer sur le groupe ne pouvait pas favoriser l'unité et la force du groupe ; car le nom de sénégalais est très souvent dans les autres territoires et particulièrement en Côte d'Ivoire synonyme de colonialiste.

Quatrièmement, le groupe ne répondait pas à la politique d'autonomie que les Africains désiraient ardemment, car il entretenait des relations avec le MRP qui est le parti des curés et qui s'est illustré dans la politique de répression coloniale avec des hommes comme Bidault ou Costefloret, Schumann, Letourneur... Le groupe des IOM n'a pas eu le courage d'affirmer concrètement le désir d'autonomie exprimé par les Africains. Il a préféré reprendre les anciennes revendications de la SFIO, avec certaines nuances ; il répudiait l'assimilation, mais revendiquait le fédéralisme qui n'est pas dans l'intérêt des Français ni dans l'intérêt des Africains. Il prétendait que nous ne voulons pas l'indépendance et que nous désirons rester français. Et mieux, il avait le nom d'IOM qui est un nom à contenu colonialiste ; car il veut dire que l'Afrique est un prolongement de la France.

En même temps qu'existaient le BDS et la SFIO, il y avait l'UDS qui était la section du Rassemblement Démocratique Africain. Ce Mouvement avait eu la malchance de naître à un moment où le Sénégal avait connu l'unité de ses forces politiques. Si l'UDS était un parti incontestablement dynamique et progressiste, il souffrait de certains défauts qui nuisaient à son expansion et à son enracinement.

L'hypothèque de l'inféodation de l'UDS au Parti communiste français pesait lourdement sur son dos. En effet, l'apparentement du RDA dont l'UDS était une section au groupe parlementaire communiste suscitait beaucoup de réticences parmi les Africains qui étaient foncièrement anticolonialistes sans être communistes et une politique de répression de la part de l'administration coloniale. Tant que le parti communiste était au gouvernement, c'est-à-dire de 1946 à 1947, la répression ne pouvait pas s'abattre sur le RDA. Mais elle commença lorsque le Gouvernement Ramadier décida d'exclure les ministres communistes de son cabinet. L'UDS à l'époque n'avait pas tenu compte de ces deux éléments. D'une part, les masses africaines sont foncièrement anticolonialistes, mais ne sont pas communistes bien que les communistes français soient nos alliés naturels dans la lutte anti-impérialiste. D'autre part, la tentative des communistes français visant à transformer l'UDS en un Parti communiste africain par l'institution de GEC, groupes d'études communistes était contraire à la volonté des Africains qui cherchaient, en toute liberté, à définir une politique autonomiste.

De plus, l'UDS n'avait pas de cadres suffisants à l'époque et même certains de ses militants étaient, soit sans expérience, soit des gauchistes très sectaires qui indisposaient certaines personnes notoirement connues comme anticolonialistes. D'autres militants se contentaient d'appliquer à tort et à travers sans aucune adaptation les méthodes du Parti communiste Français et écarter délibérément certaines méthodes de propagande propres à toucher les Africains. D'autres encore condamnaient le nationalisme sous prétexte que c'est bourgeois ; d'autres encore se contentaient de se livrer à un intellectualisme stérile. Ainsi, le sectarisme et l'isolement de l'UDS depuis son exclusion de juillet 1955 par le Comité de Coordination de Conakry du RDA ont considérablement gêné son développement.

Après cette exclusion de l'UDS du RDA, Doudou Guèye vice-président du RDA, forma une section territoriale le MPS (Mouvement Populaire Sénégalais) qui fut un parti très minoritaire cherchant à exploiter les divisions des autres formations politiques.

C'est dans ces conditions qu'un appel à la fusion fut lancé et les partis sans exception répondirent favorablement. Et le travail d'organisation commença à devenir difficile avec la volonté de certains hommes politiques de torpiller l'unité, parce que contraire à leurs intérêts.

Annexes

Et la fusion se réalisa avec le BDS, l'UDS, une fraction de SFIO et une fraction du MPS. Le nouveau parti s'appela Bloc Populaire Sénégalais dont nous allons analyser le programme et l'organisation dans une seconde partie.

Analyse du programme et de l'organisation du BPS

Le programme du BPS peut se résumer en deux propositions :
(1) Réalisation de l'autonomie politique, autonomie administrative et de l'autodétermination ;
(2) Suppression des classes et des castes, socialisation des moyens de production.

Donc le BPS veut conquérir le pouvoir politique et instaurer une société socialiste.

Si le programme est un pas en avant par rapport à celui des autres formations politiques, il manque de précision et de clarté dans une certaine mesure. Pourquoi me diriez-vous ? Parce que simplement dans la conjoncture politique telle qu'elle est, à l'heure actuelle, des choix clairs et courageux s'imposent à toutes les consciences africaines ; il n'est plus possible de louvoyer car les évènements se précipitent et exigent des prises de position devant lesquelles on ne peut plus se dérober comme par le passé.

Entre 1948 et 1956, de nombreux changements sont intervenus : les données du problème colonial se sont considérablement modifiées. De nombreux pays d'Asie et d'Afrique se sont libérés du joug colonial : l'Inde, le Pakistan, Ceylan, la Birmanie, l'Indonésie, le Vietnam, la Turquie, le Maroc, le Ghana, la Malaisie, etc. Et le camp socialiste, notre plus fidèle soutien dans la lutte anticolonialiste, s'est accru de nombreux pays européens et particulièrement de la Chine qui est le pays le plus peuplé du monde et dont la population dépasse largement ¼ de la population du globe. Et depuis aussi, la conférence de Bandoeng qui réunit 1 500 000 hommes et 29 nations d'Asie et d'Afrique a condamné unanimement le colonialisme. Plus près de nous l'Algérie se bat pour retrouver sa souveraineté.

Ainsi, le problème de l'indépendance est clairement posé dans tous les pays encore sous domination étrangère. Le BPS doit y répondre clairement ; il a été très timide. Il aurait dû réclamer l'autonomie pour l'immédiat et poser le problème du droit à l'indépendance. S'il avait posé la question, il serait un parti d'avant-garde dans la lutte anticolonialiste. Mais les dirigeants s'amusent à se livrer à des acrobaties et à des virtuosités verbales. Mais je crains qu'ils ne soient dans quelques années dépassés par des gens qui posent clairement et courageusement le problème de l'indépendance. Il est certes difficile au BPS de consommer cette rupture entre Lamine Guèye et Léopold Sédar Senghor qui est due beaucoup plus à des questions de personnes qu'à des questions de principes politiques. Senghor, incité par certains rapaces du parti socialiste déçus de n'avoir pas pu arriver, constitua le BDS. Il s'inspira de l'expérience socialiste pour créer un parti qui séduirait la masse sénégalaise.

Le problème de l'indépendance : car le BPS renferme des éléments puissants qui ont des intérêts liés avec les impérialistes français. Ces gens sont constitués par les chefs coutumiers installés par l'administration, par les chefs religieux entretenus par les bureaux politiques et par les hauts fonctionnaires malhonnêtement nommés. Ces éléments sont des freins à l'évolution du BPS. Ils étouffent la démocratie dans les rangs du Parti grâce à l'argent. Mais s'il y a des forces qui retardent l'évolution du BPS, il y a aussi des éléments jeunes dynamiques qui luttent pour la libération nationale. Il y a les syndicats qui sont à la pointe du combat et qui luttent courageusement pour l'émancipation politique.

Il y a les jeunes et les étudiants qui prennent conscience des problèmes politiques et qui se donnent corps et âme à la cause nationale africaine. Toutes ces forces vives qui se développent ne peuvent pas être éternellement endiguées par les forces rétrogrades du parti.

De deux choses l'une : ou bien le BPS éclate de ses contradictions pour faire place à d'autres partis ; ou bien le BPS tombe entre les mains des jeunes qui en feront un instrument révolutionnaire. Tout le problème est là. Et je ne peux pas par la même occasion éviter d'examiner la formation du nouveau Parti Africain de l'Indépendance. Je m'efforcerai de présenter les arguments qui sont avancés par les partisans de la gauche. Mais hélas, les conditions dans lesquelles est né ce parti allaient constituer une lourde hypothèque sur l'avenir et le développement de la lutte en faveur de l'indépendance. Il est né du désir d'envoyer des parlementaires qui avaient mission de défendre les intérêts du Sénégal. Une fois les décisions terminées, le parti perdrait sa raison d'être, les fondements de son existence pour se complaire dans la léthargie.

Je commencerai par les arguments de ceux qui ont créé le Parti africain de l'indépendance.

(1) Le BPS n'est pas un parti révolutionnaire : c'est juste ; dans sa formation actuelle, le BPS n'est pas une organisation révolutionnaire. Le parti n'est organisé qu'à Dakar ; en dehors de cette ville, il n'y a aucune organisation de parti digne de ce nom. Or un parti qui veut accomplir la révolution doit être bien organisé.

(2) Le BPS n'est pas un parti démocratique : ce sont les féodaux qui dirigent en fait ce parti. C'est exact, car les investitures ne sont pas le fait du peuple, mais de quelques marabouts ou des hommes politiques comme Ibrahima Seydou Ndaw.

Le BPS est aux mains des détenteurs d'argent ; car Ibrahima Seydou Ndaw fait une bataille de mandat contre lequel le parti ne peut pas s'élever. C'est antidémocratique. Il n'y a que les partis conservateurs qui connaissent ce mode de financement du parti.

Donc la démocratie est étouffée par l'argent. Conséquence : Ibrahima Seydou Ndaw tous les jours transgresse les décisions du parti sans être exclu.

(3) Le BPS est un parti népotiste ; c'est exact : il y a des preuves concrètes qu'on peut fournir, mais le temps manque.
(4) Le BPS ne contribue pas à l'éducation des masses. Dans ce sens, rien n'a été entrepris.
(5) La présence de nombreux membres du MRP dans le gouvernement et les cabinets témoigne des relations que les dirigeants du BPS entretiennent avec le parti des curés.

À tous ces arguments sérieux, les partisans de la gauche qui sont restés au BPS disent que c'est exact. Pour ceux-ci, toutes ces critiques sont fondées. Mais ils ajoutent que la création du BPS est trop récente pour que des changements radicaux s'opèrent tout de suite. Il faut que la gauche y reste pour s'emparer de l'appareil du parti et le transformer en un instrument révolutionnaire.

De plus, le courant de l'unité est trop fort pour qu'on le remonte sans danger en créant un nouveau parti. Surtout cette division des forces de gauche profite à la droite car la gauche du BPS sera affaiblie et le nouveau parti risque d'être un parti à vocation minoritaire.

Les partisans du PAI répliquent en disant que s'ils ne sortent pas vite, d'autres comme Abdoulaye Ly vont sortir et ils seront obligés de sortir. Et ainsi ils perdront le bénéfice de l'opération pour orienter le parti vers l'indépendance nationale et l'instauration d'un régime réellement socialiste. C'est une course de vitesse entre les éléments de la gauche. Mais là où les partisans du PAI se sont trompés, c'est d'avoir cru que le parti allait éclater sur le problème du transfert de la capitale et qu'ainsi ils pourraient exploiter le mécontentement populaire. Cette fausse prévision risque malheureusement de condamner le PAI à rester un parti d'intellectuels. Pour être plus complet, la gauche du BPS reproche au PAI d'être un parti local qui risque de ne pouvoir trouver aucune formation de gauche sur le plan fédéral. D'autre part, on lui reproche d'être un parti communiste africain qui n'ose pas en porter le nom. Ce n'est pas l'objet de mon exposé, mais il était nécessaire de le dire pour que les discussions puissent s'engager dans la clarté. Quant à l'organisation du BPS, du point de vue théorique, sur le papier, c'est bien conçu. Son organisation est très proche de l'organisation des partis communistes ou socialistes européens. Mais cette organisation n'a pas tenu compte suffisamment des réalités : elle est tombée lettre morte depuis le congrès constitutif. Cependant, il y a des critiques à faire sur deux points : d'abord sur le comité exécutif, ensuite sur l'organisation des jeunes.

Le comité exécutif comprend en général trop de membres, à peu près 150 membres ; c'est trop pour l'instant car nos partis ne sont pas suffisamment riches pour supporter des déplacements fréquents du comité exécutif. De plus, le grand nombre de membres ne favorise pas une discussion sérieuse des problèmes soumis à l'étude. Plus grave est le nombre démesuré des parlementaires, des conseillers territoriaux et des maires.

On devait accepter les parlementaires, les maires et limiter à une délégation les conseillers territoriaux composés de dix membres. Ainsi, un contrôle efficace pouvait être exercé sur les élus.

De plus, on doit faire en sorte que les fonctions de ministre soient incompatibles avec les fonctions de direction du parti, car on ne peut pas être surveillé quand on est à la fois ministre et dirigeant du parti. C'est une grave faiblesse du BPS.

Annexe 3 : L'autonomie interne

Préparons la voie à l'autonomie interne

« Toute politique, même la plus grossière, écrit Valéry dans son livre intitulé *Regards sur le monde actuel*, implique quelque idée de l'homme et quelque idée d'une société ». La liaison intime soulignée par Valéry entre les systèmes politiques et les conceptions sociologiques trouve son entière justification et sa parfaite confirmation dans l'histoire coloniale française car celle-ci a oscillé entre deux tendances, je dis bien tendances, vous verrez tout à l'heure pourquoi : d'abord, la tendance assimilationniste, ensuite, la tendance autonomiste : elles se sont partagées, *grosso modo*, l'histoire coloniale française. L'assimilation a été suivie jusqu'à la Libération, c'est-à-dire jusqu'à la fin de la dernière guerre ; après, l'autonomie a commencé à gagner du terrain sur l'assimilation, politique des gens qui, effrayés par le malthusianisme humain de leurs compatriotes, veulent récolter des Français de plus même au-delà des mers.

La tendance assimilationniste repose sur un grand postulat philosophique : le colonisé est un sauvage ; sa société est primitive et sans civilisation ; conséquence logique : l'Européen doit lui apporter sa civilisation, seule valable dans le monde. Donc il faudra assimiler les colonisés et, grâce à l'école, fabriquer des Européens.

Cette politique d'assimilation est conforme à l'esprit français qui se veut universaliste, comme le montrent clairement les paroles d'un de nos contemporains qui disait de son pays la France : « Notre particularité, et parfois notre ridicule, mais souvent notre plus beau titre de gloire, c'est de nous croire, de nous sentir universels. Je veux dire hommes d'Univers, observez le paradoxe : avoir pour spécialité le sens de l'universel ».

Mais cette forme de politique devrait être dépassée et condamnée malgré les nobles motifs qui pouvaient l'inspirer : d'abord parce que notre continent avait une trop forte personnalité, ensuite parce que l'assimilation n'a jamais été loyalement appliquée.

En 1947, on a prétendu assimiler l'Algérie ; on l'a consacrée département français au même titre que la Loire ou la Seine. Au départ, on a posé l'équation suivante : 1 Français de France = 1 Français musulman d'Algérie. Mais tout de suite après, on a admis que 8 millions de musulmans = 1 million de Français. En effet, partout la représentation des deux communautés était la même : même nombre de délégués à l'Assemblée algérienne, même nombre de députés à l'Assemblée Nationale ; tout cela était garanti par le double collège. Je pourrai multiplier indéfiniment les exemples de contradictions qu'il y a dans la politique d'assimilation. Celle-ci allait connaître une perte de vitesse en 1946.

Après la Libération, pour de nombreuses raisons que nous avions eues l'occasion d'expliciter ailleurs, la politique coloniale française changea d'orientation. Désormais, l'Africain a une personnalité, une civilisation. Avouons-le, c'est difficilement que les constituants acceptèrent l'existence de plusieurs civilisations dans l'Union Française. Le temps a fait son œuvre pour faire comprendre aux partis de gauche, assimilationnistes, que leur formule n'était pas bonne ; et d'autre part, les gens commençaient à réfléchir sur les mots de Valéry qui s'écriait : « Nous autres civilisations nous savons que nous sommes mortelles ». D'une conception absolue de la civilisation, on est passé à une notion relative ; désormais on fait une distinction entre la civilisation et la puissance technique ; là où il n'y a pas de puissance matérielle ou force mécanique, il peut y avoir civilisation : la politique coloniale française devait divorcer avec la formule assimilationniste pour épouser la formule autonomiste. Dès lors, nous devrions sous la pression des évènements nous acheminer lentement vers l'autonomie comme l'avait prévu en 1748 Turgot, qui déclarait : « Les colonisés sont comme des fruits qui tiennent à l'arbre jusqu'à ce qu'ils aient une nourriture suffisante ; alors ils s'en détachent ». C'est la même idée que voulait exprimer Senghor lorsqu'il disait : « assimiler, non être assimilé ».

L'autonomie ayant été replacée dans son cadre historico-philosophique, il importe que nous la définissions, que nous la saisissions dans ses multiples manifestations dans la vie publique. Ceci est chose importante ; car il faut éclairer les gens qui ont accepté de lutter pour l'obtention de l'autonomie interne ; cet objectif important pour l'évolution de nos pays doit être minutieusement préparé. C'est pourquoi nous examinerons dans une première partie le contenu de l'autonomie interne ; et dans une seconde partie, nous rechercherons les moyens de préparer cette autonomie interne

Contenu de l'autonomie interne

Plusieurs voix se sont élevées sur les tribunes internationales pour revendiquer l'indépendance totale pour nos pays encore colonisés et dépendants. Les Etats signataires de la charte atlantique dont la France déclaraient dans un texte fondamental, reconnaître solennellement le droit des peuples à disposer d'eux-mêmes. Voici les termes du pacte : « les Etats signataires respectent le droit qu'a chaque peuple de choisir la forme de gouvernement sous laquelle il doit vivre ; ils désirent que soient rendus les droits souverains et le libre exercice du gouvernement à ceux qui en ont été privés par la force ».

Cette revendication a été reprise par les Etats d'Asie et d'Afrique qui se sont donnés l'année dernière rendez-vous à Bandoeng. Cette conférence, des pays qui ont longtemps ployé sous le colonialisme de l'Occident a eu un retentissement profond dans le monde entier. Son succès est dû au fait que communistes, non-communistes et même anti-communistes se sont mis d'accord pour condamner le colonialisme, conséquence de l'impérialisme. Cette conférence, ayant bien compris la mauvaise volonté des puissances dominantes à libérer les peuples qu'elles oppriment, a assorti sa revendication d'un délai raisonnable. Car elle a demandé aux colonisateurs d'accorder l'indépendance totale aux peuples colonisés dans un délai maximum de 15 ans. Donc en 1970, tous les pays devraient être indépendants et souverains.

Devant toutes ces forces, la France a accepté de faire de petites concessions qu'elle a consignées dans un coin de sa Constitution qui condamne, mais malheureusement d'une façon trop platonique, tout système de colonisation fondé sur l'arbitraire. Elle ajoute : « Fidèle à sa mission traditionnelle, la France entend conduire les peuples dont elle a pris la charge à la liberté de s'administrer eux-mêmes et de gérer démocratiquement leurs propres affaires ».

Cette déclaration n'est que la simple reconnaissance d'une autonomie administrative que l'on peut facilement mettre en échec en la confiant en des mains sûres sur notre propre sol. Elle ne nous reconnaît pas l'autonomie politique que nous réclamons actuellement. Ce refus a été clairement explicité par la Conférence de Brazzaville qui peut être considérée comme un travail préparatoire à l'élaboration de « Notre actuel Évangile Politique de 1945 ». Celle-ci déclare : « Les fins de l'œuvre de civilisation accomplie par la France dans les colonies écartent toute idée d'autonomie, toute possibilité d'évolution hors du bloc français de l'Empire ». « La constitution éventuelle, même lointaine, de *self government* dans les colonies est à écarter ». À lire ce chef-d'œuvre de science politique, l'on pourrait se demander si Brazzaville avait été choisie comme cénacle de politiciens romantiques ou comme le siège d'augures d'un genre nouveau. La prévision de cette conférence allait être déjouée par la même constitution qui nous laisse la possibilité de demander le statut d'État associé.

Dans un souci de conciliation et de compréhension, nous avons revendiqué l'autonomie interne que les partisans des formules périmées de domination considèrent comme contraire aux intérêts de la France. Pour éclairer l'opinion publique sur cette orientation de la politique africaine, nous allons concrètement déterminer le contenu de l'autonomie interne.

Pour ce faire, nous allons d'abord étudier l'état actuel de nos institutions politiques et administratives ; ensuite nous verrons quel sera leur sort, lorsque l'autonomie interne sera réalisée. Donc, nous verrons ce que sont actuellement nos institutions et ce que seront ces mêmes institutions au lendemain de notre autonomie interne. Voilà les deux questions auxquelles il faudrait répondre. Actuellement, il y a deux grands pouvoirs politiques :

> Il y a le pouvoir législatif, le pouvoir de faire les lois et il y a le pouvoir exécutif, le pouvoir d'exécuter, d'appliquer les lois.

Cette distinction se justifie pour des raisons d'ordre pratique. Le pouvoir législatif, exercé par de grandes assemblées, prend des textes de portée générale. Par exemple, il décide que tout homme est électeur, s'il est âgé de 21 ans et s'il n'a encouru aucune condamnation judiciaire. Pour l'application de cette disposition, on ne peut pas mobiliser toute une assemblée, mais on peut le confier au groupe d'hommes plus restreint qui étudierait dans le détail la mise en œuvre de cette disposition. Le pouvoir à qui serait confié ce travail d'application se nomme pouvoir exécutif. Celui-ci dressera des listes électorales, des casiers judiciaires, des registres d'État civil, pour permettre l'application des dispositions votées par le pouvoir législatif.

Dans nos territoires, le pouvoir législatif est confié au Parlement français et au président de la République assisté de l'Assemblée de l'Union Française. Le pouvoir exécutif est exercé par le gouvernement français lui-même, par la voie du Ministère de la France d'Outremer et par les représentants, les gouverneurs généraux ou hauts commissaires et par les gouverneurs, chefs des territoires.

Conformément à sa politique assimilationniste qui a eu des échos certains dans la constitution, la France a décidé que nos lois seraient votées, non au cœur de notre continent, mais sur les bords de la Seine. Elle a demandé à nos concitoyens d'envoyer des représentants au Palais-Bourbon, au Palais du Luxembourg et à l'Assemblée de Versailles.

Et de très grands espoirs étaient nés dans le cœur de bon nombre d'Africains de bonne foi qui voyaient déjà la fin de leurs maux. Mais hélas, dix années d'expérience devaient les amener à désenchanter pour comprendre la duperie du parlementarisme bourgeois. L'heure est venue, à la lueur de la réalité des faits, de s'interroger sur l'efficacité de notre représentation au sein des assemblées métropolitaines. Si la présence de nos parlementaires a pu souvent éclairer leurs collègues métropolitains sur les problèmes de nos territoires, il n'en reste pas moins qu'elle est sujette à des critiques qui sont au nombre de cinq : 1) Faible représentation, 2) Éloignement des Assemblées, 3) Lenteur, 4) Désintérêt, 5) Surcharge du Parlement. Reprenons successivement ces critiques.

Je n'insisterai pas sur la première critique à savoir la faiblesse notoire du nombre de nos parlementaires. La chose est trop connue de vous pour mériter de longs commentaires. Cependant, il faut déplorer que le destin de notre pays soit laissé à la discrétion, au bon vouloir de parlementaires qui sont encore rivés à leur coin de Bretagne et dont l'imagination naïve est encore peuplée de récits exotiques. Dans ce domaine, l'efficacité a été sacrifiée au spectaculaire ; car on avait tout simplement besoin de notre noirceur d'ébène pour rompre la monotoriété des grandes assemblées de la République ; l'on avait tout simplement besoin de quelques-unes de nos têtes pour apporter des réponses aux accusations de colonialisme.

L'éloignement du Parlement est une solide garantie pour échapper aux pressions de nos masses. Le peuple de Paris qui a fait la Révolution de 1789 contre la Monarchie a préféré avoir auprès de lui le Roi. Le colonisateur, fort de cette expérience, a choisi d'éloigner notre peuple des lieux où se prendraient les grandes décisions nous concernant.

Quand nos questions se présentent soit à l'Assemblée Nationale soit au Conseil de la République, elles sont traitées avec une lenteur effarante qui a été aggravée par la dernière réforme constitutionnelle instituant la navette entre les deux chambres. Cette procédure favorise malheureusement les réactionnaires du Sénat qui sont élus, le plus souvent, à la faveur des puissances d'argent.

Outre la lenteur du Parlement, il faut souligner le désintérêt manifesté par les députés ou sénateurs métropolitains à l'égard de nos questions. Ils préfèrent prendre le large pour échapper à la monotonie et à la longueur des lois coloniales que l'on s'empresse très souvent d'enterrer dans les tiroirs, véritables tombeaux à l'usage de l'Administration. Le Code du Travail a été voté à l'Assemblée Nationale dans une salle presque vide.

Enfin, les deux chambres sont trop surchargées. Elles sont noyées dans les questions budgétaires et internationales. Elles n'ont plus le temps de faire face à leurs responsabilités coloniales. Elles ne légifèrent qu'à la hâte et sous la pression populaire : témoin le vote du Code du Travail obtenu grâce à la magnifique grève du 5 novembre 1952.

Non représentativité, éloignement, lenteur, désintérêt, surcharge condamnent le Parlement à se décharger sur d'autres assemblées. Il doit vaincre sa jalousie pour confier à d'autres mains le soin de gérer certaines de nos affaires. Il doit se mettre au diapason de l'évolution qui se fait dans l'esprit des Africains.

Si le Parlement est compétent en matière de législation criminelle, de régime de liberté publique, et de l'organisation politique et administrative, le président de la République peut étendre certaines lois métropolitaines à l'ensemble des TOM après avis de l'Assemblée de l'U.F. Autrement dit, un pouvoir législatif est reconnu au chef de l'Etat, mais ce pouvoir exorbitant du droit commun lui a valu le surnom de « Législateur Colonial ». Car le chef de l'Etat dans l'exercice de son pouvoir n'est pas obligé de suivre l'avis de l'Assemblée de l'Union Française. Le pouvoir législatif est laissé au Parlement et au Président de la République, assisté de l'Assemblée de l'Union Française, le pouvoir exécutif de la France d'Outre mer et à ses représentants. Le Haut Commissaire, Gouverneur Général, le représentera sur le plan fédéral ; les gouverneurs le représenteront sur le plan territorial. Le Ministère de la France d'Outremer très puissant arrive à faire échec facilement à l'application des lois libérales votées par le Parlement. Le grand nombre de Parlementaires est une garantie contre la corruption et la pression des puissances financières dans une certaine mesure.

Les fonctionnaires du ministère peuvent être facilement sujets à ces pressions. Mais ils sont puissants, car ils possèdent tous les secrets. À côté d'eux, le ministre fait figure de « bleu » et, souvent ils guident les premiers pas des nouveaux élus à ce poste de choix. De plus, ils ne craignent pas beaucoup les ministres, parce qu'ils savent compter la durée de leur passage. Toutes les décisions importantes du pays se prennent dans le secret de ces temples modernes où l'on a mis en échec toutes les lois susceptibles d'améliorer notre situation. Le pouvoir central a ses représentants sur le plan local qui sont les gouverneurs généraux et les gouverneurs des territoires.

La nomination de ces hauts fonctionnaires puissants échappe à nos mains. Elle est le fait du président de la République en Conseil des ministres. Cette procédure est destinée à soustraire ces fonctionnaires d'autorité à la pression des Africains. Leur mandat et par voie de conséquence leur force, ils la tirent non du peuple africain, mais du Gouverneur français. Si le Gouverneur était un agent élu comme l'est le Président du Conseil, il serait obligé de démissionner, si sa politique n'est pas conforme à celle de ses électeurs. Mais malheureusement, il n'en est rien. C'est un fonctionnaire nommé par le gouvernement français et rétribué non sur nos budgets, mais sur le budget de la France au titre de dépenses de souveraineté. Ceci voulant dire à nos représentants que les Gouverneurs n'ont pas de compte à vous rendre et qu'ils sont seulement responsables devant le conseil des ministres. Cette sage précaution, nous la connaissons. Elle ne nous trompe pas. Car comme disent les Oulofs, « *Kou eumb sa sankhal eumb sa kersa* ». Ceci qui veut dire « Service lié ».

Et même le pouvoir local exercé par nos gouverneurs est étroitement soumis à la tutelle du Département de la France d'Outremer où se réfugient tous les gens atteints de myopie politique. Cette forte centralisation administrative est un mal qui ronge nos territoires ; car elle est la source du sabotage systématique des lois votées par le Parlement.

Pour nous associer à la gestion de nos intérêts, on a créé des assemblées administratives, assemblées territoriales et Grand Conseil. Dans certains territoires, on a instauré des communes.

Devant ces institutions administratives, la question qui se pose à nous, c'est de se demander si elles ont des pouvoirs apparents ou des pouvoirs réels ? À cet égard, nous examinerons la question d'abord sous l'angle des assemblées locales, ensuite sous l'angle des municipalités.

Les élections aux assemblées territoriales étaient soumises au double collège. C'est-à-dire : dans un premier collège, il y a les métropolitains, les très rares africains ayant certains diplômes ou remplissant certaines autres conditions ou ayant renoncé à leur statut personnel. Je dois vous souligner que le nombre d'africains qui votent au premier collège est infiniment petit. Ceci a été fait pour éviter l'argument du racisme que la constitution et l'opinion mondiale condamnent actuellement.

Dans un deuxième collège, il y a la foule des citoyens de fraîche date qui d'ailleurs ne votent pas tous, puisque le droit de vote est soumis à certaines conditions limitativement énumérées par la loi. L'existence de ce double collège est contraire à la démocratie qui repose sur la loi du nombre. Ce double collège existait dans tous les territoires sauf au Sénégal pour des raisons purement historiques. Le collège unique a été étendu au Togo il n'y a pas longtemps pour des raisons de politique internationale, puisque ce territoire est sous tutelle. Le double collège sera aboli aux prochaines élections par la loi-cadre. C'est là son grand pas en avant.

Les assemblées locales soumises à deux courtes sessions par année ne sont pas des assemblées politiques, mais simplement des assemblées administratives. C'est pourquoi elles ne sont pas maîtresses de la validation de leurs membres et les vœux politiques leur sont interdits. De même leurs membres ne jouissent pas des prérogatives qui tendent à assurer l'indépendance des parlementaires à l'égard du gouvernement et des puissances financières. Ils ne touchent pas d'indemnités parlementaires. Leur fonction est gratuite. Ils ne sont pas protégés contre le gouvernement par l'immunité parlementaire. Autrement dit, l'Administration peut les poursuivre pour faits commis ou paroles proférées à l'Assemblée territoriale.

Souvent en proie à des difficultés, j'entends nos compatriotes dire « et nos conseillers, que font-ils ? ». Mais ils oublient parfois que nos conseillers ne sont effectivement pas maîtres de la politique du pays, mais que ce sont simplement des « donneurs d'avis ». Une sage appréciation de la réalité et une exacte connaissance du fonctionnement de nos assemblées permettraient de situer les responsabilités que partagent nos élus et l'Administration.

Nos conseillers n'ont pas trop de pouvoir. On leur fait beaucoup de critiques, ils en méritent certaines, mais pas toutes. Leur responsabilité pourrait être entière si l'équivoque du système colonial ne pesait pas sur eux. L'administration en butte à l'impatience et à l'exigence de nos concitoyens de leurs droits cherche à s'abriter derrière le paravent de nos assemblées. Mais il faut comprendre que derrière les fétiches, il y a le sorcier. Si devant toutes les difficultés dues au système colonial nous devons accuser nos élus, nous arriverons à des conséquences que nous ne souhaiterions pas. En discréditant nos élus, nos frères, nous ferons le jeu du système qui veut prouver coûte que coûte l'incapacité congénitale du nègre à gérer ses propres affaires. Des jugements hâtifs, des critiques faciles peuvent nous faire perdre confiance en nous-mêmes. Evitons donc par nos paroles ou par nos gestes d'accréditer certains mythes chez nous-mêmes.

Les pouvoirs de nos assemblées ne sont pas exorbitants. Au contraire, ils sont très insignifiants, si on les examine à fond. Il y a des domaines de peu d'importance où leur pouvoir de décision joue pleinement, mais si l'Assemblée prend une décision, l'administration peut ne pas l'exécuter, puisque l'Assemblée n'a aucun moyen légal de vaincre la mauvaise volonté de l'Administration.

En dehors de cela, nos conseillers peuvent prendre des délibérations soumises à l'approbation des autorités de tutelle qui peuvent les annuler impitoyablement et cela sans rendre aucun compte à l'Assemblée. Aucun recours ne peut être intenté contre leur refus, pas même devant les tribunaux administratifs habituellement compétents dans ces matières.

Le budget aurait pu être une arme contre l'administration, mais hélas, l'Assemblée est obligée de voter les dépenses obligatoires et elle ne peut refuser de voter le budget en temps utile. Si elle le faisait, l'administration pourrait se substituer à elle. Le budget, au lieu d'être une arme politique, n'est qu'un vieux sabre de bois aux mains des assemblées.

Indépendamment des délibérations qu'elles prennent, elles peuvent donner des avis ou émettre des vœux qui moisissent souvent dans la poussière des bureaux.

Nos conseillers territoriaux, il faut le dire, sont des mendiants d'un style nouveau, condamnés à faire le porte à porte. Cette situation leur ôte sans aucun doute le peu d'indépendance qui pouvait leur rester. L'administration ne consent à leur donner des pouvoirs que pour combattre leurs propres frères. Grisés par la petite parcelle de pouvoir qu'ils ont mal acquise ou qu'ils ont troquée contre leur indépendance, ils demandent le déplacement de tel ou tel individu qu'ils estiment être un éventuel concurrent dangereux.

Il vaut mieux être d'accord avec ses propres compatriotes qu'avec l'administration habituée aux calculs qui vous abandonnera, dès que les suffrages des électeurs ne vous souriront plus. S'agissant des municipalités, nous pouvons dire qu'elles ont plus de pouvoirs, toutes proportions gardées, que les assemblées territoriales. En effet, le maire, agent élu par des électeurs africains surtout, assure l'exécution des délibérations du Conseil municipal, tandis que les délibérations des assemblées locales sont exécutées par les gouverneurs, fonctionnaires nommés par le gouvernement français. Si le Maire n'exécute pas loyalement les décisions du Conseil, celui-ci peut le déposer. Par contre, les assemblées territoriales ou le Grand Conseil n'ont aucun moyen d'action sur les gouverneurs.

Ainsi, les Africains, munis de certains pouvoirs, cherchent à se venger d'un régime qui leur a causé beaucoup de mal. Cette situation est d'autant plus aggravée que seul un parti politique est au pouvoir. Et souhaitons qu'elle s'améliore avec la nouvelle loi municipale qui institue la représentation proportionnelle.

Les prévisions étaient nécessaires pour nous permettre de mesurer le chemin qui nous mènera à l'autonomie interne. C'est pourquoi nous allons examiner ce que pourrait être le sort de nos institutions, une fois l'autonomie réalisée.

Autonomie interne signifie que la gestion de nos affaires intérieures nous reviendra. Autonomie interne n'est pas synonyme d'indépendance. Si elle est une voie pour accéder à l'indépendance, elle en est différente à plusieurs égards. L'indépendance suppose la liberté d'un pays à déterminer souverainement la politique extérieure et intérieure. Mais l'autonomie interne n'implique que la gestion des affaires intérieures. L'autonomie interne suppose des transformations de nos institutions actuelles.

Sur le plan de la politique extérieure, la compétence du Parlement français sera maintenue. Le problème sera de savoir quelle sera la formule viable à adopter : fédéralisme ou association.

Sur le plan local, il y aura un transfert de compétence du Parlement français à nos assemblées locales qui seront appelées à légiférer en matière de politique intérieure.

Un problème se pose. C'est celui du choix de l'unité territoriale. Sera-t-elle le territoire ou la fédération ? Si c'est le territoire, les Assemblées territoriales seront les parlements locaux. Si c'est la fédération, le Grand Conseil sera le parlement local.

Il y a des partisans des deux formules.

> Il y a la formule territoriale. Parmi ces défenseurs, on peut citer le député Apithy. Son argument est le suivant : pour le moment, il n'y a pas d'A.O. Fiens, il n'y a que des Sénégalais, des Dahoméens, des Guinéens, des Nigériens, etc. Donc l'unité sera le territoire. Mais notre député oublie que les termes dont ils usent sont de pures créations du colonialisme qui ne correspondent à aucune réalité historique ou géographique. Car au Dahomey, il y a le Nord et le Sud. Ces deux régions naturelles ont une forte individualité. Le Sud est une terre des Palmeraies, le Nord est une terre du Karité.

L'avenir est aux grands ensembles économiques et nos lopins de territoires végètent sous le carcan de l'économie de traite, conséquence de l'impérialisme de l'Occident.

Nous pourrons arriver à ce que tous les Africains habitant l'Ouest se sentent A.O.Fiens ; c'est là notre œuvre. Car la France, pour être la France aujourd'hui, a dû centraliser fortement son administration. En France, chaque région a ses types d'habitants. L'Alsacien n'est pas pareil au Breton ; pourtant ils restent unis par un même destin et une même patrie.

À cette conception trop étroite, j'oppose la formule fédérale.

> Notre Parlement sera le Grand Conseil. Et les assemblées territoriales resteront des assemblées administratives, comme le sont les conseils généraux dans les départements français. Il légiférera pour toute la fédération.

Un gouvernement responsable devant le Parlement se substituera aux gouverneurs. À côté de cet exécutif local désigné par notre assemblée parlementaire, il y aura un représentant du gouvernement français qui sera compétent en matière de politique extérieure, c'est-à-dire en matière de diplomatie, d'armée, et d'économie générale.

Pour les associationnistes, l'autonomie n'est qu'un moyen et non une fin. Elle est une étape, une voie menant à l'indépendance. Une fois l'indépendance réalisée, les traités d'association et de collaboration seront signés entre nos pays et la France.

Pour les fédéralistes, l'autonomie est presque une fin. Une fois réalisée, il restera à constituer des institutions communes. Mais, cette communauté d'institutions pose des problèmes quasi insolubles où l'imagination juridique peut se donner facilement libre cours.

Laissons là un sujet sur lequel on peut discuter des heures et des heures pour voir comment nous pourrons accéder à l'autonomie interne. Ainsi nous allons aborder la deuxième partie de notre exposé consacrée à la préparation à l'autonomie interne.

La préparation à l'autonomie interne

L'autonomie ne sera pas un don de la Métropole à ses territoires, mais une conquête des territoires sur la Métropole. Une autonomie ou une indépendance facilement acquise risque d'être rapidement perdue. On ne conserve jalousement une chose que lorsque cette chose a été durement acquise.

L'exemple de la Tunisie est là pour nous prouver que les Métropoles n'accordent quelque chose que sous la pression des évènements. La Tunisie, qui était un protectorat, avait ses institutions propres : Bey, gouvernement, tribunaux, etc. Elle devait être, suivant les traités de protectorat, contrôlée par la France dans sa politique extérieure, étant entendu que sa politique intérieure serait du ressort de sa majesté le Bey. Mais le gouvernement français ne s'embarrasse pas beaucoup pour s'ingérer dans ses affaires intérieures et soumettra le protectorat à un régime d'administration directe. Le traité consacrant le protectorat avait institué un régime d'autonomie interne qui fut ravi à la Tunisie.

Bourguiba, à la tête du Néo Destour, parti nationaliste tunisien, a lutté très durement pour arracher à la France les franchises politiques qui ont amené son pays à l'indépendance. Bourguiba et son mouvement connurent les persécutions et les répressions. Mais ils tinrent bon, sachant que leur cause était bonne. Car, comme le disait Léon Bloy, « On est toujours du bon côté quand on est avec ceux qui souffrent la persécution et l'injustice ».

Le travail du leader tunisien devait être extrêmement difficile car il lui fallait combattre sur deux fronts. Il lui fallait lutter contre la mythologie coloniale d'une part, et combattre la résignation de ses frères due à leur croyance au fatalisme. Sa tâche devait le conduire à organiser les forces intérieures de son pays et travailler à s'attirer les sympathies de l'opinion internationale.

Le leader tunisien réussit à redonner confiance à son peuple en combattant, à force de versets coraniques, le « Meth Toub » des Musulmans. Il insuffla un sang nouveau à ses compatriotes, il leur fit comprendre qu'ils étaient les artisans de leur propre destin.

S'agissant de nos pays, il y a deux attitudes extrêmes à ne pas prendre, mais plutôt chercher un moyen terme entre elles.

Il y a « les marxistes » qui n'ont retenu des théoriciens du marxisme que des formules creuses, mais ils ont oublié l'esprit de la doctrine. Heureusement, ils sont très peu nombreux. Il faut les dénoncer, car ils discréditent la culture marxiste qui est d'une très grande valeur. Ces gens-là veulent importer dans nos pays où le paysannat occupe 90 pour cent des hommes, des méthodes qui sont faites pour des pays capitalistes où la formule de Lénine « Prolétaires de tous les pays, unissez-vous » ne sonne pas faux. Ceux-là donnent une trop grande place à l'internationalisme. Leur aveuglement les a conduits à comparer le sort du paysan africain à celui de l'ouvrier en France.

A l'opposé de cette conception, il y a le nationalisme chauvin qui peut s'identifier à un « contre racisme ». Les nationalistes disent « qu'il faut s'appuyer exclusivement sur les forces du pays ». Mais leur force n'est pas à négliger dans la balance des forces, lorsque la lutte sera âpre avec les chevronnés de la colonisation.

Entre ces deux attitudes, il y a un moyen terme : c'est là la force des nationalistes nouveaux. S'appuyer sur les forces de leur pays, mais aussi miser, selon les circonstances, sur la conjoncture internationale.

Le travail d'organisation à entreprendre dans un pays colonial dépendant comporte des obstacles qui résident dans trois affirmations clairement énoncées par Malik Bennali dans son ouvrage *Vocation de l'Islam* :

— Nous ne pouvons rien faire

(1) parce que nous sommes ignorants,

(2) parce que nous sommes pauvres,

(3) parce qu'il y a le colonialisme.

Ces trois affirmations sont monnaie courante. C'est Bennali que je cite. Des gens de bonne foi expliquant leur impuissance. Mais les charlatans s'inscrivent aussi dans cette mouvance pour justifier leurs lucratives entreprises de mystification, sous le regard complaisant du colonialisme. Le moindre effort d'investigation ne manquerait cependant de déchirer le voile des apparences inhibitrices pour ne laisser apparaître derrière les vérités en question rien d'autre que des mythes. Il suffirait de confronter les impossibilités supposées aux réalités concrètes, aux véritables données du problème.

(1) Nous sommes ignorants. C'est un fait qui découle du colonialisme. Que font les cadres déjà instruits ? Ils ont à lutter contre toutes les formes d'analphabétisme ; notre collectivité a consenti de nombreux sacrifices pour les instruire et les éduquer. En contrepartie, ils doivent l'aider à s'éclairer. Si chaque homme déjà instruit consentait à sortir de sa tour d'ivoire pour éduquer les hommes de son entourage, un grand pas serait accompli dans la lutte entreprise contre le colonialisme.

Nos élites intellectuelles, pour mériter notre confiance et notre attachement, devront s'abstenir de composer avec le système colonial, pour arriver uniquement à ces situations rentables. Cet opportunisme sordide est condamné par les faits, car nous avons pris conscience, car nous avons compris que la maturité politique d'un homme ne se mesure ni à la valeur ni au nombre de ses parchemins.

Notre lutte est actuellement une lutte en faveur de l'organisation et de l'éducation de nos concitoyens.

(2) Nous sommes pauvres. C'est un simple mythe. Car qu'ont fait jusqu'ici les gens riches pour notre libération ? Ont-ils jamais aidé à édifier des écoles ou à encourager des œuvres culturelles. Si nous avons peu, nous devons dépenser utilement. La politique de ses moyens est la meilleure dans un pays dépendant, parce que plus conforme aux réalités concrètes de la vie quotidienne ;

(3) Nous sommes soumis au colonialisme. Qui, selon le même Malick Bennali, paralyse toute bonne volonté et justifie parfois de véritables escroqueries morales ou politiques ? Certes, la part de responsabilité du colonialisme est écrasante, puisqu'il écrase systématiquement tout effort intellectuel, toute tentative de redressement moral ou économique. C'est-à-dire, tout ce qui pouvait donner un essor quelconque à la vie des pays. Mais le colonialisme ne peut pas nous empêcher d'avoir certaines initiatives propres à hâter la prise de conscience de nos compatriotes.

Les mythes dissipés, il nous reste à chercher les moyens de lutter pour obtenir notre autonomie interne.

Pendant longtemps, la plupart des Africains ont cru à la vertu mirifique de l'action des parlementaires. Il suffisait que le député prenne l'avion pour Paris, pensaient-ils, pour que tout soit remis en ordre. Cruelle déception ! En énonçant cette simple constatation, qu'on ne nous taxe pas d'être anti-parlementariste. Je n'ai jamais dédaigné les acquisitions que pouvait nous apporter cette voie. Mais je dis que tel qu'il est conçu actuellement, à lui tout seul, le parlementarisme ne peut pas apporter des changements substantiels.

Récemment, l'idée de fusion de partis politiques a été lancée. Elle a reçu l'agrément des partis politiques sénégalais, par la voie de leur congrès ou de leur comité directeur. Elle a été popularisée dans le pays et elle a suscité beaucoup d'enthousiasme parmi les masses de ce pays. Mais quand il s'est agi de passer aux actes concrets, certains partis ont manifesté des réticences qui équivalaient à un refus. Je ne veux attaquer aucun parti politique, mais l'honnêteté intellectuelle ne doit pas être laissée de côté par complaisance. J'essayerai de dire mon point de vue sur la question. Mais je demande à tous ceux qui ne partagent pas mon opinion de me présenter des arguments de nature à me convaincre. Je n'ai nullement la prétention de détenir le monopole de la vérité, mais j'ai le droit de dire ce que je pense être ma vérité. Un dialogue sincère et loyal pourra seul vaincre nos réticences et nos réserves. C'est pourquoi je vous convie à ce dialogue que je voudrais très sincère, très courtois et très amical.

Du 13 juin au 30, tous les partis étaient d'accord pour le principe de la fusion. L'opinion métropolitaine était inquiète comme le faisait voir la presse. Certains journaux disaient que le BDS avait lancé l'idée de fusion pour faire échec à la politique collaborationniste de M. Houphouët qu'hier combattait sévèrement l'administration, mais qu'aujourd'hui elle porte aux nues.

L'opinion métropolitaine se demandait si derrière cette fusion ne se camouflaient pas des visées nationalistes. Le gouvernement français effrayé devait mettre tout en branle pour faire échec à cette bonne et heureuse initiative. Petit Jules, le directeur du journal satirique : *Les échos d'Afrique noire*, le plus grand ennemi de notre pays devait s'écrier, comprenant l'importance du tournant politique du 13 juin : « La fusion des partis est l'événement le plus important de ces dix dernières années de la politique sénégalaise ». Celle-ci allait donner le ton aux autres territoires qui formeraient sur le plan fédéral un bloc africain solide et puissant. À la dernière minute, des hommes qui n'avaient pas eu l'imagination assez vive pour trouver des arguments le 13 juin se sont dressés sur leurs ergots pour nous donner des leçons de sagesse politique. En tout cas, contre l'idée de fusion, ils ont trouvé des arguments qu'il convient d'exposer et auxquels il faudrait répondre.

(1) La formule fusion n'est pas nécessaire à la réalisation du programme d'autonomie tracée. On peut lui substituer la formule unité d'action qui aurait l'avantage de maintenir les partis politiques tels qu'ils sont.

Dans des pays occidentaux, indépendants et économiquement forts, l'argument aurait été de poids, parce que les électeurs sont rompus aux pratiques de l'école de la démocratie. Mais dans nos territoires encore dépendants, l'argument perd de son poids. Car les situations ne sont pas les mêmes, les problèmes ne sont pas identiques.

Outre le tiraillement des partis qui essayeraient de s'attirer le gros lot des réalisations, il y a le problème des compétitions électorales qui risqueraient d'être des sources de mésentente et des occasions pour les hommes de mauvaise foi de se soustraire aux engagements souscrits.

Dans la formule unité d'action, le respect des engagements pris n'est garanti par aucune instance suprême, sinon par le bon plaisir des partis ou des leaders.

(2) Le parti unifié mènera au fascisme et au monolithisme. Ces arguments sont bien connus dans la phraséologie politique de l'Occident. Mais ils ne sont pas solides si on replace les problèmes dans leur véritable cadre.

– Le fascisme ne peut s'installer qu'après la prise et l'exercice d'un pouvoir. Or nous ne sommes pas arrivés à exercer le pouvoir réellement. Nous avons accepté la formule fusion pour lutter contre un ennemi de taille : le colonialisme. Après sa liquidation, après sa disparition, nous pourrons nous retrouver dans des partis distincts. Car après notre indépendance, il y aura nécessairement diversité de partis politiques.

— Monolithisme, c'est l'argument le moins sérieux, car dans un pays comme le nôtre, on tolérera au sein du parti unifié des tendances qui ne sont d'ailleurs pas nécessairement opposées.

La constitution du parti unifié comporte des difficultés et des avantages.

— Difficultés pour convaincre les Européens que notre mouvement n'est pas dirigé contre eux, qu'il n'est pas d'essence raciste, mais d'essence anti-impérialiste.

Difficultés pour mettre à la raison nos propres frères qui ont la nostalgie des honneurs ou qui craignent les exigences de la sélection des responsables politiques qui sera la règle d'or du nouveau parti. Les difficultés ne sont pas invincibles. Le courage et le temps aideront à les vaincre. La résignation n'a jamais été une bonne solution. Au contraire, elle a toujours été le repaire des lâches. Il ne faut pas s'arrêter aux difficultés, il faut aussi soupeser les avantages de la nouvelle formule d'action.

La constitution du parti unifié pourra nous permettre d'éduquer politiquement les masses, de mettre sur pied une presse puissante, de contrôler sérieusement les élus, de lutter contre la politique des personnes et de combattre le népotisme en honneur actuellement.

— Éduquer les masses, tel doit être notre tâche. Avec la nouvelle formule, on pourra mobiliser tous les hommes formés politiquement pour qu'ils fassent un travail d'éducation civique à travers le pays. Jusqu'à maintenant, les cadres des partis politiques ont été uniquement soucieux de faire des promesses non tenues et souvent très démagogiques. Ils ne se sont jamais souciés de démonter le mécanisme de l'exploitation impérialiste. Dans le nouveau parti, il y aura des éducateurs qui se donneront pour tâche d'éclairer les électeurs qui leur accorderont audience, parce qu'ils sont du même parti.

— Constituer une presse puissante au service de notre idéal politique doit être une de nos grandes occupations. Car nous n'avons ni quotidiens, ni journaux sérieux. Le *Paris-Dakar* est révoltant par son indigence intellectuelle et sa médiocrité excessive. Il nous abâtardit et travaille à faire de nous les instruments dociles.

La presse est une arme puissante au service d'un pays, mais elle n'est puissante que si son niveau intellectuel est élevé, et si elle atteint non seulement les Africains, mais les gens des autres pays. La presse est tellement dangereuse pour les gouvernements qui se soucient peu des intérêts de leurs gouvernés que le Dr Jebb n'a pas hésité à dire « Un journal est une sentinelle qui veille pour le peuple ». C'est dommage, le temps nous manque. Sinon, nous nous étendrions sur ce sujet passionnant.

Le contrôle des élus par les organes de direction du Parti sera un pas en avant dans notre apprentissage de la démocratie. Jusqu'à maintenant, nos leaders politiques ont souvent foulé aux pieds les programmes de leur parti pour prendre des engagements strictement personnels qu'ils sont sûrs d'imposer à leurs mandants. Grâce à ce contrôle qui sera rendu possible au sein du nouveau parti, nous pourrons lutter contre les politiques des personnes, et contre le népotisme qui est, il faut l'avouer, un mal sénégalais comme le disait Senghor.

Préférant le dialogue au monologue, parce que voulant m'instruire à la source de vos expériences, je vais conclure pour permettre la discussion.

Ma conclusion sera un appel à l'unité, une invitation à l'union de tous les Africains, je dis bien Africains, et non Sénégalais, Guinéens, Dahoméens. Car j'ai conscience que le destin de l'Afrique ne se fera que grâce à ses fils, qu'ils soient du Dahomey, de la Côte d'Ivoire ou du Niger.

Je terminerai sur ces paroles de Lamennais, qui doivent constituer pour nous une note d'espoir.

> Lorsque l'homme est seul, le vent de la puissance le courbe vers la terre et l'ardeur de la convoitise absorbe la sève qui le nourrit.

> Tant que vous serez désunis et que chacun ne songera qu'à soi, vous n'aurez rien à espérer que souffrance, malheur et oppression.

Annexe 4 : L'unité

Où mène l'unité ? À l'autonomie interne ou à l'indépendance ?
Par Amady Aly Dieng[1]

Aujourd'hui, l'heure est venue pour chaque Africain de faire en toute sérénité son examen de conscience pour voir si sa position devant les problèmes politiques de l'Afrique Noire s'avère réellement fondée et juste. C'est à cet examen de conscience que je vous convie fraternellement tous ce soir. Au seuil de notre entretien, je me permettrais de formuler un souhait : je voudrais que cette conférence soit, non un monologue, mais plutôt un dialogue sincère où des idées naîtront, des opinions s'affronteront, mais d'où sortiront, j'en suis convaincu, des solutions qui auront au moins le sérieux avantage d'avoir été librement discutées.

L'Afrique Noire est à une heure décisive de son histoire. Tout le monde s'interroge sur son avenir et singulièrement sur la nature de ses futures relations avec la France. Les évènements se précipitent à un rythme effarant. Le temps presse et l'urgence des solutions apparaît plus nettement et plus clairement à ceux qui assument les destinées des pays africains. Chacun avoue que le problème est terriblement complexe, mais le courage fait particulièrement défaut à nos élus, quand il s'agit d'adopter des solutions politiques cohérentes et conformes aux données historiques. Les uns, en guise de paratonnerre, se livrent à des déclarations de fidélité inconditionnelle à la France ; les autres, encore timorés et pacifistes à outrance, louvoient et reculent devant l'usage de certains termes qui, paraît-il, ont la réputation d'attirer les foudres de nos Jupiters qui trônent encore sur les hauteurs sacrées de l'Olympe colonial.

Seulement, la roue de l'histoire n'est pas immobile. Elle continue de tourner : de nombreux pays anciennement colonisés ont accédé à l'indépendance. La carte politique du globe subit constamment des transformations sous nos regards jaloux. L'Europe, cette vieille reine terriblement revêche et acariâtre surtout depuis le fameux coup de Nasser ne peut plus prétendre monopoliser l'histoire de la Planète. L'Asie, le continent fabuleux et endormi, participe activement au concert des nations. L'Afrique, ce vieux château fort, est devenue depuis quelques années, à la faveur des progrès scientifiques, « poreux au souffle du monde », comme dirait Césaire. Du nord au sud, de l'est à l'ouest, souffle le vent, pour ne pas dire l'ouragan, de l'autonomie. Très vite la jeunesse africaine comprit que, pour arriver à bon port, il faut emprunter d'urgence la barque de l'unité. Elle réussit à prouver que l'unité est possible, qu'elle est indispensable à toute action qui se veut révolutionnaire, à condition qu'elle soit orientée vers des objectifs clairs et précis. Rapidement, elle prêcha l'exemple : en 1951, les étudiants de Dakar réussirent à créer une seule association où purent se côtoyer au grand regret de nos maîtres provisoires, Dahoméens, Ivoiriens, Voltaïques, etc.

En 1953, le Conseil de la Jeunesse du Sénégal, composé d'une vingtaine d'organisations, s'engagea, grâce à l'action des jeunes conscients et combatifs, dans la voie de la collaboration et de l'unité. Elle y a réussi aujourd'hui, puisqu'elle groupe actuellement plus de cent associations exerçant leurs activités dans les domaines les plus divers et dans les coins les plus reculés du territoire.

En 1956, les étudiants africains scellèrent leur unité, à la grande déception des hommes à monocles de la rue Oudinot, en la Fédération des Étudiants d'Afrique Noire en France dont le prestige ne cessera de grandir. La même année, la jeunesse de l'Afrique Occidentale, comme pour commémorer le dixième anniversaire de la naissance du RDA révolutionnaire, se donna rendez-vous sur les bords du Niger à Bamako. De là naquit le Conseil de la Jeunesse d'Afrique Occidentale. Toujours en 1956 – décidément cette année est riche d'évènements – l'Union Générale des Étudiants d'Afrique Occidentale, estimant que les étudiants sont une partie de la jeunesse, décida, malgré son caractère fédéral, son adhésion au Conseil de la Jeunesse d'Afrique Occidentale, qui envisage aussi lors de son prochain congrès d'Abidjan, la création d'une seule organisation de Jeunes à l'échelle de toute l'Afrique Noire.

Tous ces exemples disent assez la force irrésistible du courant unitaire qui traverse maintenant notre continent.

Les masses africaines, lassées des luttes stériles et des divisions inutiles, commencent à prendre conscience de leur unité d'intérêt. Et cela en partie, grâce à l'action obscure et patiente des jeunes qui militent avec conviction et dévouement dans les partis politiques, dans les syndicats et dans les mouvements de jeunesse.

Les Parlementaires, ayant senti la fausse note qu'ils étaient sur le point de jouer, coururent accorder leurs violons et prêcher l'unité africaine. Le jeu de l'unité commença à être joué. Les premiers dés furent jetés au Sénégal où tous les adversaires d'hier s'embrassèrent sous les acclamations délirantes des masses africaines et sous l'œil étonné et attristé du colon. Qui va gagner ? Qui va perdre ? Qui a raison ? Qui a tort ? Telles sont les questions si fréquemment discutées par les Africains.

Unité. Oui, mais autour de quoi ? C'est la question fondamentale à laquelle nous essaierons de répondre.

Quoi qu'il en soit, au désir profond d'unité, ont répondu des congrès de regroupement dont nous avons été tous témoins ces derniers temps. Leur multiplicité, parfois leur tenue simultanée, l'imprécision de leur formule programme n'ont pas entièrement levé la confusion qui a caractérisé la politique suivie ces dix dernières années en Afrique Noire sous domination française. Le moment est venu de faire le bilan de cette politique. Pour ce faire, une vue rétrospective sur le passé est indispensable.

« Les événements naissent d'un père inconnu », dit Valéry. Nous ne sommes pas d'accord avec lui. Nous pensons que le passé éclaire le présent et permet de mieux préparer l'avenir. Le désir d'unité n'est pas né *ex nihilo*, il n'est pas le fait du hasard ; il est la conséquence logique et nécessaire d'un état de faits antérieurs. C'est pourquoi parler d'unité sans replacer le problème dans son véritable contexte historique, ce serait faire de la pure spéculation. Nous partirons de faits objectifs, de la réalité concrète, pour montrer comment nous sommes parvenus à cette nouvelle situation historique. Après cette analyse critique de la politique passée, nous verrons où peut nous conduire la situation nouvellement créée par le désir des masses africaines de réaliser l'unité politique.

Ainsi, notre conférence se divisera en deux parties : la première sera consacrée à un examen critique de la situation politique créée depuis ces dix dernières années en Afrique Noire, la deuxième partie sera consacrée à la détermination des objectifs vers lesquels doit tendre notre unité.

Examen critique de la situation politique créée depuis ces dix dernières années en Afrique noire sous domination francaise

L'Afrique Noire, longtemps isolée, bâillonnée, humiliée, exploitée, ne s'éveillera à la vie politique qu'après la Seconde Guerre mondiale. Est-ce là un effet du hasard ? Il n'y aura certainement personne pour le penser, sauf ceux qui continuent à croire au père Noël ou à la génération spontanée. Le nouveau virage amorcé dès la Libération dans la politique coloniale s'explique aisément pour qui veut replacer les problèmes dans leur véritable contexte historique. Les faits parlaient pour un changement dans l'ancien ordre colonial. Les critiques internationales, la guerre, l'arrivée au pouvoir des forces progressistes françaises furent les facteurs qui poussèrent le gouvernement français à jeter du lest et à apporter des réformes aux populations africaines.

Les deux plus grandes puissances mondiales, les États-Unis d'Amérique et l'Union Soviétique, malgré leur opposition idéologique, sont d'accord pour condamner le principe du colonialisme. Elles ont souvent emprunté les tribunes internationales pour s'ériger en champions de l'anticolonialisme et en avocats défenseurs de la cause du nationalisme asiatique ou africain. Les Etats-Unis d'Amérique sont anticolonialistes pour deux raisons. D'abord, ils ont été dans le passé des colonies anglaises. De ce fait, ils conservent un réflexe anticolonialiste, mais ce réflexe n'est pas inconditionnel ; car il disparaît dès que la libération d'une colonie risque de grossir le camp socialiste. Autrement dit, leur anticolonialisme est une monnaie d'échange. L'attitude des Américains se réduit à ce marché : « Nous soutenons votre lutte, mais à condition que vous restiez dans le giron capitaliste ». Ensuite, il faut dire que les Américains ne sont ni des donateurs, ni des philanthropes. Leur entreprise anticolonialiste n'est pas une œuvre de bienfaisance. Elle est guidée et inspirée par des intérêts, des profits. En effet, les nations colonisatrices ferment, grâce au système du Pacte colonial, les marchés coloniaux aux marchandises américaines produites à des prix relativement bas. L'Amérique étant un pays capitaliste et la libre concurrence étant la règle d'or de tout système capitaliste, les grands industriels américains auront intérêt à pouvoir conquérir de nouveaux marchés et vendre aux colonies leurs produits manufacturés. Sachant que la domination politique des Etats colonisateurs est un obstacle majeur à leurs visées impérialistes, les Américains soutiendront les mouvements de revendication nationale des pays coloniaux, mais à la condition que ces pays, une fois politiquement indépendants, ouvrent de nouveaux débouchés à leurs marchandises et qu'ils ne se rangent pas du côté de l'Union Soviétique. L'anticolonialisme américain est à la fois idéaliste et intéressé ; c'est pourquoi leur attitude devant les problèmes de libération nationale est pleine de contradiction et déconcerte les gens qui ne comprennent pas que la diplomatie américaine flotte constamment entre deux impératifs nettement opposés : l'anticolonialisme et l'anticommunisme.

L'Union Soviétique a sa conception particulière de l'anticolonialisme tirée de l'idéologie marxiste. Le marxisme-léninisme considère que l'impérialisme est la phase suprême du capitalisme. Or, qui dit impérialisme, dit colonialisme. Donc un coup porté au colonialisme est un coup porté, d'après les marxistes, au capitalisme. L'Union Soviétique sera anticolonialiste, même si la colonie combattant pour son indépendance, doit se ranger du côté capitaliste. Elle comprend que la libération politique d'un pays colonial est une victoire sur le camp capitaliste. Son anticolonialisme n'est pas soumis à un quelconque marchandage : il existera tant que durera le système colonial, tant qu'il y aura des colonies dans le monde.

La position anticolonialiste des deux colosses est la première raison qui explique la nouvelle orientation de la politique coloniale française. La deuxième raison réside dans les conséquences nées de la Seconde Guerre mondiale.

Le prestige du maître fut rudement mis à l'épreuve par l'occupation de la France par les Allemands. Le maître vaincu et asservi fit appel à l'esclave qui l'aida à se libérer du joug nazi. Le sentiment pour l'esclave de se sentir aussi semblable et aussi fort que son maître contribua à saper les anciens rapports de domination. Samba, par diplomatie et par fidélité, promet à Dougourou un traitement meilleur que celui qu'il connaissait jusqu'alors.

De plus, deux gouvernements symbolisant des idéaux différents se disputèrent l'exercice du pouvoir en France. D'un côté, le gouvernement du maréchal Pétain qui, grâce à l'armistice signé, s'accommodait de l'occupation allemande et collaborait avec Hitler, de Vichy d'où il voulait diriger désormais la France occupée.

D'un autre côté, le Général de Gaulle, indigné à la suite de la capitulation et de la collaboration de Pétain, organisa la résistance aux forces d'occupation. Il installa un gouvernement en collaboration avec le général Giraud à Alger, en terre africaine. Ces deux galants, jaloux l'un de l'autre, se disputèrent le cœur de la jeune Vénus africaine qui venait de dévoiler ses charmes stratégiques militaires et économiques à la face de l'Occident en désarroi. Un duel entre galants eut lieu : l'épisode le plus célèbre de cette aventure « sentimentale » entre deux gouvernements fut le bombardement de Dakar en 1940. De quoi s'agissait-il ? Le gouvernement du Général De Gaulle voulant contrôler les colonies qui avaient une importance militaire stratégique considérable envoya à Dakar des hommes pour remplacer le gouvernement qui y exerçait le pouvoir, au nom du cabinet Pétain devenu collaborateur.

En ce temps-là, l'autorité du gouvernement sur les colonies était théorique, illusoire. Elle reposait sur une simple façade, sur de pures apparences. Il aurait été particulièrement facile aux colonies de proclamer leur indépendance et de se faire reconnaître par de nombreuses puissances. Ceci était relativement chose facile, puisque la France était en difficulté. Heureusement pour la France, et heureusement pour nous, les colonies préférèrent rester fidèles à la France en se ralliant au mouvement de la libération. Et dès ce moment, la France, émue de ce geste, se sentit moralement liée par un sentiment de reconnaissance à l'égard de ses colonies.

Nos tirailleurs dits « sénégalais » dont la bravoure est de renommée mondiale, eurent l'occasion d'apprécier sur les champs de bataille, le prix que chaque homme pouvait et devait attacher à la défense de sa patrie contre l'occupation étrangère. À partir de ce moment commença à se développer un sentiment patriotique, une conscience nationale qui ne pouvait plus cohabiter avec le système colonial.

Enfin, la troisième raison du changement intervenu après la guerre trouve sa source dans la montée au pouvoir de la gauche française, foncièrement assimilationniste, qui a pu travailler facilement dans cette période d'euphorie générale.

La pression de l'opinion internationale, le nouveau climat créé par la guerre, l'arrivée au pouvoir des forces progressistes françaises obligèrent « les constituants » de 1946 à condamner solennellement « tout système de colonisation fondée sur l'arbitraire ».

Avant l'élaboration de la Constitution du 27 octobre 1946, le premier événement le plus important pour les possessions françaises fut la Conférence de Brazzaville qui se tint en février 1944. Sur les bords du Congo, de hauts fonctionnaires furent convoqués pour parler au nom des Africains. Ils reconnurent la nécessité d'un renouveau dans la politique à suivre dans les colonies. Mais ils furent tellement obnubilés par l'idée de sécession, l'idée de séparation qu'ils ne purent se retenir de formuler cette recommandation : je cite « Les fins de l'œuvre civilisatrice accomplie par la France dans les colonies écartent toute idée d'autonomie, toute possibilité d'évolution hors du bloc français de l'Empire ; la constitution éventuelle, même lointaine, de self government dans les colonies est à écarter ». En lisant ces prophéties assimilationnistes, on peut honnêtement se demander si Brazzaville n'était pas devenu momentanément un cénacle littéraire et si les hommes qui s'y étaient donné rendez-vous n'avaient la sotte prétention de fonder une nouvelle école romantique. Les révélations de ces augures officiels sont des puérilités : car l'histoire ne donne aucun exemple de peuple ayant une vocation spéciale à la domination ou à l'asservissement. Est-il besoin de rappeler à ces augustes docteurs les paroles d'un grand écrivain qui n'aime pas par méfiance et par principe s'appuyer sur les enseignements de l'histoire :

> Dans les temps modernes, pas une puissance, pas un Empire en Europe, n'a pu demeurer au plus haut, commander au large autour de soi, ni même garder ses conquêtes pendant plus de cinquante ans. Les plus grands hommes y ont échoué ; même les plus heureux ont conduit leur nation à la ruine. Charles Quint, Louis XIV, Napoléon, Metternich, Bismark, durée moyenne quarante ans. Point d'exception.

Cet écrivain bourgeois admet sans ambages que la domination d'un peuple par un autre peuple est toujours provisoire, qu'elle n'est jamais éternelle.

Après Brazzaville, San Francisco retint un moment l'attention du monde entier. Le 26 juin 1945 fut signée la Charte Atlantique qui régit actuellement l'ONU, l'Organisation des Nations Unies ; L'ONU, malgré les accusations injustes dont l'accablent des colonialistes, a une haute autorité morale incontestable, et constitue une sûre garantie pour la paix mondiale, comme le prouvent abondamment les récents évènements de l'Afrique du Nord et du Moyen Orient. À cette conférence internationale de San Francisco, les Américains eurent à défendre à propos des colonies les thèses suivantes : c'est que les colonies doivent être placées, non sous la souveraineté exclusive des puissances coloniales, mais plutôt sous le contrôle international. Ainsi, les nations administrantes, comme la France et la Grande-Bretagne, ne seraient que de simples mandataires ayant à rendre compte annuellement de leur gestion à l'Organisation des Nations Unies.

La France eut à se défendre contre ces conceptions américaines qui laissaient ouverte la porte à de perpétuelles agitations, comme cela s'est fait dans les pays sous tutelle comme le Togo et le Cameroun. Quoi qu'il en soit, la France signa le Pacte d'Atlantique qui reconnaissait solennellement à tous les peuples, même colonisés, le droit de disposer d'eux-mêmes, le droit à l'indépendance. La meilleure preuve en est donnée par les termes de l'article 75 de la Charte qui déclare : « Les Etats signataires respectent le droit qu'a chaque peuple de choisir la forme de son gouvernement sous laquelle il doit vivre ; ils désirent que soient rendus les droits souverains et le libre exercice du gouvernement à ceux qui en ont été privés par la force ». En faisant nôtre cette déclaration, nous pouvons dire que nous avons le droit de choisir la forme de gouvernement sous laquelle nous devons vivre et que la souveraineté doit être restituée à notre peuple, puisqu'il en a été privé par la force et du moment que notre « maître » a apposé sa signature au bas de ce document.

Voilà le climat dans lequel la Constitution fut discutée. Je vous fais grâce des discussions instaurées à l'occasion sur le mode de gestion des colonies. Je m'attacherai à analyser très brièvement l'esprit qui a présidé aux travaux constitutionnels. De ces discussions, il en a résulté une déclaration d'intention formulée dans le Préambule de la Constitution, et qu'il est toujours intéressant de rappeler dans une conférence comme la nôtre : « Fidèle à sa mission traditionnelle, la France entend conduire les peuples dont elle a la charge à la liberté de s'administrer eux-mêmes et de gérer démocratiquement leurs propres affaires ». Cette proclamation constitutionnelle était à l'époque un pas en avant qui nous ouvrait la voie à une certaine autonomie qui n'est guère conforme au génie français. Car l'esprit français est universaliste, comme le montre clairement Valéry, lorsqu'il disait de ses compatriotes : « Notre particularité (et parfois notre ridicule, mais souvent notre plus beau titre de gloire) c'est de nous croire, de nous sentir universels. Je veux dire hommes *d'univers*. Observez le paradoxe : avoir pour spécialité le sens de l'Universel ». Valéry a raison : la particularité des Français c'est d'être universalistes et, par voie de conséquence, assimilationnistes. Leur ridicule, c'est de se prendre pour des modèles à imiter ou à envier ; leur plus beau titre de gloire, c'est de penser que tous les hommes, qu'ils soient blancs, noirs, jaunes sont égaux. L'esprit français est naturellement tourné, en matière coloniale, vers une politique d'assimilation qui peut se définir comme une volonté de rendre semblables et égaux des éléments différents. Cette conception est la conséquence logique de l'esprit cartésien qui est essentiellement d'un esprit d'abstraction. L'esprit d'abstraction ne retient que le général pour écarter le particulier. Or, le particulier pour nous, c'est notre originalité. Cette doctrine est inspirée, confessons-le, par des idées vraiment généreuses et libérales. Elle repose sur les conceptions révolutionnaires de 1789 qui affirmaient l'égalité universelle des hommes.

Cette croyance à l'égalité de tous les hommes est si profonde que Boissy d'Anglas devait s'écrier en l'an III : « il n'y a qu'une bonne manière d'administrer et si nous l'avons trouvée pour les contrées européennes, pourquoi celles de l'Amérique en seraient-elles déshéritées ? » Il parlait des colonies françaises d'Amérique. Cette conception assimilationniste est empreinte d'une certaine naïveté qui fait sourire certains Européens et singulièrement les Anglo-saxons. Elle est si forte chez le Français qu'il est souvent choqué d'entendre quelqu'un, surtout un Africain dire : « Je ne suis pas français ». Le fait est si vrai que le professeur Duverger le faisait remarquer dans un article paru dans *La Nef* : « Comment peut-on refuser d'être Français ? Les Anglais seraient choqués qu'un étranger put avoir l'idée de devenir britannique. Les Français sont choqués qu'un étranger n'ait pas l'idée de devenir français ».

Une telle mentalité, une telle conception avait ses projections dans les formules et les faits. D'abord, il fut décrété que la République française est une et indivisible. Conclusion de cette proposition : les colonies sont le prolongement de la Métropole. De nouveaux termes, porteurs de l'idéologie colonialiste, furent en vogue, et que je me refuse à employer, parce que n'étant pas partisan de l'assimilation. Ces termes pullulent : Territoire d'Outremer, France d'Outremer, Département d'Outremer, France africaine, Afrique Française, Métropole, etc.

Ensuite, les grands enfants que nous étions reçurent le baptême. On nous donna le nom de Français à la place d'indigènes. Désormais, Tiemokho, Adandé ou Mamadou devaient mourir au son de la Marseillaise, pleurer d'émotion à la lecture des exploits de Jeanne d'Arc ou de Napoléon et se convaincre, par des récitations ou des chants, que leurs ancêtres avaient la tête ronde et qu'ils étaient des Gaulois.

Enfin, il fut décidé que nos lois seraient votées non sur les bords du Niger, mais sur les bords de la Seine.

L'Afrique avait une trop forte personnalité pour se prêter aux fantaisies d'une politique dite d'assimilation. De plus, cette politique a été prostituée au départ dans son application par ceux qui voulaient s'en servir comme instrument de domination. Car assimilation implique égalité de devoirs et de droits. Or, l'expérience dément tous les jours cette affirmation de principe. Je n'en veux pour preuve que le cas de l'Algérie qui reçut du Sacré Père Législateur un nouveau nom de Baptême qui tendait à en faire une province de France au même titre que la Normandie ou le Roussillon. De gros espoirs naissaient dans le cœur de nombreux Algériens qui voyaient déjà dans cette Charte généreusement octroyée par la Gauche française, alors au pouvoir, un instrument de libération. Malheureusement, beaucoup d'entre eux devaient déchanter devant l'application qu'on allait faire de la nouvelle loi votée dans l'euphorie de la période d'après-guerre. Au départ, on posa la belle équation suivante : un Français de France = un Français musulman. Tout de suite après on posa une autre équation autrement plus belle que la précédente : huit millions de Musulmans = un million de Français. L'hypocrisie de la première équation ne tarda pas à crever les yeux des Algériens, même les plus réfractaires aux notions les plus élémentaires de l'arithmétique. Il n'est pas besoin d'être sorcier pour s'apercevoir que la communauté musulmane envoyait le même nombre de députés à l'Assemblée nationale, le même nombre de délégués à l'assemblée algérienne que la communauté européenne. Alors que les politiciens repus, pour justifier cette dualité du collège électoral, se livraient à des acrobaties verbales ou à des démonstrations juridiques, le peuple algérien, en contact avec les dures réalités, cherchait les moyens de se défaire de la domination coloniale. Si l'assimilation constituait un pas en avant en 1946 par rapport à l'ancienne politique d'« assujettissement », elle n'était pas réaliste. Elle a engendré la naissance du parlementarisme sur lequel les Africains fondaient beaucoup d'espoir. Dix années de parlementarisme viennent d'être vécues, l'heure est venue d'en tirer les conclusions. En 1947, le parlementarisme était efficace, dans une certaine mesure puisqu'il nous a apporté des lois libérales. Mais cela était dû à un climat spécial né de la conjoncture internationale et de l'euphorie de la période d'après-guerre. Le vote de ces belles lois n'est pas le fait exclusif d'un seul homme, comme on veut le faire croire à nos populations. La meilleure preuve, si vous allez dans les différents territoires et si vous interrogez leurs ressortissants, ils n'hésiteront pas à vous citer des noms d'hommes. Par exemple, au Dahomey, c'est Apithy, en Côte d'Ivoire Houphouët, au Sénégal Lamine Guèye. Cette multiplicité d'opinions montre bien que la vérité se trouve ailleurs. Certains parlementaires africains ont connu en 1947 une popularité hors de mesure avec le travail qu'ils ont fait.

Aujourd'hui, le parlementarisme semble condamné par les faits à n'être qu'un instrument inefficace, à n'être qu'un sabre de bois. Le nombre des députés africains est très faible, l'opinion française est ignorante de nos problèmes, les députés français qui votent nos lois ne connaissent pas nos pays et sont irresponsables devant nous ; les puissances d'argent agissent fortement sur le gouvernement français, le nationalisme français est très fort devant les questions coloniales. De plus, le Parlement français, trop pris dans les questions internationales et budgétaires, ne légifère pour les colonies que sous le coup de la menace ou devant l'effusion de sang. Chose plus grave, nos députés sont divisés, ils se font bombarder ministres ou demi-ministres. À la fin de cette seconde législature, je pense que tous les députés africains auront fini de faire leur stage dans les différents ministères. Hier, Fily Dabo, Lamine Guèye, Senghor, Conombo, étaient des demi-ministres. Aujourd'hui, Boigny est baptisé ministre plein. Houphouët est devenu le Messager, le Mercure du Gouvernement français dans les grandes assemblées internationales où il s'est subitement découvert des talents de griot et d'avocat pour la cause franco-africaine. Son acolyte, Dicko, un autre rossignol de la cause coloniale, jouit d'une réputation de pigeon voyageur et de ministre missionnaire.

Tous ces gens-là sont passés, par soif des honneurs, dans ces ministères ; mais nous Africains ne sommes-nous pas en droit, nous qui les avons envoyés au Palais Bourbon, de nous demander le bénéfice que nous avons tiré de leur « passage », quelquefois éphémère, dans ces ministères ? Absolument rien, sinon que la honte devant les patriotes camerounais, malgaches, algériens qui luttent pour la liberté de leur peuple.

Aujourd'hui, la Gauche française est sérieusement divisée. Elle s'affaiblira très certainement au profit de la Droite. Le Parti communiste souffrira des évènements de Hongrie, le Parti Socialiste de l'agression contre l'Égypte et de la guerre d'Algérie, le Parti radical est profondément divisé. De plus le gouvernement socialiste que l'on veut nous présenter comme un gouvernement le plus révolutionnaire et le plus anticolonialiste, a à son actif des guerres coloniales qui répugnent à toute conscience africaine, comme le montre si bien notre ami Camara Ousmane : « Le parti socialiste français est par essence anticolonialiste rien de plus exact ». Cependant, depuis 1945, les évènements ont tendance à donner à cet anticolonialisme du parti socialiste français une signification quelque peu monstrueuse et sanglante. N'est-ce pas le très socialiste Marius Moutet qui a orchestré le socialiste de Coppet, Gouverneur général de Madagascar qui, appliquant les mots d'ordre de son camarade supérieur Marius Moutet alors ministre des Colonies, a organisé l'abominable complot de Madagascar qui s'est soldé par le massacre de 90 000 Malgaches (chiffre officiel). N'est-ce pas au socialiste Naegelen que nous devons l'horrible boucherie qui, en 1945, fit 45 000 victimes en Algérie ? N'est-il pas le père du honteux truquage électoral qui a été introduit dans ce pays ?

Je continue la citation : « N'est-ce pas Marius Moutet qui, pour empêcher la réalisation de l'unité africaine, a manœuvré en 1946 pour torpiller le Congrès de Bamako d'où devait naître le R.D.A, ce qui a permis la sauvage répression qui a frappé la Côte d'Ivoire sous le proconsulat de Béchard ». À ce propos, je m'arrête pour me demander ce que penseraient les patriotes africains tombés sous les balles françaises à Thiaroye, Dimbokoro, Bouaflé, Daola et Séguela, s'ils pouvaient voir aujourd'hui nos parlementaires, mus par des ambitions personnelles, jouer bassement le jeu du colonialisme et, moyennant un portefeuille aussi vide que décoratif qu'ils ramassent tour à tour, faire les louanges de la poignée de brigands qui enchaîne, pille et torture l'Afrique au nom de la France.

Est-il anticolonialiste et généreux ce gouvernement socialiste qui, foulant aux pieds la volonté pacifique du peuple français, s'acharne à tuer par de puissants moyens de destruction la volonté du peuple Algérien de vivre libre ?

Devant tous ces faits, le peuple africain qui était uni rechercha à recouvrer son unité perdue grâce au mensonge des élus et de l'administration.

L'autocritique était nécessaire pour reconnaître les erreurs du passé, pour partir sur des bases nouvelles ; cette autocritique a été faite par Senghor, je m'empresse de dire que je n'ai jamais été senghoriste, j'ai toujours critiqué sa présence dans le cabinet réactionnaire Edgar Faure et ses thèses fédéralistes. C'est lui qui dit : « Si le Sénégal a revendiqué l'honneur de préparer ce congrès de la Convention Africaine, ce n'est pas par orgueil. Nous ne nous croyons pas le nombril de l'Afrique, ni la tête. C'est en réparation de la faute qu'ont commise les députés sénégalais d'alors en refusant d'aller au Congrès de Bamako, au Congrès constitutif du R.D.A.

Bien sûr, j'étais personnellement d'avis d'y aller, et je n'ai pas manqué de le dire en son temps à la direction du parti métropolitain auquel j'appartenais. Mais je dois modestement faire mon autocritique jusqu'au bout. Mon tort a été d'obéir à des ordres qui m'étaient imposés de l'extérieur. Que cela vous soit une leçon, mes camarades ».

C'est une leçon que nous devons tirer tous, car tous les grands partis ont commis des erreurs préjudiciables à l'unité africaine, mais à des degrés divers.

- Le R.D.A. a eu tort de s'apparenter au Parti communiste français ;
- Les Indépendants d'OM ont eu tort de s'apparenter au M.R.P. ;
- Les socialistes ont eu tort de s'inféoder à la SFIO ;
- Certains parlementaires ont eu tort de s'inscrire au groupe radical socialiste ou au groupe des Républicains sociaux, au M.R.P. ou au groupe des Indépendants.

Le mieux actuellement est de fonder un seul groupe de parlementaires africains qui, seul, pourra nous apporter quelque chose de positif. Malheureusement, il y a des gens qui se déclarent hostiles à la formule du parti unique. Si j'étais belge, anglais, allemand, et si je vivais dans des États indépendants comme la Belgique, l'Angleterre, l'Allemagne, j'aurais été hostile à la formule du parti unique. Dans un pays indépendant, un parti unique peut conduire au fascisme. Dans un pays colonial comme le nôtre, où les libertés sont bafouées, où les partis sont des comités électoraux, où l'ignorance est la règle, le parti unique est une formule bonne. Et d'ailleurs, je m'étonne que ceux qui se disent hostiles au parti unique n'aient pas vu que le Bloc africain était un parti unique. Un parti unique d'opposition ne peut guère mener au fascisme. Après la liquidation du système colonial, chacun peut créer son parti, s'il le désire. Actuellement, nous ne pouvons pas nous payer le luxe d'un « démocratisme » occidental.

L'unité réalisée, où nous mènera-t-elle ? à l'autonomie interne ou à l'indépendance ? C'est la deuxième partie de notre conférence.

Objectifs : autonomie interne ou indépendance

Différentes formations politiques africaines viennent de se réunir et de définir les objectifs qu'elles visent. Leur programme importe beaucoup : c'est à travers ces programmes que nous pourrons juger ces partis.

La Convention Africaine, sur l'initiative du Bloc Populaire Sénégalais (BPS), vient de tenir ses assises à Dakar. Elle affirme son désir de voir l'Afrique réaliser son autonomie interne dans l'immédiat. Elle ajoute que le droit à l'indépendance doit être réservé. Sa résolution de politique générale est claire : elle déclare que

> la révision du Titre VIII de la Constitution doit permettre aux Départements d'Outremer, aux Territoires d'Outremer, aux Territoires sous tutelle, d'accéder au statut de leur choix : statut d'autonomie interne ou statut d'État associé à la France.

De son côté, le Mouvement socialiste africain se propose, ce sont les termes du Manifeste que je cite :

> de réaliser en Afrique Noire Française une démocratie politique, culturelle, économique et sociale, assurant à chaque individu une indépendance complète et le plein épanouissement de sa personnalité, conduisant à une véritable indépendance des peuples.

Cette formule n'est pas très claire, du moins, elle est muette sur le problème de l'autonomie ou de l'indépendance. Elle a éludé l'essentiel des problèmes qui sont les plus débattus dans les milieux conscients. La déclaration semble mettre l'indépendance individuelle avant l'indépendance des peuples. Si cela est vrai, il faut dire que notre indépendance sera renvoyée aux calendes grecques : car l'indépendance de l'individu suppose d'abord l'indépendance de la société à laquelle l'individu appartient. Tant que le système colonial qui est un régime d'exploitation existera, le colonisé n'aura pas son indépendance, et ne connaîtra pas le plein épanouissement de sa personnalité. L'indépendance d'un peuple est la condition nécessaire de l'indépendance de ses membres. Le Mouvement socialiste africain est hostile au principe même du droit à l'indépendance, puisque son Comité directeur vient de désapprouver la section sénégalaise. Celle-ci avait adopté un rapport de politique générale dans lequel il était posé le principe du droit à l'indépendance et même le droit à la sécession. Cette prise de position du Comité directeur refuse un principe cher aux socialistes, comme Jules Guesde qui disait avec beaucoup de lucidité : « On ne peut empêcher les peuples d'aller vers leur indépendance, comme les fleuves de couler à la mer ».

La position actuelle du Mouvement Socialiste Africain est celle qu'avaient adoptée en février 1953 les Indépendants d'Outremer. « Une des résolutions de ces derniers déclarant que « les peuples d'Outremer préfèrent les libertés à la liberté et, à l'indépendance de leur pays, l'indépendance morale et matérielle de chacun de leurs concitoyens ». En 1953, les indépendants d'Outremer tenaient exactement le même langage que le Mouvement Socialiste Africain.

Heureusement, les choses ont évolué et la Convention africaine est revenue sur le droit chemin de l'histoire.

Si le Mouvement Socialiste Africain était vraiment autonome, il aurait refusé de se faire représenter par l'intermédiaire de la SFIO à l'internationale ; il aurait demandé que soit supprimée la clause de leur statut tendant à refuser l'adhésion directe des partis socialistes

Quant au Rassemblement Démocratique Africain, il serait hasardeux de dire quelle sera sa position sur la question du droit à l'indépendance ; je dis bien droit à l'indépendance et non indépendance. Souhaitons simplement que la voix des militants de base qui n'ont rien perdu de leur élan révolutionnaire de 1946 puisse se faire entendre et qu'elle accepte l'offre d'unité qui lui est faite par la Convention Africaine.

La réalisation immédiate de l'autonomie interne pour l'Afrique Noire est une revendication modérée et raisonnable. Les Africains ne peuvent que se féliciter d'avoir à gérer certaines de leurs affaires. Il n'y a que les colonialistes qui hurlent contre une telle revendication politique. Pour eux, autonomie signifie départ ou, plus précisément, diminution ou perte de privilèges et de profits dus à l'existence du système colonial. La vie n'est pas statique : elle évolue ; les choses changent. Si la revendication de l'autonomie interne constituait une pure folie en 1946 pour l'Afrique Noire, sa réalisation devient une nécessité. Elle ne peut pas être ajournée pour longtemps ; car les Africains deviennent de plus en plus conscients. Ils se rendent compte chaque jour que la propagande officielle leur ment. Ils sentent la nécessité de construire eux aussi leurs propres cases et de fonder leurs propres foyers.

Autonomie interne n'est pas synonyme d'indépendance. Elle est moins que l'indépendance ; si elle est une étape dans la voie de la conquête pour l'indépendance, elle en est différente à certains égards. L'indépendance suppose la liberté de déterminer sa politique, tandis que l'autonomie interne n'implique que la gestion des affaires internes.

Cette distinction donnée, essayons de définir très sommairement le canevas de l'autonomie interne. C'est un simple cadre, d'ailleurs très large, que nous essayerons de tracer ; car seuls les rapports de force pourront dire exactement ce que sera la réalisation de cette autonomie interne en Afrique Noire.

Les affaires extérieures, c'est-à-dire l'armée, la diplomatie, la monnaie, l'économie générale, sont exclues de la compétence des organes locaux. Toutes affaires intérieures, au contraire, relèvent de la compétence des organes locaux. L'autonomie interne pose pour nous des problèmes institutionnels. Doit-on conserver les assemblées locales actuelles ou les supprimer pour en créer d'autres ? Mieux encore ; ne serait-il pas opportun de supprimer les frontières actuelles qui sont issues de la colonisation. Nazi Boni, le député de la Haute-Volta, faisait remarquer récemment dans un article publié dans « Afrique Nouvelle » :

> Le monde traverse une époque de paradoxes. Les hommes réputés les plus progressistes s'abandonnent à la douce somnolence des habitudes établies. Ils dénoncent le colonialisme, mais conservent jalousement ses institutions, oubliant que la stagnation en cette ère atomique conduit aux réveils douloureux. La structure actuelle de nos grandes fédérations africaines demeure l'œuvre de la conquête, c'est-à-dire de l'autorité qui n'admet aucune réplique.

Le problème des frontières reste posé à la conscience des Africains. Personnellement, je suis entièrement d'accord avec la haute personnalité africaine qui confiait à *Afrique Nouvelle* cette déclaration :

> Tout le monde s'accorde pour dire que les actuelles limites administratives ne reposent en général sur aucune réalité géographique, économique ou ethnique. Pourquoi donc les conserver ?

Ne serait-ce pas plus sage de supprimer les territoires et de faire de l'AOF d'aujourd'hui une seule entité administrative et politique, avec un Conseil de Gouvernement et une Assemblée uniques ?

Pourquoi ? Les raisons sont nombreuses. Sans vouloir vexer personne, il est évident que certains territoires auront du mal à trouver une équipe gouvernementale capable d'assurer avec compétence la gestion des affaires publiques. La mise en place de tous les organismes exécutifs et législatifs pour chacun des territoires entraînera des frais considérables.

Enfin et surtout le développement économique d'une AOF unie pourrait se faire d'une façon harmonieuse. Dans une AOF divisée, les territoires autonomes commenceront par ramasser, chacun pour soi, les ressources économiques qui leur sont propres. Pensez-vous que les plus riches accepteront alors facilement de reverser à la caisse commune les sommes indispensables au développement des plus pauvres ? Dans une AOF unifiée, la mise en valeur de toutes les régions pourrait être menée parallèlement.

Nos frontières artificielles n'ont pas eu le temps de donner à chaque territoire une personnalité assez forte pour qu'elle ne puisse se fondre dans l'ensemble fédéral. On peut d'ailleurs envisager une étape intermédiaire où seraient conservées les assemblées territoriales avec un rôle consultatif. Puis, une fois l'unité faite, des départements seraient créés dans lesquels le gouvernement serait représenté par un délégué ou préfet, tandis que la fonction législative serait remplie par des conseils généraux.

Les frontières ne sont pas immuables, les territoires peuvent être supprimés sans grand dommage, si certaines précautions sont prises. Tel est le cas de la Haute-Volta, je cite mon camarade Borna, dont les ressortissants furent il y a quelques années baptisés nigériens, ivoiriens, soudanais. Ce qui avait pratiquement abouti à la disparition de ce territoire de la carte de l'AOF. Cette mesure ne provoqua aucune coulée de larme ni de sang.

L'avenir est dans cette ère atomique aux grands ensembles politiques et économiques.

L'Europe cherche à réaliser son unité pour retrouver « son indépendance économique et politique ». Elle cherche par le biais de son unité à se défaire de la domination américaine. Les Arabes veulent réaliser leur unité ; ils font tout pour que naisse la Nation arabe. L'Afrique du Nord cherche à constituer une confédération du Maghreb. L'Afrique Noire, aussi, ne doit pas échapper à ce courant unificateur qui caractérise notre époque sans pitié. L'Afrique toute entière commence à penser à la constitution des États-Unis d'Afrique : si l'idée semble utopique dans la situation présente, elle chemine dans le cœur de certains Africains.

La France, pour arriver à son unité politique, a pendant longtemps centralisé son administration. La formule « la République une et indivisible » montre que la France avait à lutter contre certains séparatismes locaux. Bien que la France soit une seule nation, le Breton est différent à plusieurs égards du Lorrain, comme l'Alsacien est différent du Normand.

L'autonomie interne réalisée, il y a deux positions possibles. Les uns considèrent que l'autonomie interne est une étape pour la conquête de l'indépendance. C'est la position des « associationnistes ». Ils veulent obtenir l'indépendance d'abord, et ensuite s'associer à la France sur un pied de stricte égalité. Pour les autres, l'autonomie interne est presque une fin. C'est la position des fédéralistes qui disent ceci : « Les questions importantes doivent être confiées à des institutions publiques communes ». Sur quelle base ? Les fédéralistes ne le disent pas. Il y a des nuances dans le fédéralisme. Il y a le fédéralisme défini hier à Bobo-Dioulasso ; celui-là était nébuleux. C'était plutôt une vue de l'esprit, un produit de l'imagination du poète qui en était l'auteur. Il y a le fédéralisme des néocolonialistes à la Teitgen. Au dernier Congrès de la Convention Africaine, il y a eu un pas en avant. Je n'ai pas le fétichisme des mots ; c'est le contenu qui importe pour moi. On y a parlé de Fédéralisme du type Commonwealth. Si cela est sincère, je suis entièrement d'accord.

L'Angleterre, après la douloureuse révolte de ses treize colonies d'Amérique, devenue aujourd'hui une grande puissance mondiale, a renoncé à la colonisation politique dans certains cas pour sauvegarder sa domination économique. Elle reconnut successivement l'indépendance au Canada, à l'Australie, à la Nouvelle Zélande, à l'Union Sud Africaine, à l'Inde, au Pakistan. Elle reconnaîtra le 6 mars de cette année l'indépendance de la Gold Coast qui restera membre du Commonwealth sous le nom de Ghana.

C'est un événement extrêmement important que nous devions tous saluer, car c'est le premier État Noir né sur le continent africain. Si le Ghana a accompli sa révolution nationale, il lui reste à accomplir sa révolution sociale contre la bourgeoisie noire et la caste des chefs traditionnels qui continuent à exploiter le peuple.

Les membres du Commonwealth sont des États indépendants. Ils ont leur armée, leur diplomatie, leur police, etc. Ils ont le droit de se séparer du Commonwealth. Ce droit de sécession leur est reconnu d'une façon formelle par l'Angleterre. Au sein du Commonwealth, il n'y a pas à proprement parler d'institutions politiques communes à l'Angleterre et aux dominions. La Reine d'Angleterre est le symbole de l'Union. Elle n'a aucun pouvoir dans les pays membres du Commonwealth. D'autre part, une conférence des Premiers ministres des dominions se réunit périodiquement pour discuter de leurs problèmes communs. Cette conférence ne prend aucune décision ; elle formule des recommandations que chaque gouvernement est libre d'appliquer ou de ne pas appliquer. Cette structure du Commonwealth est si souple que les Français la combattent énergiquement.

De toute façon, les jeunes et les étudiants sont unanimes pour revendiquer le droit à l'indépendance. Notre époque est l'ère des nationalismes asiatique et africain. La France ne peut pas nous refuser ce droit à l'indépendance, car elle est la première nation à affirmer la souveraineté des peuples. Elle l'a formulée dans sa célèbre déclaration des Droits de l'homme. Elle est la première nation à connaître le nationalisme ; elle l'a enseigné à l'Europe. C'est de son enseignement que l'Allemagne et l'Italie sont parties au XIXe siècle pour réaliser leur unité nationale. Napoléon III n'a-t-il pas fait combattre ses troupes en Italie pour que les Italiens puissent jouir du droit des peuples à disposer d'eux-mêmes. De l'Europe, le nationalisme est passé en Amérique, qui a conquis son indépendance contre l'Angleterre. De l'Europe, le nationalisme est passé en Asie qui a longtemps gémi sous le poids du colonialisme occidental. De l'Asie, le nationalisme a gagné le continent africain ; ce fait là, c'est une conséquence des progrès techniques actuels. La distance et le temps sont vaincus. Dakar est à quelques heures de Paris. Le même événement est connu presque à la même minute dans le monde grâce au phénomène radiophonique. « L'histoire ne peut plus être circonscrite. Rien ne se fera plus que le monde entier ne s'en mêle », comme dit Valéry. Le retard de notre continent est dû en partie à notre isolement qui est le fait de la barre et des grands déserts ; aujourd'hui les progrès de la science y ont apporté quelques remèdes. C'est pourquoi notre peuple revendiquera fatalement le droit à l'initiative, le droit à l'indépendance. La décolonisation, pour employer le terme du jour, est la conséquence nécessaire de l'enseignement tiré de l'histoire de France. Le Professeur de droit Georges Lavau a bien vu la question quand il écrit dans *L'Express* :

> Nous sommes pour la décolonisation parce que nous sommes nationalistes français, nous voyons un lien intime entre ce nationalisme français et une compréhension des nationalismes d'outremer. Nous ne saurions admettre qu'il existe pour nous une vérité et une vérité pour les autres. Nous savons que tout nationalisme bien compris implique un principe d'universalisme, c'est-à-dire en l'occurrence la reconnaissance des indépendances et des libertés des populations coloniales.

Les Français sont très nationalistes ; leur excès de nationalisme a toujours été le frein considérable à la réalisation de l'unité européenne. Derrière ces projets d'unification de l'Europe, il se camoufle des desseins purement nationalistes. Guy Mollet lui-même, dans le problème algérien, agit en nationaliste chauvin et non en internationaliste, comme le lui demande la doctrine socialiste qu'il prétend défendre.

Pourquoi se comporter en nationaliste et refuser aux autres le droit d'être nationaliste. Malgré les protestations de fidélité de nos ministres et ministraillons, l'heure de l'indépendance sonnera.

L'Afrique Noire doit préparer sa révolution nationale et sociale ; elle doit lutter contre toute tentative qui aboutirait à remplacer les colonialistes blancs par une bourgeoisie noire qui continuera à exploiter les masses populaires. Notre révolution doit, pour être profitable à tous, être nationale et socialiste ; Dia Mamadou est bien d'accord avec nous lorsqu'il dit : « Seul le socialisme pourra nous conduire à notre émancipation ».

Les jeunes et les étudiants disent : « Nous voulons l'indépendance ». Mais ils disent : « Pour le moment, dans l'immédiat, la réalisation de l'autonomie interne est possible ; elle est une revendication raisonnable et réaliste ». Mais ils posent dès maintenant le problème de l'indépendance. En même temps qu'ils revendiquent l'autonomie interne, ils demandent que soit reconnu le droit à l'indépendance. Les parlementaires éludent presque tous cette revendication. Dans ce pays où le parlementaire n'est efficace que dans la mesure où il constitue une officine de main d'œuvre ou un bureau de placement, je comprends qu'ils reculent devant le terme d'indépendance, parce qu'ils craignent les foudres de l'administration qui leur offre souvent des faveurs.

Mais le problème de l'indépendance ne peut plus être éludé, il faut le poser clairement. Je sais qu'il y a des mystificateurs qui tous disent que l'indépendance n'existe pas, que c'est un miroir à alouettes. Les défenseurs de l'esclavage, de l'asservissement, du système colonial disent : « Vous ne pouvez pas être indépendant parce que vous ne savez pas fabriquer un brin d'allumette ». Drôle d'argument, pour ne pas dire argument de concierge. Ils veulent nous dire, ces gens-là, qu'il faut attendre que les colonialistes se paient le luxe de nous apprendre à fabriquer des brins d'allumettes pour disposer de nous-mêmes. Ils attendront longtemps. Ces gens-là, je les renvoie à ce que Dr Nkrumah, premier ministre de la Gold Coast, disait :

> Penser que la Grande-Bretagne, la France ou toute autre puissance coloniale, gardent des colonies sous « trusteeship » jusqu'à ce qu'elles soient capables – à leur sens – de se gouverner elles-mêmes, quelle erreur, quelle méprise. Les puissances coloniales ne peuvent pas s'offrir le luxe de s'exproprier. Donc s'imaginer que ces puissances coloniales voudront, sans contrainte, apporter à leurs colonies, la liberté et l'indépendance sur un plateau d'argent, c'est le summum de la folie.

Si l'Afrique doit attendre que le dernier paysan de la brousse soit agrégé de lettres, elle attendra longtemps. L'indépendance politique d'abord pour pouvoir ensuite réaliser l'indépendance économique ? Avant de savoir monter à cheval, il faut être en possession d'un cheval. Voilà ce que nous disent les colonialistes : avant d'avoir un cheval, il faut savoir monter. Si on n'a pas un cheval sur lequel apprendre à monter, nous risquons de n'être jamais de bons « jockeys ». L'histoire de ces dix dernières années semble donner raison aux gens qui revendiquent l'indépendance.

Depuis 1946, plusieurs pays se sont libérés du joug colonial : la Syrie, le Liban, l'Inde, le Pakistan, Ceylan, la Birmanie, l'Indonésie, l'Égypte, le Soudan, la Libye, le Maroc, l'Éthiopie, la Tunisie, et bientôt, l'Algérie, le Nigeria et la Côte de l'or. Les exemples d'États asiatiques ou africains pullulent maintenant dans l'histoire. Et tous ces États soutiennent la cause de l'indépendance nationale. Bandoeng en est la preuve manifeste où les 2/3 de la population du globe, 1 milliard 500 millions d'hommes se réunirent pour condamner le colonialisme. Parmi ces pays, il n'y en a pas un seul qui ait accompli sa révolution par la voie parlementaire, par la voie légale ; de telle sorte que je demeure profondément sceptique devant les gens qui nous proposent d'arriver à la révolution par la loi. Pour moi, la loi ne peut pas nous apporter l'indépendance ni une quelconque liberté. La loi ne nous apportera que des réformettes qui ne satisferont ni les Africains ni les Européens. La Loi Cadre fait peur aux Européens, alors qu'elle ne représente rien pour nous, sauf qu'elle assassine l'unité africaine en balkanisant les territoires. Elle nous fait miroiter des portefeuilles vides. Et nos « hommes ministrables » commencent à pousser des soupirs d'orgueil parce qu'on les appellera du pompeux titre de Monsieur le Ministre. Ils auront certainement du mal à s'occuper. « Peut-être qu'ils auront à compter, s'ils sont ministres de l'élevage ou de l'agriculture, le nombre de boucs et le nombre de baobabs qu'il y a dans le pays ». Notre époque marche vers l'unité et l'indépendance. C'est pourquoi je voudrais confier à la méditation de nos leaders ces sages paroles de Vigny qui disait : « La marche de l'humanité ressemble à celle d'une grande armée dans le désert.... Dans cette rapide et continuelle traversée vers l'infini, aller en avant, c'est la vie ; rester en arrière, c'est mourir ». Souhaitons qu'il aille avec la foule pour vivre ou qu'elle la devance.

Je ne saurais terminer cette conférence sans conclure sur cet appel à l'unité formulé par Lammenais : « Lorsque l'homme est seul, le vent de la puissance le courbe vers la terre et l'ardeur de la convoitise absorbe la sève qui le nourrit. Tant que vous serez désunis et que chacun ne songera qu'à soi, vous n'aurez rien à espérer que souffrance, malheur et oppression ».

Annexe 5 : Rapport moral

Rapport moral présenté par Dieng Amady Aly,
Secrétaire général de l'AGED

Chers Camarades,

D'ordinaire, le rapport moral de l'Association Générale des Étudiants de Dakar est présenté par le président au début de l'année où il faut procéder au renouvellement du bureau. Cette méthode avait le gros inconvénient de laisser en partie l'appréciation du travail effectué par le bureau à des membres qui, par le fait même qu'ils n'ont pas suivi tout au cours de l'année les activités de l'AGED, ne peuvent pas se prononcer valablement.

C'est pour parer à cet inconvénient et pour permettre aux étudiants qui, dès la rentrée prochaine, ne seront plus des nôtres d'avoir une idée exacte des résultats obtenus que nous avons préféré rompre avec la tradition et présenter en fin d'année le rapport moral de l'association.

Le moment est donc venu de vous dire dans quelle mesure nous avons pu nous acquitter de notre tâche. Mon travail sera d'autant plus facilité que notre président a eu l'occasion, dans son dernier rapport, d'anticiper sur ce que j'avais à dire et de définir, d'une manière claire et précise, le sens de l'action de l'Association Générale des Étudiants de Dakar. Quant à moi, je me bornerai tout simplement à vous rappeler les points essentiels de notre programme et à voir avec vous ce qui a pu être ou non réalisé. Ce programme comprend en particulier deux parties : l'une est essentiellement consacrée aux problèmes universitaires et l'autre intéresse le domaine social.

Sur le plan universitaire, notre programme peut se résumer aux points suivants :

(1) Renouvellement du corps professoral de l'Institut des Hautes Études de Dakar,

(2) Représentation au sein du Conseil de l'Institut des Hautes Études et au sein du Conseil de la Cité Universitaire de Fann,

(3) Institution d'un système de sécurité sociale ou de tout autre système pouvant garantir les étudiants contre les accidents et les maladies,

(4) Développement des relations de l'AGED avec les autres organisations estudiantines de l'extérieur.

Sur le plan social, nous avons cherché surtout :

(1) À lutter contre l'analphabétisme en revendiquant une plus large scolarisation des enfants et dénonçant tous les abus perpétrés dans nos lycées, collèges ou écoles normales ;

(2) À organiser des cours de vacances gratuits au profit des élèves des lycées et collèges et des personnes désireuses de préparer des concours, et des cours gratuits au cours de l'année ;

(3) À collaborer avec les mouvements de jeunes et à contribuer à la multiplication des associations de Parents d'Élèves.

Au cours d'un entretien, M. François Schneider, alors Secrétaire d'État à la France d'Outremer, nous avait fait des promesses formelles en ce qui concerne le renouvellement du corps professoral. Malheureusement, elles n'ont pas été entièrement tenues puisque tous les professeurs, maîtres de conférences ou chefs de travaux pratiques annoncés ne nous ont pas été envoyés. Néanmoins, cette année, nous avons enregistré la nomination de M. le recteur Capelle à la tête de l'Institut. Déjà, nous avons eu des contacts avec lui qui nous permirent de lui soumettre nos doléances. Il promit notamment de procéder à un large recrutement de professeurs et de maîtres de conférences. À ce propos, il précisa que les maîtres de conférences doivent rester en permanence à Dakar, tandis que les professeurs ne seraient là que pour quelques mois. Cette formule, avait-il ajouté, serait applicable dès l'ouverture prochaine de l'École Supérieure de Lettres. D'ailleurs, il nous a même mis au courant de la venue d'un certain nombre de professeurs de lettres.

- Professeur d'Anglais,
- Maître de conférences d'Anglais,
- Maître de conférences d'Histoire.

Devant toutes ces promesses, quelle position devons-nous adopter ? La plus sage serait d'attendre l'année prochaine et de faire confiance à notre Recteur pour que soient réalisées les réformes tant attendues et tant souhaitées par les étudiants et l'ensemble du pays.

Pour ce qui est de l'institution de la sécurité sociale estudiantine, M. le Haut Commissaire, au cours d'une enquête, nous a promis de prendre toutes dispositions utiles pour garantir la sécurité sociale aux étudiants.

Mais le système que l'Administration a cru devoir nous proposer ne satisfait que partiellement les boursiers, puisqu'il laisse à leur charge les frais d'hospitalisation. Et d'autre part, il ne prévoit absolument rien pour les étudiants non boursiers qui, faute de sécurité sociale estudiantine d'ailleurs instituée en Métropole, risquent fort de poursuivre leurs études dans de très mauvaises conditions. Et c'est pourquoi nous avons été amenés à tenir compte de tous ces faits et à proposer des solutions concrètes à l'Administration qui ne nous a encore donné aucune réponse.

En ce qui concerne notre représentation au sein du Conseil de l'Institut, il nous a été répondu que nous n'y avions pas droit en vertu de la réglementation actuelle ; ou tout au moins pouvait-on avoir de représentants au sein du Conseil de discipline de l'Université qui n'existe pas actuellement à Dakar et qui ne sera créé que lorsque l'autonomie totale sera accordée à l'Institut des Hautes Études. Dans ces conditions nous sommes autorisés à croire que l'on veut faire l'Université en dehors et contre nous. Nous pensons que la meilleure façon d'assurer le prestige de l'Université Française sur cette terre d'Afrique, c'est d'établir des contacts étroits et des dialogues francs et sincères entre étudiants et professeurs au sein des organismes traitant des questions estudiantines. Il est inconcevable que les intérêts des étudiants en général et surtout ceux des étudiants d'une jeune université qui doit rayonner sur toute l'Afrique Française soient discutés en dehors d'eux. C'est pourquoi nous ne cessons de revendiquer avec force notre présence partout où nos intérêts seront en jeu. Cette attitude n'a rien d'outrecuidant, car elle est le témoignage certain de notre véritable désir de coopération et de collaboration avec les professeurs.

D'autre part, cette année, l'Internat de Fann a été transformé en Cité universitaire et ce changement a eu pour conséquence l'élaboration d'un règlement intérieur et la nomination d'un Conseil d'Administration.

Nous avons été amenés à discuter avec le Directeur de la Cité pour l'établissement d'une discipline librement consentie par les étudiants. À cet effet, nous avons contribué à l'élaboration du règlement intérieur dont vous avez certainement pris connaissance.

Sur le point précis de notre représentation au sein du Conseil de la Cité, nous ne pouvons que marquer notre déception : car notre représentation n'a pas été aussi large que nous l'avait promis notre ancien Recteur, Camerlynck, puisqu'en fait nous n'avons qu'une place au Conseil de la Cité. Donc, il appartiendra au bureau de l'année prochaine de revendiquer une représentation plus large.

S'agissant des relations de l'AGED avec les autres organismes estudiantines de l'extérieur, nous pouvons dire qu'elles ont été des plus nombreuses et de plus fructueuses. Nous avons non seulement reçu des délégations d'étudiants venus visiter notre pays, mais aussi nous avons eu l'occasion à plusieurs reprises de participer activement à de nombreuses conférences.

Nous avons eu au mois de décembre la visite d'une délégation du Secrétariat de Coordination (COSEC) avec qui le bureau s'est entretenu sur divers problèmes intéressant notamment nos relations extérieures. Je n'insisterai pas sur ce point, un compte-rendu détaillé vous a été déjà donné dans un des numéros de « Dakar-Étudiants ». En juin, nous avons eu aussi la visite estudiantine canadienne de passage, qui n'a pas pu travailler avec nous en raison de leur bref séjour.

Outre ces visites d'étudiants, nous avons participé à de nombreuses conférences dont les comptes-rendus vous ont été déjà donnés. En décembre, nous avons envoyé deux délégués au Ve Congrès de la Fédération des Étudiants d'Afrique Noire en France. En février, nous avons pris part à la conférence de Vienne sur la Paix. Pendant les vacances de Pâques le Président et le Vice-président aux Affaires Extérieures se sont rendus au 44e Congrès de l'Union Nationale des Étudiants de France. Ce mois-ci, nous participerons à la 5e Conférence du COSEC à Birmingham. L'Union Internationale des Étudiants nous a invités à la réunion de son Conseil annuel et nous avons l'intention d'y envoyer deux délégués.

De nombreuses autres invitations auxquelles nous n'avons pas pu répondre faute de moyens matériels nous ont été envoyées. Néanmoins, nous avons toujours eu le souci de nous informer du travail qui a pu être effectué au cours de ces congrès ou conférences. Ces relations très précieuses pour le développement de notre association qui a besoin de profiter de l'expérience de ses « aînés » d'Europe ou d'Asie méritent, en tout état de cause, d'être élargies et développées. Et ceci, dans l'intérêt même de notre mouvement.

Notre devise – tout au moins aussi importante de nos activités que de nos revendications sur le plan corporatif – « l'Université au Service du Pays » formulée par le Président de l'AGED ne doit pas rester un simple slogan de propagande ou de démagogie ; car il importe que nous apportions notre modeste contribution à la promotion sociale de notre pays. Conscients de cela, nous avions esquissé avec vous un programme social qui doit être une partie concrète de notre volonté de nous rendre utiles à la masse. Dans ce domaine, des efforts ont été déployés et nous n'avons rien ménagé pour que le taux de la scolarisation soit élevé et que la qualité de l'enseignement soit améliorée tant dans les lycées et collèges que dans les écoles normales. Malgré les faibles moyens dont nous disposons, nous avons estimé nécessaire de dénoncer les abus commis dans les écoles, d'organiser des cours gratuits et de collaborer étroitement avec les associations de parents d'élèves.

Notre rubrique la « Page de l'Enseignement » où nous avons simplement dénoncé les abus intolérables perpétrés dans le souci de saboter l'enseignement de nos jeunes frères nous a valu, comme l'on pouvait s'y attendre, de violentes critiques de la part des hommes et des autorités responsables. L'on nous a reproché de nous immiscer dans les affaires qui ne relevaient pas de notre compétence. À cela, nous répondrons que le sort de notre jeune Université est étroitement lié à celui de l'enseignement secondaire.

Il est inadmissible que le recrutement des chargés de cours, et quels chargés de cours, soit la règle actuellement ; que l'on ne s'étonne pas dès lors que les enfants à qui l'on enseigne des monstruosités échouent en masse à leurs examens. Dénoncer ces abus ne signifie pas de notre part malveillance ni méchanceté ni désir systématique de décourager les bonnes volontés. Cela signifie tout simplement que nous entendons rester vigilants et opposer un non catégorique à la politique d'obscurantisme de l'Administration qui entend se porter garant du maintien des intérêts de nos « maîtres d'aujourd'hui, encore farouches partisans de la raison du plus fort ».

En ce qui concerne la question des cours de vacances, un rapport vous sera présenté dès la prochaine rentrée. Nous avons simplement, pour le moment entamé des démarches pour l'obtention d'une autorisation de les organiser. De nombreux étudiants de la Métropole devant passer leurs vacances en Afrique nous ont promis leur aide et concours. Donc, nous croyons pouvoir affirmer avec certitude qu'ils connaîtront plus d'ampleur et seront mieux organisés que l'année dernière, en raison de l'expérience déjà acquise et de l'accroissement très sensible du nombre des étudiants africains.

Nous avons eu le bonheur de voir naître cette année au Sénégal une Association territoriale de Parents d'Élèves qui a tenu son premier congrès les 4 et 5 juin 1955. Notre Association a participé à ses travaux comme invité, et c'est à ce titre, que nous avons fait entendre notre voix et affirmer notre position à l'égard du projet de réforme de M. le Recteur Capelle portant suppression des écoles normales, réorganisation de l'enseignement primaire et institution de classes à double cycle. Je ne pourrai malheureusement pas dans le cadre de notre rapport insister sur le sens de la réforme et sur notre prise de position, car cela mériterait de longs développements, et je pense que la question devra faire l'objet d'un article substantiel dans notre bulletin.

Abordant le bilan des activités du bureau, jetons un rapide coup d'œil sur nos perspectives d'avenir. Dans ce domaine, le problème le plus important, c'est la cohésion de l'AGED. Il va de l'intérêt supérieur de l'AGED et du pays de maintenir et de renforcer l'unité et la cohésion des étudiants. Tout à l'heure, nous allons nous quitter pour passer nos vacances auprès de nos parents. Mais cela signifie-t-il que nos activités doivent être suspendues jusqu'à la prochaine rentrée ? Non, car vous avez le devoir de prolonger notre travail, partout où vous serez, en organisant des cours de vacances, des conférences, en essayant de militer dans les mouvements de jeunes et en travaillant à la création et la multiplication des associations des Parents d'élèves. N'oubliez surtout pas que l'AGED, simple vocable employé pour la commodité du langage, doit être une réalité vivante que l'on retrouvera à chaque instant dans le cœur et dans les actions de chacun de nous, sinon nous faillirons à notre idéal : celui de travailler pour le pays qui a consenti de lourds sacrifices pour nous entretenir et nous éduquer.

Je ne puis terminer ce rapport qu'il reste à compléter dès la prochaine rentrée sans vous convier à faire en sorte qu'une grande partie de nos activités à Dakar ou partout ailleurs, soit guidée et marquée par le souci de toujours mettre l'Université au service du pays.

Fait le 1er juillet 1955
Dieng Amady Aly

Additif au rapport moral (17 novembre 1955)

Lorsque je faisais en juillet dernier le rapport moral de l'Association, le mandat du bureau en exercice n'avait pas encore expiré. Et depuis que nous nous sommes quittés, votre bureau a continué à faire un travail qu'il convient aujourd'hui de vous exposer.

Dans une entrevue, nous avons fait avec M. le Recteur un vaste tour d'horizon sur le développement et l'avenir de l'Institut des Hautes Études de Dakar. À cette occasion nous avons nettement exprimé notre position à l'égard des créations que l'on envisageait déjà pour la rentrée prochaine. Nous ne sommes pas systématiquement contre le développement de l'Université, au contraire, c'est ce que nous souhaiterions vivement. Mais nous sommes hostiles aux improvisations et aux créations avec des moyens de fortune. Ce que nous réclamons à l'heure actuelle, c'est de réparer les erreurs commises à la base et de consolider ce qui a déjà été fait.

À propos de l'École Préparatoire de Médecine et de Pharmacie, nous avons réaffirmé notre opposition à la création d'une quatrième année et à la nomination de certains chargés de cours.

Pour ce qui est de l'École Supérieure des Lettres, nous avons été d'accord pour la création de deux Certificats : Littérature Française et Littérature Étrangère, à la condition qu'un personnel qualifié soit recruté. Il est certes arrivé un certain nombre de Professeurs et de Maîtres de Conférences dont je suis incapable de vous dire avec précision les disciplines qu'ils enseignent.

S'agissant de l'École des Sciences, la création d'un Certificat de Physique Générale et de Géologie nous a apparu comme chose très prématurée, étant donnée l'insuffisance d'un personnel qualifié et d'un matériel adéquat. Si nous constatons avec plaisir qu'on a tenu compte de notre avis en ce qui concerne le Certificat de Physique Générale, nous devons toutefois regretter la création du Certificat de Géologie.

En ce qui concerne l'École Supérieure de Droit, il y a certes des problèmes, mais plutôt des problèmes d'organisation intérieure que nous comptons résoudre avec les autorités responsables.

Nous serions incomplets, si nous ne disions un mot sur les examens de l'année dernière. Ils ont certes été corrects dans l'ensemble, sous réserve de ce que nous dirons tout à l'heure des résultats de l'École des Sciences. Mais tout d'abord, nous devons adresser nos sincères félicitations à M. Mazleyrat pour les très bons et très encourageants résultats qu'il a obtenus à la première session de juin et que l'on enregistre pour la première fois à l'École Supérieure des Lettres. En revanche, nous devons nous élever contre les très mauvais résultats qui ont caractérisé les examens de MPC et MG.

Depuis quelques années, les échecs massifs y sont élevés au rang de tradition. C'est à croire que les étudiants de Dakar soient spécialement réfractaires aux disciplines mathématiques. Quant à nous, nous ne le pensons pas et nous voudrons bien croire que les véritables responsables de ce triste état de fait ne doivent pas être recherchés parmi les étudiants, mais ailleurs.

En matière de sécurité sociale, si vous vous en souvenez, l'Administration nous avait proposé une formule qui, si elle satisfaisait partiellement, répondu à notre contre-proposition et a accepté d'étendre le système (initialement prévu pour les seuls boursiers) à tous les étudiants. Certes, le système n'est pas parfait, mais il appartient aux futurs dirigeants de l'AGED de travailler à son amélioration. L'AGED a eu pendant les vacances de nombreuses relations avec des organisations d'étudiants ou de jeunes tant sur le plan local que sur le plan international. Sur le plan local, nous avons envoyé un délégué au Congrès Fédéral du Conseil de la Jeunesse de l'Afrique Occidentale Française. Nous avons aussi participé aux travaux du Congrès du Conseil de la Jeunesse du Sénégal qui a tenu ses assises à Kaolack. Sur le plan international, nous avons participé aux travaux de la Ve Conférence du COSESC à Birmingham, aux travaux du Congrès de l'Union Générale des Étudiants Tunisiens à Tunis, à la réunion du Conseil de l'Union Internationale des Etudiants à Sofia. Nous avons aussi envoyé un délégué aux voyages d'études organisés sous le patronage de l'UNESCO. Remercions l'Entraide Universitaire Mondiale de la place qu'elle nous a assurée à ce voyage d'études. Tous ces congrès, toutes ces conférences auxquels l'AGED a participé feront ultérieurement l'objet de comptes-rendus détaillés, soit en Assemblée Générale, soit dans « Dakar-Étudiant ».

Voilà brièvement exposées les activités de notre Association pendant les vacances. Pas une fois, nous n'avons pensé avoir mis à exécution tout le programme que nous avions soumis. Certes, tout n'est pas fait. Il reste beaucoup à accomplir. Mais pour cela, il ne faudrait pas que l'on se repose sur le bureau. Il faudrait plutôt la participation active de chaque membre pour la réalisation de notre programme universitaire et social. Il ne suffit pas de payer sa cotisation ou ses droits d'entrée pour croire que l'on s'est acquitté des devoirs de membre. Outre cela, chaque étudiant devra s'intéresser et participer très activement aux travaux des commissions qui seront, dans un souci de décentralisation créées cette année et travailler à la diffusion de notre organe qui est, j'allais dire, la source de notre force.

Cette nouvelle année qui s'ouvre devant nous est pleine de promesses et d'espoir. Je sais bien que l'on s'attend beaucoup dans certains milieux à un changement d'orientation de notre mouvement. Mais réaffirmons-le : l'AGED maintiendra son ancienne orientation tant que n'interviendront pas de profondes et sérieuses réformes au sein de l'Institut. Notre ligne de conduite ne changera pas et notre programme restera toujours le même. Car nous entendons lutter d'une façon acharnée contre les solutions de facilité et contribuer, sous toutes formes, à la promotion sociale de nos pays.

Annexe 6 : Marché commun – sens et esprit par Amady Aly Dieng[2]

C'est non sans hésitation et sur la pointe des pieds que nous essayerons de nous aventurer dans cette forêt vierge constituée par le Marché Commun ; car des voix plus autorisées que la nôtre se sont déjà fait entendre là-dessus. Néanmoins, la question est d'importance non seulement pour la France, mais aussi pour nous qui sommes encore placés sous sa domination et ses lois. Elle a naturellement été appréciée différemment suivant les options politiques. C'est pourquoi nous nous permettons d'examiner le problème suivant notre propre optique ; nous pouvons nous tromper dans nos jugements. Mais notre seule excuse nous pouvons la trouver dans ces paroles de Denis Diderot qui déclarait : « Tous les hommes ne peuvent pas avoir les mêmes sentiments ; mais tous sont obligés d'être sincères, et on n'est pas coupable pour être dans l'erreur, mais pour trahir la vérité. » Camarades, efforçons-nous d'être sincères et de ne pas trahir la vérité.

L'Unité européenne n'est pas une idée nouvellement sortie des entrailles des politiciens de l'ère atomique. C'est une vieille idée qui a connu des nuances dans la pensée des diplomates et des hommes d'État européens. Charles Quint, Louis XIV, Napoléon, Metternich, Bismarck, Hitler en avaient une conception particulière. Chacun d'eux aurait voulu que l'unité se fasse au profit de son propre pays. C'était l'expression des nationalismes impérialistes. Quoiqu'il en soit, depuis la fin de la Première Guerre mondiale et à la suite de la Révolution socialiste de l'Union Soviétique, l'Unité européenne a eu une faveur considérable. Son importance s'est accrue depuis la Deuxième Guerre mondiale à la suite de laquelle le camp socialiste a augmenté ses effectifs (Pologne, Roumanie, Bulgarie, Albanie, Tchécoslovaquie, Chine, Corée du Nord, Vietnam du Nord, etc.). Après ces victoires du communisme, le bloc occidental a commencé à réaliser effectivement son unité, mais par une création d'organismes consultatifs ou de décisions qui ressemblaient étrangement à des académies où l'éloquence des ténors européens se donnait libre cours. Il y eut une pléthore d'institutions à consonance européenne ; OTAN (Organisation du Traité de l'Atlantique Nord), OECE (Organisation Européenne de Coopération Économique), CECA (Communauté Européenne du Charbon et de l'Acier), communément connu sous le nom de Plan Schuman, UEP (Union Européenne de Paiement), UEO (Union Européenne Occidentale), CED (Communauté Européenne de Défense), etc. Après l'échec de la CED, l'avorton de Schuman qui sut longtemps durer au Quai d'Orsay, malgré la valse ministérielle à laquelle la bonne quatrième République nous a habitués, après l'échec de la CED, dis-je, l'idée de l'Unité Européenne gravement compromise fut momentanément reléguée au Musée. Mais les évènements d'Afrique du Nord et du Moyen Orient allaient donner un regain de faveur à ce qu'il est convenu d'appeler la relance européenne. Pour sauver sa carrière d'homme d'État gravement déjà compromise par la guerre d'Algérie, Guy Mollet chercha à mettre une sourdine à l'éclatant échec de sa politique d'agression contre l'Égypte. Pour cela, il trouva facilement un bouc émissaire sur qui il fit peser la responsabilité de sa mésaventure de Suez. Ce bouc émissaire, c'était les États-Unis qui soutinrent l'Égypte, non par philanthropie, mais par calcul et par intérêt. Car en soutenant les pays arabes, les États-Unis voulaient d'une part les préserver de la tentation communiste et d'autre part se substituer aux Français et aux Anglais frappés de discrédit du fait de leur agression contre l'Égypte pour exploiter le pétrole du Moyen Orient. Guy Mollet, profitant de la forte poussée de l'opinion française en grande partie hostile à la politique des Américains pour lui faire croire que l'Unité Européenne suffirait à assurer l'indépendance de l'Europe et de la France en particulier à l'égard des États-Unis. C'est dans cet esprit que la Conférence de Messine décida la création d'un marché commun au niveau de l'Europe des six à savoir : France, l'Allemagne de l'Ouest, la Hollande, la Belgique, l'Italie, le Luxembourg. Un an après, en mai 1956, à la conférence de Venise, Christian Pineau demanda l'intégration des Territoires d'Outremer dans le Marché Commun. De tout ceci, il résulte que le marché commun, bien que d'essence économique, poursuit des objectifs politiques. Ainsi, la distribution de nos rôles sera assurée de la façon suivante. Touré Abou traitera des aspects économiques de la question ; autrement dit il analysera le contenu, l'économie du traité qui institue le marché commun. Quant à moi, mon rôle sera plutôt un rôle d'inquisiteur ; je m'attacherai particulièrement à voir si le traité ne contient pas des hérésies et s'il ne porte pas atteinte à l'orthodoxie de la politique nationale que nous entendons promouvoir pour notre patrie africaine. En effet, je chercherai à lire entre les lignes du Traité et à les dépouiller de son masque scriptural pour vous montrer son vrai visage qui apparaît différemment suivant qu'il s'agisse du point de vue européen ou du point de vue colonial ; ainsi notre exposé sera divisé en deux parties : la première sera consacrée à l'examen du Marché commun vu sous l'angle des Européens ; la deuxième à l'examen du Marché commun vu sous l'angle de ses incidences sur la politique coloniale européenne.

Longtemps, l'Europe a régné en reine incontestée sur la planète, mais les nouvelles techniques modernes ont très sérieusement ébranlé sa puissance d'antan. Du rôle de grande princesse, elle est subitement tombée au rang de modeste servante. Dans son orgueil blessé, dans sa nostalgie du passé qui faisait parler d'elle comme de la locomotive du monde, elle ne peut se résigner à son nouveau rôle de reine déchue. Au contraire, elle met tout en œuvre pour rassembler ses forces usées pour être en mesure de toujours tenir un langage viril à ceux qui veulent la disqualifier dans la compétition économique actuelle. Hélas, son étoile autrefois si belle commence à pâlir sous les feux étincelants de nouvelles constellations. Écoutons ce que Tibor Mende nous dit à propos de l'éclipse qui menace dangereusement l'Europe : les progrès techniques ont transformé la scène mondiale. L'Europe qui en était depuis trois siècles le personnage central a commencé à s'enfoncer dans la trappe de l'histoire. Et de l'arrière plan obscur, deux personnages monumentaux se sont avancés pour se disputer sa place vacante. L'un d'eux était l'héritier de l'Europe, le descendant d'émigrants européens qui étaient partis essayer leurs techniques dans un cadre plus vaste et sur une échelle plus grandiose. L'autre était le rival de l'Europe, le descendant d'un mélange de races européennes et asiatiques qui avaient adopté une idéologie occidentale pour thème de leur expérience ; l'utilisation des techniques européennes sur une échelle coloniale dans un défi non seulement à la suprématie de l'Europe, mais encore à celle de l'Occident tout entier. « Voilà admirablement brossé le rôle que l'Europe joue maintenant sur l'échiquier international. La place de la dame y est tenue par les deux grandes vedettes : l'Union Soviétique et les États-Unis, alors que l'Europe y est reléguée au rôle mineur de pion à utiliser. Cette situation dramatique, à elle seule, justifie l'unité de l'Europe qui risque d'être broyée entre les étaux des deux colosses. Cette perspective douloureuse a incité des Français, des Allemands, des Italiens à revêtir la soutane européenne pour prêcher sur tous les toits l'unité de l'Europe. Mais hélas, les obstacles ne devaient pas manquer. L'histoire de l'Europe n'est pas de nature à faire naître des sentiments d'amitié entre les différents peuples qui la composent. Chaque nation a combattu sa voisine. L'ennemi héréditaire changeait constamment selon les époques. La chasse aux colonies devait être un autre sujet de discorde entre les puissances européennes. Les exemples fleurissent, mais hélas le temps nous manque. Bref, la route de l'unité était trop parsemée d'embuches et d'obstacles pour susciter un très grand enthousiasme chez tous ceux qui s'inquiètent de la grandeur de l'Europe.

Malgré toutes les difficultés considérables à surmonter, il y a des hommes qui se font les avocats de la cause européenne : il convient de les écouter défendre leur thèse pour pouvoir apprécier objectivement la valeur et la solidité de leurs arguments. Ils se plaisent souvent à dire « le nationalisme est dépassé ». Sur ce point, il importe que nous ouvrions une parenthèse utile et nécessaire, car la formule « le nationalisme est dépassé » peut gravement prêter à équivoque. De même qu'un poison administré dans certaines conditions devient un remède, de même le nationalisme utilisé dans certaines conditions constitue un bien. C'est sur les formes du nationalisme que je voudrais apporter des explications. Certains européens en parlant de l'anachronisme des nationalismes veulent délibérément jeter le discrédit sur les mouvements de libération nationale qui se sont fait jour en Asie et en Afrique. Il y a une distinction fondamentale à faire dans les formes du nationalisme suivant qu'il s'agisse d'un État indépendant comme la France ou d'un pays dépendant comme le nôtre. Le professeur Maurice Duverger les analyse clairement dans un article publié dans *Le Monde* du 16 mars 1957 sous le titre : *Les deux stades du nationalisme* ; il dit notamment :

> En gros, on peut distinguer deux types de nationalisme qui paraissent correspondre à deux étapes d'une même évolution. Le premier tend à dresser un peuple dépendant d'un autre (ou de plusieurs autres) contre celui-ci ou ceux-ci. Il exprime une volonté de vivre en nation autonome. Tel a été le mouvement des nationalistes dans l'Europe et l'Amérique du XIXe siècle qui a gagné aujourd'hui l'Asie et l'Afrique.

Ce nationalisme est libérateur et « progressiste ». La liberté collective d'une nation par rapport aux autres est l'une des conditions de la liberté individuelle de ses membres. Et il ajoute : « Mais il existe un autre nationalisme qui tend à se développer une fois le premier satisfait. Il traduit l'égoïsme d'une nation qui refuse d'admettre que son indépendance a pour limite l'indépendance des autres. Xénophobie, racisme, impérialisme en sont les manifestations principales. Ce nationalisme là est régressif et réactionnaire au sens propre du terme. Oui, c'est ce nationalisme des Etats indépendants, ce qui n'est pas le nôtre, qui est à condamner ; car c'est lui qui est à la source de l'implantation de l'impérialisme de l'Etat français sur le continent noir.

Cette équivoque levée, exposons simplement les arguments des « Européens » qui se réduisent essentiellement à deux.

D'une part l'Europe doit s'unir pour assurer sa puissance économique.
D'autre part l'Europe doit s'unir pour assurer son indépendance à l'égard des États-Unis et de l'Union Soviétique.

Le premier argument est sérieux : il peut se formuler de la façon suivante : « *L'avenir est aux grands ensembles politico-économiques* ». En effet les données actuelles de la technique ne cadrent plus avec les frontières des petites nations. Certaines réalisations scientifiques dont le coût est considérable ne peuvent plus être faites par une seule nation, surtout si elle est très petite. Elles nécessitent la coopération de plusieurs nations. Et là la solidité de l'argument des Européens semble être confirmée par l'exemple des États-Unis et l'Union Soviétique qui disposent de grands espaces géographiques et un potentiel humain considérable. Leur puissance économique leur assure la suprématie politique dans le domaine international. Et c'est là qu'apparaît le deuxième argument des Européens. L'unité sur le plan économique amènera à l'Europe une indépendance qui paraît être de poids, si l'on s'en tient aux apparences : nous verrons donc tout à l'heure ce qu'il en est.

Toutes ces considérations ont incité certains hommes d'État à donner leur bénédiction au traité instituant le Marché commun européen et l'Euratom. À qui s'adresse ce nouvel évangile ? Qui prétend t-il convertir ? Et que contient-il ? Et qui vise-t-il réellement ? Telles sont les questions auxquelles faute de temps, nous essayerons de répondre très brièvement.

Le Marché commun vise trois objectifs :

(1)   La libre circulation des biens

Les pays signataires doivent aboutir à une union douanière en réduisant progressivement de 10 pour cent par an environ leurs droits de douane jusqu'à leur suppression complète : c'est dire qu'il faut attendre une période de 10 à 15 ans pour voir une disparition complète des droits de douane entre les pays de l'Europe. Ainsi, toutes les restrictions ou contingentements à l'importation, de même que toutes les subventions à l'exportation seront supprimées. De plus, un tarif douanier commun aux six pays sera adopté à l'égard des autres pays.

(2)   La libre circulation des personnes

Toutes séries de mesures destinées à faciliter aux travailleurs leur établissement dans les pays de leur choix seront prises. Mais pour ne pas tout brusquer, l'émigration doit être progressive. C'est pourquoi les contingents qui pourront émigrer seront augmentés d'année en année jusqu'à la liberté complète. Soulignons en passant que cette diminution intéressera particulièrement l'Italie avec ses légions de chômeurs. D'autre part, pour assurer une concurrence parfaite entre les industries, des mesures d'harmonisation seront prises en matière de salaires et de charges sociales ; ce qui voudra dire que certains pays devront augmenter le prix des heures supplémentaires ou la durée des congés payés. Ceci pose des problèmes complexes que notre camarade Touré Abou analysera, puisqu'ils ressortiront de son domaine.

(3)   Libre circulation des capitaux

Ce que l'on vise, c'est la liberté pour le propriétaire des capitaux de choisir le pays où il investira. Ce qui l'intéresse, c'est d'avoir des garanties et surtout d'obtenir une harmonisation fiscale entre les différents pays membres du Marché commun.

Voilà brièvement esquissé le contenu du traité. Qu'en penser du point de vue strictement politique ? D'abord nous pouvons constater que le traité n'englobe pas tous les pays d'Europe. Il ne groupe que six pays : la France, l'Italie, l'Allemagne de l'Ouest et le Benelux, alors que l'Europe au sens géographique du terme, est comprise entre la mer glaciale arctique au Nord, l'Océan atlantique à l'Ouest, la Méditerranée et ses annexes ainsi que le Caucase au Sud, la Mer Caspienne, les Monts Oural, le Fleuve Oural à l'Est. L'exclusion de la Russie de l'Europe n'est pas un effet du hasard ; le refus est révélateur, ainsi que l'abstention de nombreux pays européens. Pourquoi cela ? C'est simplement parce que le marché commun vise des objectifs politiques : d'une part la construction de l'unité politique de l'Europe, d'autre part l'alliance des pays européens dans la lutte anti-communiste.

Pourquoi commencer, pour réaliser l'unité politique européenne, par une intégration économique ? La réponse est simple : il n'est pas possible aujourd'hui de dire aux nations européennes d'élire des parlements et des conseils de ministres européens. Cette question ainsi présentée sera vouée à l'échec.

C'est pourquoi on a choisi l'union économique. Il est amusant de remarquer que ceux qui luttent contre le marxisme lui donnent singulièrement raison quand il enseigne que l'infrastructure détermine la superstructure. Instituer le marché commun, c'est la meilleure façon d'enlever aux parlements nationaux leurs plus importantes prérogatives, car du fait qu'il y aura des institutions nationales, ils n'auront plus qu'à enregistrer les édits qu'on leur expédiera. En effet, ils n'auront plus à légiférer librement sur les impôts, les prix, les salaires, bref sur les économies nationales.

Par ailleurs, le marché commun est dirigé contre l'Union Soviétique : il sera utilisé dans la lutte anti-communiste que l'Occident mène contre l'Est. De nombreuses déclarations confirment cette idée. Je m'en tiendrai à ces deux seulement.

La première est tirée d'une lettre que le Pape a envoyée à la Fédération des Femmes catholiques allemandes : « Qu'on se représente clairement ceci : cette culture européenne sera ou bien authentiquement chrétienne et catholique ou elle sera consumée par le feu dévastateur de cette autre culture matérialiste pour qui ne compte que la masse et la force purement physique ». Voici une autre déclaration qui émane cette fois d'un parlementaire gaulliste Michel Debré : « Plus que jamais, c'est le seul problème de la solidarité militaire en Europe qui est à l'ordre du jour.... Plus que jamais les problèmes atlantiques qui sont réduits à la préparation d'une guerre en Europe. De défensive on va même par la force des choses, à l'offensive ». Ces déclarations ne sont pas des déclarations de paix, mais plutôt de mémoires de guerre. C'est dire que l'unité européenne ne sera pas la création d'un troisième bloc destiné à imposer la paix mondiale. Au contraire, elle ne peut pas être neutraliste puisqu'elle est anti-communiste et poursuit des objectifs politiques.

L'unité européenne favorise singulièrement l'Allemagne militariste qui cherche à reconquérir certains territoires qu'elle considère comme allemands : les déclarations de Jabob Kaiser sont édifiantes à ce propos. « Les voici : Une Europe véritable ne pourra être formée que lorsque le bloc allemand sera reconstitué. Je vous rappelle que ce bloc comprend outre l'Allemagne, l'Autriche, une partie de la Suisse, la Sarre et bien entendu l'Alsace Lorraine ». Et il ajoute : « Quand je pense à la cathédrale de Strasbourg, mon cœur se serre ».

Les faits semblent bien prouver que les Allemands se soucient surtout de l'unité de leur territoire : Jean Le Bail, porte parole du groupe socialiste à l'Assemblée nationale, n'a pas manqué de le souligner : « L'Allemagne est beaucoup plus préoccupée de son unité que de l'Europe, pour le moment au moins, et nous ne saurions l'en blâmer après le drame hongrois ». Pineau n'a pas encore protesté contre l'existence au ministère de l'Intérieur allemand à Bonn d'un bureau chargé des affaires d'Alsace Lorraine. De plus, le dernier référendum organsé en Sarre a fait perdre à la France la Sarre désormais rattachée à l'Allemagne. Adenauer cherche à récupérer les 18 millions d'Allemands situés derrière le rideau de fer. C'est pourquoi, grâce aux douze divisions que lui ont laissées les accords de Paris et grâce à l'Europe, il veut mener une croisade contre le camp socialiste.

Les Européens, pour justifier leur entreprise, prétendent vouloir sortir de la dépendance où les États-Unis les ont longtemps placés. Est-ce vrai ? Je ne le crois pas pour 3 raisons :

Les Etats-Unis contre qui est dirigé le traité comme les Européens le prétendent, soutiennent chaleureusement le Marché commun. Les Américains qui sont très vigilants sur leurs intérêts ne sont pas fous pour soutenir des traités qui leur font du tort.

Pourquoi les Américains soutiennent-ils les Européens ?

(1) Parce qu'ils partagent la même politique anti-communiste dirigée contre le camp socialiste

(2) Parce que les Américains possèdent d'énormes capitaux en Allemagne. Et par le jeu du marché commun, ils arriveront à mettre facilement la main sur l'économie de l'Europe des six.

(3) Parce que le marché commun leur ouvrira de nouveaux débouchés par suite de l'abaissement des tarifs douaniers. Je prends un exemple : la France fait payer, pour protéger son économie, aux produits américains des tarifs douaniers très élevés. Des pays comme la Belgique font payer aux produits américains des tarifs douaniers peu élevés. Comme les pays du marché commun doivent avoir le même tarif douanier à l'égard des produits provenant des pays extérieurs au marché commun, la France sera obligée de baisser ses tarifs ; et ainsi les produits américains inonderont les marchés français. En outre, l'Amérique continuera à toujours diriger la politique du bloc occidental du fait qu'elle est le seul pays ayant des armes thermonucléaires et du fait qu'elle a une très grande influence dans la politique internationale. La petite Europe, péniblement rafistolée à coups de pourparlers et de traités est l'œuvre des capitalistes qui entendent se syndiquer pour mieux défendre leurs intérêts présents non seulement en Europe, mais aussi dans les colonies ou anciennes colonies. Ainsi, nous allons aborder notre deuxième partie consacrée au marché commun dans ses incidences sur le problème colonial.

La nationalisation de la Compagnie universelle du Canal de Suez a précipité la construction de l'Europe des six, gravement compromise par le rejet de la CED intervenue en août 1956. L'affaire de Suez a été un test non seulement pour les Occidentaux, mais aussi pour les Arabes. En effet, elle a montré que la solidarité occidentale est factice, qu'elle ne peut être réelle que dans une guerre dirigée contre Moscou ou Pékin. Elle a révélé les contradictions qui existent dans l'alliance occidentale. Il y a une lutte entre les capitalistes européens et les capitalistes américains. La France et l'Angleterre qui possédaient de très grands intérêts non seulement dans la Compagnie du canal, mais aussi dans les exportations du pétrole du Moyen Orient se sentent perdues à la suite de l'agression menée contre l'Egypte. L'Amérique se dépêche pour ouvrir la succession des Européens dans l'exploitation des puits de pétrole.

Le coup de Nasser, pour employer la terminologie du jour, constitue une menace pour l'Europe. D'abord, elle crée des précédents dangereux pour les intérêts des capitalistes : car les autres pays arabes seront tentés de suivre l'exemple de Nasser pour nationaliser les puits de pétrole installés chez eux par les compagnies françaises, anglaises ou américaines.

Ensuite, l'affaire de Suez a clairement montré la vulnérabilité de l'économie européenne qui ne peut guère vivre ou se maintenir sans le pétrole du Moyen Orient. Ainsi, l'absence de carburant crée de graves crises dans l'économie européenne qui doit ralentir son travail, mettre ses ouvriers au chômage, diminuer ses profits, voire fermer ses entreprises et péricliter. Ces graves perspectives n'enchantent pas les capitalistes qui entendent connaître une paix sociale pour mieux exploiter les ouvriers.

Pour parer à tous ces dangers réels, les puissances européennes ont décidé de se syndiquer contre les nations asiatiques qui veulent se débarrasser des impérialismes occidentaux et assurer leur indépendance économique et politique. C'est dire alors que l'unité européenne telle qu'elle est connue dans le Marché commun est une machine de guerre contre le nationalisme asiatique, un barrage contre ce que l'on appelle actuellement le panarabisme ou le panislamisme. Jean Le Bail, porte-parole du groupe socialiste, le dit clairement : « Je vous demande : les choses se seraient-elles passées de la même manière, si au moment de l'affaire de Suez, nous avions pu intéresser toute l'Europe à un problème qui n'était pas un problème français ou anglais, mais un problème européen ». En réalité, le marché commun vise à maintenir et à étendre l'impérialisme de l'Europe sur le continent asiatique qui a longtemps vécu sous la houlette politique des puissances européennes. Aujourd'hui, grâce aux « royalties », grâce au pacte militaire comme le pacte turco-irakien d'inspiration anglaise, ou le pacte du Sud-est asiatique d'inspiration américaine, les sultans, les rois ou les shahs des pays du Moyen Orient sont à la dévotion des intérêts des pays capitalistes. Mais dans les pays qui connaissent les servitudes du capital, le peuple est hostile aux pactes militaires qui sont l'expression des impérialismes étrangers.

Pour lutter contre cet état d'esprit, les Européens pensent réussir en s'associant dans un marché commun qui est un prélude à l'unification politique des pays européens. Guy Mollet et Sir Anthony Eden pensent que, si le syndicat européen était mis sur pied, la nationalisation du canal de Suez ne serait jamais intervenue, parce que les autres puissances européennes auraient participé à l'agression contre l'Égypte. Mais c'est trop oublier que les intérêts des capitalistes sont souvent contraires les uns aux autres, de telle sorte que l'entente n'est possible que dans la mesure où leurs intérêts sont communs. Et comme dans l'exploitation des autres, dans la spoliation des anciennes colonies, les capitalistes sont solidaires. Les Européens à la Guy Mollet, à Adenauer veulent se liguer dans le marché commun.

L'entreprise cachée dans le Marché commun est trop vaste pour ne pas s'étendre aux pays africains.

Actuellement, l'Afrique est parcourue par de vastes mouvements de libération nationale. Les Européens en ont peur ; car ces mouvements visent à la suppression du colonialisme et de l'impérialisme. Donc, il faudrait chercher des moyens de s'opposer à ces nationalismes qui menacent les intérêts des capitalistes toujours en quête de colonies. Pour cela, ils ont trouvé une formule : l'Eurafrique : c'est-à-dire l'association de l'Europe et de l'Afrique. Mais cette affaire ressemble singulièrement à l'association du pot de fer et du pot de terre, vous connaissez l'issue de l'histoire pour songer à ce que promet cette association à notre fragile Afrique. La construction de l'Eurafrique préoccupe singulièrement les colonialistes qui tremblent devant la forte poussée des nationalismes africains. En effet, chaque année, des pays se libèrent, hier c'étaient la Lybie, l'Ethiopie, le Soudan, le Maroc, la Tunisie, aujourd'hui c'est le Ghana, demain ce sera le Nigeria, l'Algérie et l'Afrique Noire ; c'est devant cette perspective que le capital tremble et essaie d'organiser un front de lutte. Pour cacher tout cela, on nous fait miroiter des lendemains qui chantent. On nous dit que la France ne peut pas à elle seule contribuer au développement de l'Afrique. Il faut dans ce cas y associer les pays européens. C'est être naïf que de croire que les capitaux européens viendront s'investir en Afrique pour créer une infrastructure économique solide ; au contraire, ils s'investiront dans les secteurs où le profit est le plus considérable. Et comme actuellement, c'est le commerce ou les mines qui ne sont en réalité que des entreprises de spoliation et de vol, il est certain que l'Afrique Noire attendra longtemps pour être industrialisée.

De plus, on nous dit que l'Afrique est le complément de l'Europe. C'est l'argument le plus séduisant et le plus dangereux. Il cache en effet beaucoup d'hypocrisies et abuse souvent l'Africain de bonne foi non averti des questions économiques.

L'expérience prouve qu'un pays agricole est dépendant dans la conjoncture économique actuelle, car sa prospérité dépend entièrement des fluctuations de cours mondiaux qu'il ne peut pas contrôler efficacement. D'autre part, l'équilibre d'un pays ne peut se réaliser que dans une industrialisation semblable à celle qui a existé dans les pays développés.

De plus, accepter cette complémentarité des économies européenne et africaine, c'est au fond accepter sous une autre forme la résurrection du pacte colonial au niveau international. Malheureusement, mon rôle doit se limiter à la signification politique du marché commun, c'est pourquoi je ne peux guère approfondir mes observations sur les incidences économiques de la notion de l'Eurafrique.

Le vote de la loi instituant l'Organisation commune des régions sahariennes (OCRS) chaudement défendue par un de nos ministres africains se place dans la perspective eurafricaine, car la loi, en organisant économiquement le Sahara, vise des fins politiques. En effet, les puissances coloniales sentent la liquidation prochaine de leur système d'exploitation. C'est cette peur qui a incité les capitalistes français à se liguer pour faire barrage aux revendications nationales. Le Sahara et l'Algérie contiennent des richesses considérables en mines et en sources énergétiques. Ils attirent singulièrement les grands financiers américains. C'est là qu'il faut chercher les raisons de la position des USA dans le débat qui s'est déroulé à l'ONU à propos de l'Algérie. Le gouvernement français semble avoir fait des offres aux capitalistes américains pour l'exploitation du pétrole d'Algérie et du Sahara. Cette supposition ne doit pas être très loin de la réalité, car la tiédeur des USA ne s'explique que par une satisfaction qu'ils ont pu tirer du gouvernement français.

Par ailleurs, l'Eurafrique est conçue comme un moyen très sûr de préserver l'Afrique de l'infiltration communiste. Robert Schuman le dit clairement en ces termes : « Il est trop évident que le monde soviétique dans l'assaut qu'il livre à l'Occident pour la suprématie mondiale vise aujourd'hui en tout premier lieu l'Afrique devenue enjeu à la fois politique comme plate forme stratégique et comme chantier pour la mise en valeur des richesses qu'on y découvre ». Et il ajoute : « A ce défi, nous devons répliquer par l'institution d'une véritable communauté des peuples d'Europe Occidentale et d'Afrique dont la notion est à la base de l'idée de l'Eurafrique ». Autrement dit, l'Afrique est une arène où deux colosses entendent lutter. Et comme la guerre est de nature économique et non militaire, l'Europe se dépêche de nous ranger de son côté. Cette entreprise sera d'autant plus facile qu'on ne consultera pas les colonies comme les nôtres ou si on doit nous consulter, on s'en réfère aux Ministres Béni oui oui qui souvent d'ailleurs ont des connaissances très limitées en matière de politique internationale. Les puissances européennes ont peur de nous voir tomber dans le camp socialiste. Ils partent de cette constatation de bon sens. L'Afrique est un pays de misère où l'agitation des « jeunes communistes » aura facilement prise. D'autre part, l'Afrique est un pays sous-développé qui sera tentée d'emprunter la voie communiste pour assurer sa prospérité et rattraper son retard. Au surplus, l'Afrique a trop souffert de l'impérialisme du capital pour lui vouer un amour particulier. Donc, il y a lieu de penser que l'Afrique risque de se tourner tout naturellement vers l'Union Soviétique qui prouve la supériorité de son système économique par ses grandes réalisations techniques et sociales. Cette perspective jette le désarroi dans les milieux capitalistes français, anglais, belges ou allemands.

Mais l'Eurafrique ne vise pas seulement à assurer notre bonne santé idéologique, elle veut mettre un frein puissant à nos revendications nationales. Sur ce point, le discours de Jean Le Bail, tenu à l'Assemblée nationale au nom de la SFIO, est très clair. Voilà ce qu'il dit :

> La France y perdra-t-elle, entendez Eurafrique ? M. le Président du Conseil a prononcé il y a quelques semaines des paroles qui ont dû frapper ; il y a des moments, a-t-il dit, où pour garder, il faut savoir partager ou, si vous préférez s'associer à d'autres forces. Je vois tous les risques de cette proposition et ce n'est pas sans quelques anxiétés que nous la formulons, mais tout compte fait, aucune autre n'est possible, et si vous n'allez pas à une Europe appuyée sur la mise en valeur du continent africain, vous quitterez bientôt la voie impériale de la grandeur française pour les sentiers obliques de l'abandon.
>
> Ce que je reproche à un conservatisme périmé, c'est qu'au nom du nationalisme, il va nous conduire à perdre la nation et si, mon analyse de la situation africaine est exacte, je crains que les défenseurs de cet idéal respectable mais dépassé ne

soient amenés après quelques années d'une solitude orgueilleuse à nous proposer les pires concessions, c'est parce que nous ne voulons pas de ces concessions que nous demandons de penser plus que jamais à la construction européenne.

Voilà un discours absolument indigne d'un socialiste qui se prétend par principe anticolonialiste. Il veut simplement dire si nous, Européens, nous ne nous retrouvions pas aujourd'hui dans une seule organisation, nous allons perdre nos colonies et nos profits. Si nous nous isolons, nous ne serons pas faits pour résister aux nationalismes africains qui commencent à devenir très puissants, surtout après les derniers évènements d'Afrique du Nord et du Moyen Orient.

En conclusion, disons que le Marché Commun est un danger pour les travailleurs français, pour la paix du monde, pour les anciennes colonies devenues indépendantes. Il nous menace singulièrement, car les Européens ont peur de la vitalité du nationalisme africain. Il nous taxe de chiens enragés dangereux pour le salut du monde. C'est pourquoi en créant l'Europe, ils veulent nous mettre une muselière. Mais nous saurons triompher de l'imposture et des menaces, car nous refuserons catégoriquement d'être « la poule aux œufs d'or que l'on veut précieusement mettre au poulailler de l'Europe ».

Annexe 7 : Le Rassemblement démocratique africain

Le Rassemblement démocratique africain à l'heure des options[3]

Enfin, le IIIe congrès du Rassemblement démocratique africain, tant attendu et quatre fois renvoyé, vient de tenir ses assises à Bamako, la capitale soudanaise qui eut jadis en 1946 l'heureuse fortune d'être le berceau de sa naissance. S'il est encore prématuré de tirer toutes les leçons de ce congrès ou de dégager toutes les conséquences politiques de ses décisions, on peut néanmoins en tirer certains enseignements qui s'imposent. La tâche est particulièrement difficile et déborde largement le cadre trop étroit d'une conférence ; elle mériterait qu'on lui consacre plusieurs études détaillées et des livres entiers. Néanmoins, nous essayerons, en toute objectivité et en dehors de toute passion, de dégager, avec les données du dernier congrès le sens dans lequel semble s'orienter le Rassemblement Démocratique Africain. Nous ne nous dissimulons pas que des erreurs d'appréciation peuvent se glisser dans notre analyse, mais nous sollicitons votre contribution pour que ces erreurs puissent être rapidement redressées. Devant cette tâche lourde et semée d'embuches, notre consolation qui sera peut être notre seule excuse, nous la trouverons dans ces paroles sages et réconfortantes de Diderot qui disait : « Tous les hommes ne peuvent pas avoir les mêmes sentiments ; tous sont obligés d'être sincères et (de ne pas trahir la vérité), on n'est pas coupable pour être dans l'erreur, mais pour trahir la vérité ». Mesdemoiselles, Messieurs, efforçons nous d'être sincères et de ne pas trahir la vérité.

Le congrès historique de Bamako dépasse largement les frontières géographiques de l'Afrique et de la France pour avoir une très grande résonnance dans le monde entier. L'attention portée par les milieux étrangers aux assises du RDA s'explique pour deux raisons : d'abord le RDA s'est fait connaître par la participation de son président Houphouët-Boigny aux travaux de la dernière session des Nations Unies. Vous vous souvenez que notre ministre avait reçu du gouvernement Mollet et de sa Sainteté Pie XII son bâton de pèlerin et sa soutane pour aller prêcher avec une rare conviction la nouvelle mystique de la Communauté Franco Africaine. Et le même gouvernement est allé, ironie du sort, jusqu'à confier à notre ténébreux bélier aux cornes émoussées la mission de briser, peut être avec ses moignons de cornes, la tutelle exercée par les Nations Unies sur la très fantoche République dite Autonome du Togo. Ensuite, les milieux capitalistes étrangers ayant encore frais à la mémoire l'histoire de Suez veulent avant d'investir leurs capitaux dans nos territoires qui recèlent des richesses considérables savoir, par les prises de positions du plus représentatif mouvement africain si le climat politique est sûr ou non.

En France, les travaux du congrès étaient attendus avec intérêt et inquiétude suivant les milieux. La réaction française ayant retrouvé en Boigny le Bélier un homme assagi désirait ardemment voir les masses africaines plébisciter le brusque coup de volant donné dans l'orientation politique du RDA, jadis le plus grand mouvement révolutionnaire que l'Afrique n'ait jamais connu. La réaction française voyait encore en Houphouët une carte sur laquelle elle pourrait jouer pour maintenir ses privilèges exorbitants et détourner les Africains des vrais problèmes. Mais elle avait trop frais à la mémoire le sort misérable des créatures improvisées et des fantoches comme Bao Dai, El Glaoui, le Bey de Tunis, et Ali Checcal qui n'ont pas su endiguer les forts courants d'émancipation nationale qui soufflent sur l'Asie et l'Afrique. C'est pourquoi elle avait hâte de connaître le degré de popularité d'Houphouët. Elle avait hâte de connaître la température politique pour voir si le virus du nationalisme qui a disséminé les forces colonialistes en Asie et dans certaines parties de notre continent n'a pas encore atteint l'Afrique Noire.

Les forces progressistes françaises, ayant foi en la vitalité et au dynamisme du peuple africain, souhaitaient que la base désavoue la trahison de Félix Houphouët que l'on cache pudiquement sous les termes hypocrites de Communauté franco-africaine. Les forces progressistes françaises qui étaient alarmées par des attitudes rétrogrades des députés RDA dans le débat sur la Loi-cadre, attendaient que les militants expriment le désir d'aller de l'avant.

En Afrique Noire sous domination française, le congrès était attendu avec impatience essentiellement pour deux raisons : d'abord les autres formations politiques concurrentes comme la Convention Africaine et le Mouvement Socialiste Africain avaient besoin de connaître le programme et l'orientation du

RDA pour envisager avec lui le problème de l'unité. Et aussi des partis politiques à caractère territorial ou régionaliste attendaient les travaux du congrès pour décider de leur affiliation à l'une des trois formations politiques africaines.

Ensuite le RDA étant la formation politique africaine la plus importante numériquement parlant, ses décisions devaient peser sur les destinées de tous les Africains. C'est ce fait qui faisait dire à un invité que le congrès n'est pas le congrès du RDA, mais le congrès de toute l'Afrique Noire. C'est dire que les assises de Bamako avaient une importance exceptionnelle surtout à un moment où l'Algérie qui est à nos portes lutte héroïquement pour obtenir son indépendance nationale. Ce congrès que les dirigeants du RDA craignaient de tenir a eu de profondes résonnances non seulement dans la presse étrangère et française, mais aussi jusqu'à la tribune de l'Assemblée nationale où Jacques Soustelle pour guillotiner le gouvernement de transition de Bourgès Maunoury à propos de la Loi-cadre pour l'Algérie disait : « Ce qui vient de se passer à Bamako montre à quels dangers expose, dès qu'un principe est reconnu, la poussée torrentielle des revendications ».

Les militants du RDA s'impatientaient d'être tenus à l'écart pendant huit ans sans qu'ils puissent avoir l'occasion d'exprimer leurs sentiments sur la politique des dirigeants. Surtout, ils voulaient dire leur mot sur la nouvelle orientation décidée arbitrairement par les dirigeants sans une consultation populaire. Le mouvement après son congrès constitutif de Bamako a tenu un congrès en 1949 à Abidjan où furent invités les membres du Parti Communiste Français comme Waldeck Rochet, Raymond Barbé, Pierre Hervé. Cette réunion fut suivie par une sauvage répression organisée par le gouvernement français. Depuis, aucun congrès ne s'est tenu pour se prononcer sur la nouvelle orientation décidée par les dirigeants. Depuis, de nombreux évènements se sont produits et qui nécessitaient la révision du programme du mouvement. Pour analyser l'évolution du Rassemblement Démocratique Africain, il faut le replacer dans son véritable cadre historique. C'est pourquoi nous verrons l'expérience que le mouvement a connue ces dix dernières années pour dégager les possibilités d'évolution nées du congrès de Bamako. Ainsi, nous analyserons les possibilités du Rassemblement Démocratique Africain au cours de ces dix dernières années dans une première partie et dans une seconde partie nous verrons quelles interprétations il faut donner aux résolutions prises au dernier congrès de Bamako.

Analyse critique de l'évolution du rassemblement démocratique africain ces dix dernières années (1946–1956)

Après la libération, les Africains, longtemps exploités et assujettis, furent invités sous la pression des évènements à élire des représentants aux assemblées françaises. Ces élus africains devant la puissance de la réaction française qui entendait remettre en cause les quelques droits arrachés de vive lutte sentirent la nécessité de s'unir et de former un bloc. Ils lancèrent un appel dans lequel ils convoquaient un Rassemblement de toutes les organisations politiques de l'Afrique Noire à Bamako le 11, 12 et 13 octobre 1946. Cet appel visait à créer un Rassemblement qui pourrait sauvegarder certains droits acquis par les Africains et notamment, et ce sont les termes mêmes du manifeste : Égalité des droits politiques et sociaux, Libertés individuelle et culturelle, Assemblées locales démocratiques, Union librement consentie des populations d'Afrique et du peuple de France. Avouez que ce programme n'avait en lui-même rien d'effrayant car il n'y est mentionné ni droit à l'indépendance ni droit à la sécession. Cet appel fut signé en septembre 1946 à Paris par Félix Houphouët-Boigny, député de la Côte d'Ivoire, Lamine Guèye, député du Sénégal et de la Mauritanie, Jean Félix Tchicaya, député du Gabon Moyen Congo, Sourou Migan Apithy, député du Dahomey Togo, Fily Dabo Sissokho, député du Soudan Niger, Yacine Diallo, député de la Guinée, Gabriel d'Arboussier, ancien député du Gabon Moyen Congo.

À l'époque, le ministre socialiste Marius Moutet, ennemi de l'Unité Africaine, manoeuvra pour faire échouer le Congrès de Bamako. Il fit des pressions sur Lamine Guèye, Yacine Diallo, Fily Dabo Sissokho pour qu'ils ne participent pas à la réunion de Bamako. Lamine Guèye, Senghor et Yacine Diallo refusèrent sur l'insistance de Moutet d'assister à la réunion. Ainsi, ils manquèrent de tenir leur parole donnée puisqu'ils avaient signé le manifeste qui convoquait le Congrès. Fily Dabo essaya de refuser, de remplir les devoirs de l'hospitalité que le député du Soudan Niger avait pris l'engagement d'accomplir. Mais Fily Dabo Sissokho n'abandonnera pas son désir de saboter la réunion ; il était décidé à mettre toute son autorité qui était considérable à l'époque pour faire échouer le rendez-vous de Bamako. Là encore, le peuple l'obligea à présider la séance d'ouverture. Il accepta la mort dans l'âme, mais devait démissionner plus tard pour ressusciter son parti anciennement dissout.

Malgré toutes les manœuvres gouvernementales, le Rassemblement Démocratique Africain, expression populaire d'une profonde protestation anticolonialiste, naquit sur les bords du Niger de cette rencontre désormais historique de Bamako. De nombreuses sections territoriales commencèrent à s'organiser et à revendiquer pleinement le programme politique du RDA. Celui-ci s'affirmait non comme un parti de classe, mais comme un mouvement de masse où pouvaient se retrouver toutes les couches sociales pour lutter contre l'ennemi commun, l'impérialisme français. Le programme et l'organisation du RDA découlent d'une analyse de la société africaine qu'il est toujours bon de connaître pour bien suivre son évolution. Cette analyse repose essentiellement sur deux faits ou deux constatations.

Premièrement, l'anticolonialisme est une plateforme politique sur laquelle toutes les couches sociales africaines peuvent s'entendre même en dépit des différences de convictions religieuses ou d'ethnies. Nous devons même ajouter que la jeune bourgeoisie africaine et les cadres traditionnels, habituellement instables dans une révolution, sont en majorité anticolonialistes parce qu'opprimés par l'impérialisme français.

Deuxièmement, dans les pays indépendants et industrialisés comme la France, le parti politique est l'expression d'une classe sociale. Par exemple, le parti socialiste et le parti communiste sont les partis des ouvriers, c'est-à-dire des exploités tandis que le parti des Indépendants paysans, fait partie des partis des bourgeois, c'est-à-dire des exploiteurs. Or la situation n'est pas la même ; car l'Afrique n'est pas encore suffisamment industrialisée pour avoir un prolétariat développé et important en nombre. Le problème fondamental est la liquidation du régime colonial. Et sur ce point, toutes les couches sociales, les ouvriers, les paysans, les intellectuels, les petits bourgeois, les cadres traditionnels peuvent tomber d'accord. Cela étant, le Rassemblement Démocratique Africain ne vise pas à accomplir une révolution prolétarienne ou socialiste, mais à réaliser une liquidation du système colonial. Conséquence, le RDA sera un mouvement de masse et non pas un parti politique avec une organisation ferme et une discipline stricte.

Après son congrès constitutif, le mouvement a connu un grand essor que justifiait le caractère révolutionnaire de son programme et de nombreuses sections territoriales s'organisèrent sur la base de la ligne politique adoptée à Bamako. Le mouvement a eu de nombreux élus et décida de la création d'un groupe parlementaire qui sera libre de déterminer son apparentement dans leur contexte historique pour mieux apprécier la position du Groupe parlementaire RDA. A l'époque, c'est-à-dire en 1946, les forces de la gauche avaient remporté une victoire sur les forces réactionnaires de la droite qui s'est compromise dans la collaboration avec Hitler. L'éventail parlementaire se présentait de la façon suivante, quatre grands partis se disputaient le pouvoir, le Parti Communiste, qui a activement participé à la Résistance, le Parti Socialiste qui dans sa majorité a combattu contre l'occupant allemand, le Mouvement Républicain populaire dont le leader Bidault a été le président du Comité National de la Résistance, le Rassemblement du Peuple Français qui se réclamait du Général De Gaulle, le chef de la Libération.

À l'époque, comme le RPF était hostile au Régime qui venait de sortir de la Constitution du 27 octobre 1946, les autres partis, le Parti Communiste, le Parti Socialiste, le Mouvement Républicain Populaire décidèrent de faire une coalition gouvernementale sur un programme social avancé. C'est l'époque du tripartisme. Cette coalition dura jusqu'en 1947. Et pendant cette période, le Groupe Parlementaire RDA s'apparenta à l'Union Progressiste et Résistante, elle-même apparentée au Groupe Communiste. Tant que le parti communiste était inclus dans la formation gouvernementale, il n'y avait pas un grave danger qui pesait sur les dirigeants et militants RDA. Mais quand le socialiste Ramadier décida d'exclure les Ministres communistes de son gouvernement, la répression allait être féroce. C'était la période d'offensive de la Réaction Française qui poursuivait et la guerre au Vietnam et qui se livrait au massacre des 90 000 patriotes malgaches. Cette même réaction prit la résolution ferme de détruire le Rassemblement Démocratique Africain. Et le gouvernement français nomma le socialiste Béchard comme Gouverneur Général avec mission de tuer le RDA. Il nomma aussi comme gouverneur de la Côte d'Ivoire Péchoux qui s'illustra sinistrement dans la répression. L'administration coloniale de concert avec les grands colons de la Côte d'Ivoire entreprit un grand plan de provocation pour anéantir le mouvement. L'exécution de ce plan allait être facilitée par un ancien sénateur RDA, un certain Djaument qui est aujourd'hui un conseiller territorial de la Côte d'Ivoire et qui siège à côté d'hommes politiques anciennement promis par sa faute à la mort ou à la prison. En effet, Djaument était un sénateur de la Côte d'Ivoire. Mais comme le mouvement s'était rendu compte de son opposition à sa politique, il décida de ne pas le représenter comme sénateur ; et il choisit à sa place Biaka Boda qui, dit-on, c'est la version officielle, a disparu pendant les sanglants incidents de la Côte d'Ivoire. Il est vraiment dommage que nous ne puissions pas retracer toutes les péripéties de ce douloureux drame que le territoire éburnéen a connu sous les proconsulats de Béchard et de Péchoux. Cette politique de répression fut conduite avec acharnement par le Ministre de la France d'Outremer, le très MRP Costfloret. Les évènements sanglants qui se déroulèrent en Côte d'Ivoire en 1950 causèrent de nombreux morts à Bouaké, Bouaflé, Dimbokro, Séguela et de nombreuses arrestations accompagnées de chicottes. Et bon nombre de dirigeants RDA connurent le chemin de la prison, c'est ainsi que Mockey, aujourd'hui ministre de l'Intérieur de la Côte d'Ivoire, William Jacob, ministre de l'Économie, Albert Paraiso, membre du cabinet d'Houphouët, n'ont pas échappé aux affres de la vie de cellule. Et devant toutes ces atrocités, le Ministre Constefloret en soutane de laïc de s'écrier avec une très grande satisfaction : « Cette fois-ci, je tiens le RDA. » Et il faut ajouter à cela qu'un mandat d'arrêt avait été décerné contre le Président Houphouët et que c'est à cause de la vitalité du peuple ivoirien, et singulièrement des femmes ivoiriennes, que ce mandat ne fut pas exécuté. Après ces douloureux évènements qu'aucun livre d'histoire africaine digne de ce nom ne saura passer sous silence, devaient venir les élections de 1951 où fut consommée la défaite du RDA. Tout le monde sait que l'Administration coloniale est l'artisan de cette défaite. En Côte d'Ivoire, le député Ouezzin Coulibaly fut évincé pour être remplacé par le mal élu Sékou Sanago. Et dans les autres territoires, l'administration ne s'embarassa pas beaucoup pour procéder à la désignation de ses députés qui étaient condamnés à rester des soliveaux ou des garçons de course dans l'hémicycle du Palais de Bourbon. Ainsi, le RDA perdit huit sièges de député pour n'en conserver que trois. C'est aussi qu'il perdit la présidence de l'Assemblée territoriale de la Côte d'Ivoire et n'obtint qu'une très maigre représentation au Grand Conseil. Devant cette situation dramatique, les dirigeants du

RDA s'interrogèrent et examinèrent la situation. Et une décision de disapparentement fut prise sous la pression et les menaces de François Mitterrand, leader de l'UDSR. Mais au lieu de rester autonome, le groupe parlementaire RDA sous les sollicitations de Mitterrand, donna son affiliation au groupe UDSR. Et les dirigeants RDA affirmèrent avec une rare persévérance que c'était là un repli tactique nécessaire. Mais cette façon de voir des dirigeants ne fût pas partagée par beaucoup de gens ; Gabriel d'Arboussier en tête commença une campagne de dénonciation de la nouvelle ligne politique. La section sénégalaise du RDA, l'UDS n'accepta pas la nouvelle orientation qu'elle qualifia de trahison. Ce fut la position de l'UPC, l'Union des Populations Camerounaises et le parti de Bakary Djibo. Ce changement de la ligne politique du mouvement ne fut soumis à aucune approbation des militants du RDA. Seulement, les parlementaires du Rassemblement s'abstinrent un moment dans certains scrutins et quelques temps après ils votèrent successivement et systématiquement pour tous les gouvernements de la seconde législature. Ils se désintéressèrent de la vie parlementaire pour se consacrer à un travail d'organisation qui était extrêmement important pour un parti qui veut évoluer. Cette nouvelle orientation décidée contre l'avis du Secrétaire Général d'Arboussier et discutée par les militants fut justifiée par le président Boigny : « Certes, la masse paysanne et ouvrière dans sa quasi unanimité a magnifiquement résisté à la répression. Mais partout les cadres ont cédé, les chefs d'abord et ensuite les fonctionnaires, les employés de commerce, les petits traitants dont la vie quotidienne dépendait de l'administration ou du colonat » ; et il ajoutait : « On a coutume de dire que seule la masse importe, mais dans nos pays où la masse n'a pas encore bénéficié d'apports suffisamment larges de l'évolution pour puiser en son sein le renouvellement des cadres nécessaires à la continuité de la direction, devons-nous assister indifférents à cette entreprise de désincarnation qui était tentée auprès de ceux-là mêmes qui devaient servir de guides clairvoyants aux populations ?

Conscient de mes responsabilités, je n'ai pas voulu qu'il en fut ainsi. Nous avions, en créant le RDA, accepté d'être des guides clairvoyants pour les masses africaines, et nous devions puiser dans la grandeur même de cette tâche les moyens de sortir de l'impasse ». Réalistes que nous sommes, nous disons que certains points de l'analyse de Gabriel d'Arboussier sont faux, sa conclusion n'est pas juste ; car un repli tactique ne doit pas être un retournement de casaque ou une renonciation à la lutte anticolonialiste. Surtout, nous craignons que, sous prétexte de jouer au Ghandhi africain, Boigny ne devienne un véritable ganelon décidé à endiguer purement et simplement la marée anticolonialiste qui déferlait sur toute l'Afrique Noire.

À la veille des élections législatives de 1956, un comité de coordination se réunit le 8, 9, 10 et 11 juillet 1955 à Conakry pour examiner la situation. La nouvelle orientation fut confirmée et des décisions d'exclusion furent prises dans des conditions contestables contre l'Union Démocratique Sénégalaise et l'Union des Populations du Cameroun. Et seul le Parti Progressiste Nigérien fut reconnu comme section territoriale du RDA et ceci à l'encontre du parti de Bakary Djibo, leader syndicaliste très influent.

Aux élections législatives de 1956, les dirigeants devenus collaborationnistes réussirent à obtenir sept députés en Afrique Occidentale. Et cette victoire leur donna une certaine importance dans la vie parlementaire. Et le gouvernement de Guy Mollet décida de colorer sa formation gouvernementale avec le noir d'ébène du Président Boigny. Pour lui faire croire à une promotion importante, on lui conféra le titre fort alléchant de Ministre plein. Le fait est sans précédent, s'empressera-t-on de le souligner dans des moments difficiles ; car il est le premier Africain à accéder à cette haute dignité gouvernementale, puisque ses prédécesseurs Blaise Diagne, Senghor, Lamine Guèye, Fily Dabo Sissokho, Amadou Dicko, Joseph Conombo, n'ont connu que le titre fort modeste de ministre stagiaire ou plus exactement le demi ministre. À la dernière session de l'Organisation des Nations Unies, notre ministre qui avait toujours échoué à ses certificats a su recevoir du Professeur et président Mollet, avec une brillante mention, l'honorable certificat d'interlocuteur africain valable. Avec ce parchemin, notre redoutable avocat de la cause franco-africaine qui est aussi un diplomate d'occasion a su mêler sa gracieuse voix bêlante à celle plus grave de Defferre qui réclamait avec force la levée de la tutelle de l'ONU sur la République batarde du Togo. Et depuis notre ministre du Sahara, puisqu'il a eu le secret de n'avoir pas échoué en prêchant dans le désert de la Communauté franco-africaine, Boigny dans la valse ministérielle qui amuse tous les blasés de la IVe république assure un rôle de ministre permanent présent dans toutes les combinaisons et d'accord avec tous les programmes. En effet, alors que François Mitterrand, le leader du groupe UDSR RDA, refusait sa participation, Boigny ne se gêna pas beaucoup pour prendre place dans la galère gouvernementale de Bourgès Mounaury qui était virtuellement promise à la destruction dès la moindre tempête parlementaire. De plus, il accepta de figurer au Ministère de Pinay qui, était sûr d'échouer à l'investiture, chercha uniquement à discréditer le Parlement et à mobiliser l'opinion publique contre le Législatif. Et ceci en vue de faire admettre dans la révision constitutionnelle le renforcement de l'exécutif que la droite française est assurée de toujours contrôler tant que la gauche restera divisée.

Aux élections municipales de novembre 1956, le RDA perdit de son crédit en raison du fait que sur les listes figuraient des noms de grands colons qui ont participé personnellement à la répression du RDA. Et à cette occasion, les syndicats organisèrent un meeting de protestation qui couta au RDA de nombreuses abstentions et surtout dans la ville d'Abidjan où il y a un prolétariat assez important et une intelligentsia assez appréciable.

Les élections territoriales du 31 mars, organisées juste après l'adoption de la Loi-cadre, virent le triomphe du RDA dans de nombreux territoires ; mais il ne faut pas se tromper sur son interprétation. En effet, le gouvernement français veut y voir une approbation non seulement de la Loi-cadre, mais aussi du changement d'orientation du RDA et de la politique franco-africaine d'Houphouët. Nous devons noter que le même Houphouët dont on loue la sagesse politique et l'autorité a subi de graves défaites morales dans son propre fief réputé fidèle. Car les abstentions massives dues à la présence de grands colons sur les listes expriment nettement les mécontentements des populations devant le virage amorcé par les dirigeants dans l'orientation du mouvement. Le chiffre des abstentions a atteint plus de 50 pour cent et à Abidjan, même 78 pour cent. Et l'opinion officielle s'est vite déclarée satisfaite de cette participation électorale qui est loin d'être un plébiscite de la Loi-cadre qu'on veut présenter comme une révolution politique africaine sans précédent. Et Houphouët de justifier cet état de faits qui risque fort de diminuer son crédit et sa réputation aux yeux de l'opinion française. « Cette abstention est due à l'application du suffrage universel et à la fréquence des consultations ». Si la Loi-cadre constituait réellement une véritable révolution africaine, nous ne voyons pas pourquoi le peuple ne voterait pas dans l'enthousiasme. Dieu sait que le peuple africain n'est pas avare dans ses manifestations d'enthousiasme lorsque vous lui apportez d'appréciables conquêtes politiques et sociales. Et notre ministre devait ajouter : « Là où il n'y a pas d'opposition, il y a manque d'enthousiasme » ; et il dit plus loin : « Le fait brutal est qu'il n'y a pas d'extrémiste en Afrique. On a craint, en Côte d'Ivoire notamment, une poussée des jeunes ou des travailleurs en opposition avec la ligne du RDA, il n'en a rien été ». Si 78 pour cent d'abstention paraissent peu de choses, sa phrase laisse supposer qu'il existe réellement une opposition à sa politique gouvernementale. Mais la vérité est que nulle part au monde on ne saurait se dire satisfait d'une participation électorale à 36 pour cent (cas du Soudan), voire 29 pour cent (cas du Niger) en dépit de l'effort de publicité fait par l'administration ». C'est André Blanchet qui le souligne dans *Le Monde*, 10 mai 1956.

Le Rassemblement Démocratique Africain avait tenu son dernier congrès en 1949 à Abidjan où furent invités des dirigeants du Parti Communiste Français comme Waldeck Rocher, Pierre Hervé et Barbé. C'était évidemment à l'époque où la répression était sur le point d'atteindre son apogée. Mais depuis les dirigeants du mouvement ont donné un coup de barre à droite pour des raisons de tactique, aiment-ils à dire à leurs adversaires ou à leurs militants déçus. Et depuis, les événements se sont précipités à un rythme effrayant. Les données du problème colonial se sont considérablement modifiées. Et un réexamen de la ligne du RDA s'imposait sans qu'on puisse s'y dérober pour très longtemps. De 1949 à 1956, c'est-à-dire en sept ans, de nombreux faits se sont déroulés, la carte du globe y a subi d'appréciables changements que personne ne peut ignorer. C'est pourquoi il est bon que nous les évoquions pour mieux comprendre l'évolution qui va s'imposer au Rassemblement démocratique africain.

La situation internationale s'est considérablement modifiée. Elle a tourné énormément en faveur de la libération des peuples colonisés et dépendants. J'insiste sur le fait que la solution du problème colonial dépend étroitement à l'heure actuelle de la conjoncture internationale. Pour poser correctement la question dans toute son intégralité, on ne peut ignorer certaines données de la politique internationale. Depuis que le camp socialiste s'est accru, de nombreux pays ont acquis leur indépendance, la conférence de Bandoeng a fait date dans l'histoire mondiale, le self government du Nigeria est devenu effectif et l'indépendance du Ghana est devenue une réalité.

L'existence du camp socialiste favorise l'affaiblissement de l'impérialisme et le renforcement des forces anticolonialistes. La meilleure preuve de l'élargissement du camp socialiste, c'est qu'avant la seconde Guerre mondiale, c'est-à-dire avant l'agrandissement du monde socialiste, aucun pays colonial n'a pu se libérer, mais quand le camp socialiste s'est accru, de nombreux pays coloniaux ont eu des défenseurs à l'ONU pour accéder rapidement à l'indépendance. Autrement dit, plus le camp socialiste devient fort plus les mouvements de libération deviennent plus puissants. C'est dire qu'une victoire du camp socialiste sur le camp impérialiste est une victoire des forces anticolonialistes. Le camp anti-impérialiste a accru sa force lorsque la révolution prolétarienne a remporté une victoire dans la grande Chine dont la population de 600 millions d'hommes dépasse un peu le quart de l'humanité. De plus, il est devenu plus fort par la victoire du socialisme en Corée du Nord et au Nord Vietnam.

De 1949 à 1956 de nombreux pays sont devenus indépendants tels que l'Indochine, la Tunisie, le Maroc et l'Algérie est en voie de l'être. Ce fait est d'autant plus contagieux en Afrique Noire que ces pays relevaient autrefois de la souveraineté française.

Mais surtout la conférence de Bandoeng est devenue un fait historique sans précédent ; son esprit a envahi comme un raz de marée tous les pays où continue encore de flotter le drapeau de l'humiliation et de la colonisation. Bandoeng est un grand coup de baguette donné sur le tambour de l'anticolonialisme et qui aura une profonde résonnance dans le cœur de tous les peuples qui ont la nostalgie de la liberté. Bandoeng est un succès sans précédent dans l'histoire diplomatique mondiale ; car des peuples différents par leur langue, par leur civilisation, par leur race, par leur régime politique, par leur religion, ont su chanter à l'unisson et sans la moindre fausse note l'hymne de l'anticolonialisme. Cette conférence qui rappelle singulièrement un manteau d'arlequin a su étonner tout le monde ; car des monarques y ont rencontré des républicains, des dictateurs, des démocrates, des musulmans, des bouddhistes, des communistes, des anticommunistes, des jeunes, des noirs. C'était là réellement une victoire que les peuples dits de couleur ont remportée sur leurs anciens maîtres. Pour la première fois, une conférence internationale d'une si grande importance échappe au contrôle des diplomates européens et se tient hors des capitales européennes pour se dérouler en Indonésie, ancienne colonie hollandaise. Le fait est éloquent. Il signifie que l'Europe a perdu son ancienne suprématie dans la diplomatie et de grandes questions peuvent se régler sans la présence de l'Europe.

À côté des données de la politique internationale, les données de la politique intérieure africaine exigent un nouvel examen ; car les choses ont changé et les rapports de force entre partis politiques ne sont plus les mêmes. Les syndicats réalisent leur autonomie et leur unité à la Conférence de Cotonou, les étudiants et les jeunes réalisent leur unité et posent en termes très clairs le problème de l'indépendance nationale ; les partis politiques africains se regroupent tant sur le plan territorial que sur le plan confédéral. C'est de ce désir d'unité et d'autonomie que sont nés l'année dernière la Convention Africaine et le Mouvement Socialiste Africain.

Devant cette situation, le Rassemblement Démocratique se devait de réexaminer son orientation politique, surtout qu'il devait tenir compte de certaines critiques qui émanaient soit de ses propres militants, soit des formations concurrentes, soit des syndicats, soit des jeunes et des étudiants.

Ces critiques peuvent essentiellement se ramener à quatre :
Premièrement, l'ancien apparentement du RDA au Parti communiste français est une erreur ; car ses dirigeants se sont mépris sur le sens du verdict populaire qui les avait conduits sur les bords de la Seine. Si les militants sont des anticolonialistes, ils ne sont pas pour autant des communistes ; de plus, s'apparenter au Parti communiste qui incontestablement soutient notre lutte sans condition, c'est donner à l'administration un bon prétexte pour tuer dans l'œuf tout mouvement africain progressiste. Cette compromission concrétisée par l'institution de Groupes d'Études Communistes était de nature à écarter l'appui de certaines forces anticolonialistes qui sont loin d'être des communistes.

Deuxièmement, le RDA en changeant son orientation s'est confortablement installé dans une politique à courte échéance et à objectifs strictement immédiats pour négliger délibérément l'élaboration d'une politique à longue échéance.

Troisièmement, les dirigeants RDA tombent d'une erreur à une autre. Ils préfèrent s'apparenter au groupe UDSR que de garder leur autonomie pour pouvoir s'allier efficacement aux autres formations africaines dans les grandes batailles coloniales.

Quatrièmement, le RDA n'est pas dans sa phase actuelle un mouvement démocratique, c'est plutôt un comité de Pontifes pontifiant dans des réunions restreintes. Les grandes décisions touchant à l'orientation sont prises non par les militants, mais par les dirigeants. En effet, le changement d'orientation décidé par la direction en 1950 n'a été soumis à l'appréciation d'un congrès qu'en

1956 ; c'est-à-dire sept ans après. Or chacun sait que les évènements se déroulent avec une rapidité effarante.

Quoi qu'il en soit, l'année 1956 marque un tournant décisif dans la politique africaine. Et le Rassemblement démocratique ne pouvait plus renvoyer aux calendes grecques son congrès. C'est pourquoi il devait tenir ses assises à Bamako où il avait le devoir de déterminer ses options. C'est par là que nous allons aborder notre deuxième partie consacrée aux options prises par le Rassemblement démocratique africain.

Les options du Rassemblement démocratique africain

Le congrès attendu avec impatience et intérêt ouvrit ses assises le 5 septembre devant une salle comble où l'on pouvait noter la présence de la presse française et étrangère, de syndicalistes, de jeunes, des étudiants, des représentants des autres formations politiques et de personnalités françaises comme François Mitterrand, ancien ministre de la France d'Outremer et leader du groupe UDSR-RDA et Edgar Faure, ancien président du Conseil et leader du RGR (Rassemblement des Gauches Républicaines). L'ombre du sage Mamadou Konaté, député du Soudan, décédé l'an dernier, planait sur la salle. Sa photo qui le présentait aux yeux d'un public curieux sous ses habits de vice-président de l'Assemblée nationale était un hommage rendu à l'esprit libéral des Français qui ont consenti à en faire un personnage important de la République. Dans la cour du collège technique, qui était le théâtre du Congrès et aux alentours, une importante foule était massée qui suivait les travaux grâce à de puissants haut-parleurs installés dehors. Tout le monde s'interrogeait sur l'issue de cette grande rencontre, les uns devisaient sur la future orientation du mouvement, les autres supputaient les chances d'une victoire de la politique Houphouët, d'autres malicieux pronostiquaient sur le nombre des sections qui approuveraient la nouvelle ligne du RDA.

Le problème fondamental auquel le mouvement avait à donner une réponse est le problème des relations entre la France et l'Afrique. Ce problème peut se résumer clairement ainsi. L'Afrique a-t-elle le droit, je dis bien droit d'être indépendante un jour ou la France reconnaît-elle à l'Afrique le droit à l'indépendance ? Le rapport politique présenté par le président du Rassemblement se proposait d'apporter une solution ; il disait : « Nous pensons que notre but essentiel pour un avenir de réels progrès pour l'Afrique est le renforcement de la Communauté Franco Africaine ; et il ajoute : Sous quelle forme peut se présenter ce renforcement ? Ce qui nous paraît le mieux répondre aux intérêts bien compris de l'Afrique et de la Métropole, c'est le fédéralisme ». Et notre mentor de préciser : « La Métropole et les territoires d'Outremer doivent se présenter sous la forme d'un grand État Fédéral comportant un Parlement Fédéral, un Gouvernement Fédéral et des Gouvernements autonomes ».

Il est bon que nous nous arrêtions un moment sur une telle conception qui mérite une analyse approfondie. La formule fédéraliste est très séduisante pour la bonne raison qu'elle n'est presque jamais clairement définie par ceux qui la soutiennent. Il y a autant de fédéralismes que de personnes qui le professent. Ce qui est dangereux, c'est que les politiciens se réfèrent à des types définis de fédéralismes qui existent aux États-Unis d'Amérique, au Canada, en Suisse et en Union Soviétique. Ce qui importe pour nous, ce n'est pas non plus le contenant, mais le contenu. Ce qui nous préoccupe ce n'est pas tellement la forme, mais plutôt le fond. Donc, le problème qui se pose, c'est de s'entendre sur ce que contient le fédéralisme. Procédons alors à une analyse claire et succincte de la redingote fédérale qu'on veut nous faire endosser. Le fédéralisme repose sur l'égalité des États fédéraux. Il suppose au départ l'autonomie interne des Etats fédérés. De plus, il doit supposer le droit de sécession, ce qui est le corollaire de la notion d'égalité. Tous ces préalables seront-ils acceptés par la France ? Voilà le problème fondamental auquel doivent répondre les fédéralistes.

Houphouët affirme : « Le fédéralisme sera égalitaire ou ne sera pas ». Je crains fort que la magie ou la sonorité de cette formule lapidaire ne puisse résoudre aucun problème. Car il s'agit d'être concret et moins abstrait dans l'organisation de cette République fédérale.

Le fédéralisme suppose le choix de l'unité de l'État fédéral. Or sur cette question, il y a des équivoques dangereuses à lever. Car pour Houphouët-Boigny il s'agit non de choisir de grandes unités africaines à fédérer, mais plutôt de satelliser nos pays. Pour lui, on doit créer une République du Soudan, du Sénégal, de la Mauritanie, etc. et de fédérer ces « républiquettes » à la République française. Vous saisissez l'absurdité d'un tel morcellement de l'Afrique qui sera pulvérisée. C'est bien là une manifestation concrète de la formule colonialiste du diviser pour régner que notre sage Bélier a héritée de ses maîtres en sciences politiques. Pour lui, il s'agit de la communauté franco-africaine et non de la réalisation de la communauté africaine. Au lieu de balayer sur les bords du Niger ou du Sénégal, notre président veut balayer sur les bords de la Seine. Un tel fédéralisme serait rapidement agréé par tous les adversaires de l'Afrique.

Même correctement appliqué, ce fédéralisme de Boigny ne serait pas accepté par les Français, car le Parlement fédéral qui aura à traiter de toutes affaires clé de l'État fédéral sera contrôlé par les hommes de couleur qui y seront majoritaires. C'est cette chose qui effrayait Édouard Herriot qui devait s'illustrer par cette formule « la France n'entend pas devenir la colonie de ses colonies ».

Plus grave est le fait que Houphouët déclare que l'Afrique renonce à son indépendance. Une telle affirmation relève de la prétention, car Houphouët ne peut parler que pour sa génération et non pour les générations futures. Or tout le monde sait que les jeunes et les étudiants qui seront les adultes de demain revendiquent avec force le droit à l'indépendance de l'Afrique. C'est dire que l'affirmation du leader du RDA ne correspond à aucune réalité. Nous avons l'impression, quant à nous jeunes, que quand il fait une telle déclaration, notre ex-ministre ne fait que cavaler sur une chimère et fouetter un rêve creux. Souhaitons-lui de réussir à remonter le courant actuel. Mais en hommes réalistes, nous ne voulons pas prendre nos désirs pour des réalités, des vessies pour des lanternes. C'est pourquoi nous craignons que le président, au lieu d'être un pilote ou capitaine averti, ne soit promis à un prochain naufrage. Car la tempête des jeunes est trop forte pour être calmée ou arrêtée par une simple digue verbale.

Si Le Bélier a sa conception, les congressistes ont la leur, il est intéressant de connaître la température de leurs interventions.

Un fait est certain, c'est qu'aucune section territoriale n'est d'accord avec le leader pour renoncer au droit à l'indépendance ou au droit à l'autodétermination. Toutes les sections sont d'accord sur le principe de la communauté franco-africaine. C'est un fait que même les jeunes et les syndicalistes qui constituaient l'aile gauche approuvent ; mais seulement, ils entendent y mettre des conditions clairement formulées. La section territoriale de la Guinée, c'est-à-dire le Parti Démocratique de Guinée l'a clairement formulé. Elle a demandé que le droit à l'indépendance de l'Afrique soit reconnu et réservé. Cette condition a été reprise par le délégué de la Haute-Volta qui a été chaudement applaudi par le congrès. C'est en ces termes qu'il s'exprimait : « Nous n'acceptons un mariage avec la métropole que si est réservé le droit au divorce ». Cette déclaration faite par une personnalité catholique et leader du CFTC (Confédération française des travailleurs croyants) est éloquente et traduit les sentiments réels de tous les Africains conscients. Cette déclaration entend repousser tout mariage canonique entre la France et l'Afrique. Elle repousse l'indissolubilité du mariage pour le droit au divorce qui n'est d'ailleurs pas l'obligation de divorcer.

D'Arboussier, qui dans sa brillante improvisation a su se montrer un brillant griot de la politique d'Houphouët a affirmé que l'indépendance est un droit inaliénable. Ce qui veut dire qu'on ne peut pas définitivement renoncer à ce droit. Cette affirmation va bien à l'encontre de la politique personnelle d'Houphouët qui disait dans une interview accordée au journal *Le Monde* et recueillie par A. Blanchet : « Nous ne voulons pas de l'indépendance, nous préférons nous associer à la Communauté franco-africaine ». Cette parole est bien dans l'esprit du leader RDA, puisque l'année dernière, il avait refusé de participer aux manifestations accompagnant l'indépendance du Ghana. Il voulait que sa présence dans ce nouvel Etat africain indépendant ne soit interprétée en France comme une adhésion à la notion d'indépendance. Il a poussé même la farce jusqu'à inviter Dr Nkrumah à Abidjan pour lui lancer un défi : « Le but que nous visons tous c'est l'émancipation de l'Africain ; si vous avez choisi la voie de l'indépendance, nous refusons de vous suivre : nous avons choisi la voie de la communauté franco-africaine », alors que Nkrumah était drapé dans sa toge africaine, notre invité étouffait dans son corset européen où notre chef de canton d'hier se sent mal à l'aise. De plus, la résolution générale adoptée à l'issue du congrès et qui a fait vivre au leader du RDA des moments douloureux affirme clairement que « l'indépendance des peuples est un droit inaliénable leur permettant de disposer des attributs de leur souveraineté selon les intérêts des masses populaires. Cette reconnaissance du droit de l'Afrique à l'indépendance est un démenti formel opposé aux paroles qu'il proférait au nom du Mouvement, il y a un an ». À la mystique de l'indépendance que je considère, écoutez le pontife officiant dans ce siècle où l'interdépendance des peuples est devenue la règle d'or comme une mystique négative, nous voulons opposer la mystique de la fraternité.

Un autre fait apparemment de détail et important est l'accueil tiède très tôt réservé par le congrès à la motion renouvelant au leader sa confiance. Cette proposition fut suivie par de très maigres applaudissements qui démontrèrent clairement à la presse et aux personnalités françaises que Boigny est en perte de vitesse. Il pense que les instigateurs d'une telle motion auraient dû ne pas la soumettre au congrès. Et au moins, les journalistes français auraient eu la possibilité de dire, faute de preuves contraires, que la politique du leader assagi surnommé le pape de l'Afrique a été unanimement approuvée par les militants. Avec une telle motion, il est difficile aux journalistes de céder à la mauvaise foi habituelle dont certains invités font preuve lorsqu'ils veulent faire plaisir à leur clientèle. Cette perte de vitesse du leader a été sentie par Georges Chauffard, envoyé spécial du *Monde* qui encense souvent la sagesse politique de notre Ghandi africain. Il écrit : « L'accueil réservé par les congressistes à leur leader au début de son intervention ou après sa péroraison manqua de cette chaleur humaine que les observateurs européens pensaient trouver dans la manifestation de Bamako. Et il ajoute : « Cela peut signifier que si les militants du RDA maintiennent leur entière confiance en la personne d'Houphouët, ils ne sont pas unanimes à approuver ses positions politiques, et notamment sa participation au gouvernement central ». À tout le moins, un certain nombre d'adhérents ont-ils peine à comprendre le choix que semble avoir fait M. Houphouët-Boigny en faveur d'une communauté franco-africaine sans reconnaissance préalable formelle dudit à l'indépendance ».

Ce refus par les militants du RDA d'approuver la politique du président a atteint son point culminant au huitième jour du congrès lorsque le leader fut mis en minorité en commission politique. En effet, Boigny fut désapprouvé et battu, lorsqu'il refusa de voir figurer dans la résolution de politique générale un appel au gouvernement pour qu'il négocie avec les ressortissants du peuple algérien. Un tel appel est en contradiction avec la politique du gouvernement Bourgès Maunoury auquel appartient le président. L'adoption d'une telle motion était une invitation pour lui à choisir de rester au gouvernement et de démissionner du RDA ou de démissionner du gouvernement et de rester président au mouvement. De plus, les militants reprochaient au leader de n'avoir pas fait comme son collègue Modibo Keita qui est membre du gouvernement et qui a eu l'humilité d'aller habiter chez lui. Notre président était venu en homme du gouvernement et non en tant que membre du Mouvement. Tout le laissait présager puisque notre homme avait choisi de se percher sur la colline gouvernementale de Koulouba où il se permettait de convoquer comme des domestiques les autres leaders. Cette maladresse politique lui a valu le refus catégorique de la part de Sékou Touré de se rendre à sa demeure ministérielle.

Le fédéralisme dont Houphouët revendique la paternité et dont le parrainage est assuré par le cousin Defferre est loin de ressembler au fédéralisme que préconise la section de Guinée. Celle-ci veut faire asseoir son fédéralisme sur des bases égalitaires. Et la déclaration de son leader Sékou Touré est formelle là-dessus : « En clair, nos assemblées territoriales doivent accéder à la qualité d'assemblées législatives locales et le Grand Conseil devenir un Parlement fédéral à côté d'un exécutif fédéral et enfin, par voie de conséquence, la suppression de la rue Oudinot et l'adhésion à une communauté franco-africaine des Etats fédérés, communauté dont l'assemblée correspondante sera instituée sur la base d'une démocratie et d'une égalité totales.

Une telle conception du fédéralisme aura fatalement des conséquences que les Français généralement très nationalistes n'accepteront pas, bien qu'elles soient la rançon de tout système fédéral vraiment égalitaire. Elle aboutira à la création d'un Parlement fédéral qui n'aura plus ses assises à Paris, mais dans un lieu neutre qui peut être sur les bords de la Dordogne ou dans les profondeurs de la forêt vierge. Elle aboutira à donner la majorité non aux oreilles rouges, mais aux visages balafrés. Mais vous n'ignorez pas qu'une telle éventualité a été repoussée par la voix du Père Herriot qui déclarait à la tribune de l'Assemblée Nationale lors des débats de la deuxième constituante : « La France n'acceptera jamais de devenir la colonie de ses colonies ». Une telle conception, juste en son fond amènera à la direction des affaires fédérales non un Guy ou un Robert mais plutôt un « Bamboula » ou un « Hamat ».

De plus, notre représentation au Palais Bourbon, c'est-à-dire à l'Assemblée nationale, sera supprimée. Et celle-ci aura à traiter uniquement les affaires françaises, tandis que notre parlement aura à traiter des affaires exclusivement africaines.

Les Français ne sont pas prêts d'accepter loyalement les conséquences de ce fédéralisme qui tournerait à leur désavantage. C'est pourquoi, nous jeunes, en hommes réalistes et non en cavaliers de la lune, nous repoussons le fédéralisme qui est appelé à servir simplement de toile de fond à un colonialisme rénové.

N'aimant pas par principe la critique facile et négative, nous opposons à cette conception une autre qui se rapprocherait beaucoup du Commonwealth qui a l'immense avantage de respecter le génie de chaque peuple et son autonomie internationale.

Les rapports de l'Afrique et de la France examinés, les discussions du congrès devaient tourner sur le rapport entre les territoires de l'Afrique Noire sous domination française. Ainsi, les questions de l'unité africaine étaient posées à la conscience de chaque congressiste. Elle soulèvera des tempêtes de passion à laquelle l'unité du mouvement devait résister. Les passions alternèrent et atteignirent leur paroxysme lorsque la création de l'Exécutif fédéral à Dakar et à Brazzaville fut mise à l'ordre du jour.

Lors de la discussion de la Loi-cadre, le problème de la création de l'Exécutif fédéral fut soulevé par Senghor, le leader de la Convention africaine. Sa prise de position en faveur de l'unité africaine fut contrecarrée par les leaders RDA qui eurent gain de cause grâce aux voix de la réaction mêlées à celles des socialistes français. Mais l'opinion africaine soucieuse de son unité ne tardera pas à réagir et à signifier son désaveu à l'égard des élus qui voulaient s'ériger en bourreaux de l'unité de l'Afrique.

Les syndicats, les jeunes, les étudiants protestèrent contre ce fait. Et le Grand Conseil qui représente les huit territoires de la Fédération fut unanime à opposer une protestation énergique contre le morcellement politique et administratif de nos pays. Et cette année même le 26 août le Grand Conseil à majorité RDA demanda unanimement la création de l'Exécutif fédéral à Dakar. Et Sékou Touré s'empressa de dire que le RDA l'a demandée pour consolider l'unité de nos pays et pour ne pas perdre le bénéfice de l'initiative et de la paternité devant les multiples protestations de la Convention africaine.

Au congrès, lorsque la question fut re-soulevée, la quasi-unanimité de délégués était d'accord sur la création de cet Exécutif fédéral à Dakar et à Brazzaville. Mais deux territoires fort particuliers et fort particularistes devaient s'y opposer formellement. Seulement, la poussée unitaire était tellement forte au cours du congrès que le délégué de la Côte d'Ivoire Denise, et le délégué du Gabon Léon Mba furent hués et conspués. La raison profonde de cette opposition s'explique doublement.

La Côte d'Ivoire et le Gabon sont dans la période actuelle les territoires les plus riches d'Afrique ; mais qui sait dans quelques années quel sera le territoire le plus riche ? Le Sahara, hier délaissé et déshérité est aujourd'hui très convoité en raison de ses multiples richesses minières. Ensuite ces deux leaders veulent rester l'incarnation du nationalisme gabonais et éburnéen surtout. Mais hélas, l'atome a condamné ces nationalismes à se morfondre dans les musées de l'histoire. L'autorité de Denise et Léon Mba a sérieusement souffert du fait qu'ils ont voulu remonter à contre sens le courant irréversible de l'histoire. Houphouët Boigny a eu une position difficile devant ce problème de l'Exécutif fédéral.

Il n'avait pas assisté à la réunion du Grand Conseil où la motion revendiquant la création de l'Exécutif fédéral a été adoptée. Personnellement, il est hostile à une telle motion pour plusieurs raisons :

1) Il craint qu'en Afrique d'où il est exilé par ses fonctions ministérielles, d'Arboussier, un ancien adversaire rallié en qui il n'a pas confiance, n'acquiert trop d'influence par la création de cet Exécutif fédéral. Surtout Houphouët-Boigny, timide et maladroit très souvent craint fort l'éloquence et l'habilité de Gabriel d'Arboussier qui risquent de le précipiter de son piédestal présidentiel. Aussi, il ne sous-estime pas la solide formation de Doudou Guèye qui risque d'amoindrir son autorité aujourd'hui en lambeaux et chancelante.

2) Il est un élu de la Côte d'Ivoire qui est farouchement hostile à l'autorité fédérale exercée à partir de Dakar. Houphouët entend exercer son leadership dans la fédération à la mesure des ressources financières de son pays.

3) Houphouët-Boigny sait que la réaction qu'il cherche à séduire, à tout propos et par tous les moyens, mêmes les plus contestables, est hostile à l'unité de l'Afrique Noire. Comme elle craint d'être expulsée d'Afrique, elle entend ménager une position de repli qui réside dans la décision de nos pays. C'est cette obstination d'Houphouët qui cherche à transformer un homme en une femme ou qui veut accomplir des miracles que nous qualifions de trahison de la cause africaine. L'avenir se chargera de le démasquer. Et le verdict de l'histoire ne manquera pas de l'emporter dans le gouffre du mépris et de l'humiliation.

Houphouët Boigny a été mis en minorité sur ce problème. Il avait refusé de vernir au congrès les derniers jours. Et il avait un moment refusé de se présenter à la présidence du Parti. C'est après des compromis qui ne signifiaient guère sa victoire personnelle ou le triomphe de sa lutte, qu'il a été replacé en selle. En effet, la motion de politique générale reconnaît l'existence des liens économiques, politiques, culturels indissolubles entre les territoires : « Conscient des liens économiques, politiques, culturels indissolubles qui unissent les territoires et soucieux de préserver les destinées de la communauté africaine, le congrès donne mandat aux élus de déposer une proposition de loi tendant à démocratiser les organes exécutifs fédéraux existants. Cela veut dire que le Haut Commissaire, agent nommé, doit partager l'exercice de ses pouvoirs avec des hommes élus démocratiquement, c'est-à-dire avec un Exécutif fédéral.

Sur cette question, Houphouët Boigny nage dans une marée de contradictions qui va le conduire à sa disqualification. Il est contre l'Exécutif fédéral pour ne pas effrayer une partie de l'opinion française et il est pour le fédéralisme que redoute cette même partie de l'opinion française. Pour justifier sa position, notre homme s'est embourbé dans une maladroite acrobatie verbale qui traduit ses propres vues fumeuses et non la volonté clairement exprimée du congrès.

Son opposition aux vues de la majorité dirigée par Sékou Touré, le très jeune député de la Guinée, lui a valu de ne pas prononcer le discours de clôture. Et c'est Sékou qui eut l'honneur de prononcer le discours de clôture qui est une mise au point énergique et qui signifie que la bataille est remise à plus tard et non achevée.

Sékou Touré déclarait : « M. Houphouët-Boigny reste le président du mouvement, non au service de ses idées, mais au service des idées exprimées par ce congrès ». Cruel rappel à l'ordre à l'adresse de l'homme que la presse nous présentait hier comme ayant la situation en main. Et Sékou Touré d'ajouter à l'intention des avocats du nationalisme: « Tous les particularismes doivent s'incliner devant le dénominateur commun : l'Afrique ». Le conflit d'idées est latent à la direction du RDA. À la moindre occasion, il risque de faire éclater ce mouvement, puisqu'il y a quelques jours seulement Sékou Touré affirmait : « Les frontières de l'Afrique Noire ne correspondent à aucune réalité », alors que Denise, lui renouvelait l'hostilité catégorique de la Côte d'Ivoire. Ces incidents forts visibles montrent maintenant combien les militants de base se méfient de la direction.

Le premier signe est le désaveu de la politique algérienne du gouvernement par certaines sections comme la Guinée, qui par la voix de Touré Ismaïl, le frère du député de la Guinée, réclame la reconnaissance du fait national algérien. De plus, la motion appelant le gouvernement français à la négociation avec les représentants du peuple algérien peut dans une certaine mesure apparaître comme une condamnation de la politique dite de pacification, bien que ses termes ne soient pas très clairs. Cela équivaut dans l'esprit de beaucoup de délégués à une démission d'Houphouët du gouvernement ou de la présidence du Mouvement.

Le second indice est la volonté exprimée par le congrès de déterminer la politique générale du mouvement et de voir le congrès se réunir obligatoirement tous les deux ans. Le congrès demande que le Comité de coordination se réunisse deux fois par an au moins. Il insista sur la nécessité d'avoir une direction collective du mouvement et un contrôle des parlementaires. Ces revendications signifient que les dirigeants n'ont pas respecté la démocratie qui doit être de règle dans le mouvement. Elles signifiaient qu'un frein doit être mis à ces crocs en jambes que les élus donnent constamment à la démocratie. Le congrès eut aussi à examiner le problème du regroupement de forces politiques africaines.

Vous vous souvenez que l'année dernière, Senghor avait entamé une offensive d'unité dans son territoire qui aboutit à la création du BPS. C'était le premier jalon posé dans la voie de l'unité. Après, il engagea avec la Convention africaine une autre offensive d'unité dans l'arène africaine. Et ce mouvement avait inscrit qu'il se saborderait si une offre d'unité lui était faite. De l'autre côté, le Mouvement socialiste africain dont le cerveau se cache à Paris exprimait son hostilité au parti unique. Le congrès devait donner une réponse à ce problème de regroupement de forces politiques africaines. Là, la résolution déclare : « Le congrès confirme la vocation permanente du RDA d'unir toutes les forces vives du pays et enregistre avec satisfaction les propositions de rencontre, en vue du regroupement formulé pour toutes les sociétés africaines et donne mandat à son Comité de coordination d'organiser cette rencontre. En termes clairs, le congrès refuse de dissoudre le RDA et entend intégrer les autres partis. Evidemment, cette solution n'est pas démocratique car elle veut ignorer l'égalité des organisations avec lesquelles le RDA veut négocier. Or la négociation pour mériter son vrai nom doit se faire sur la base de l'égalité.

Le congrès, longtemps attendu, avait ses assises le 25 septembre devant une salle comble où de nombreux délégués, invités et observateurs prenaient place. L'importance du congrès était attestée non seulement par la présence de la presse française et étrangère, mais aussi par la présence de certaines personnes comme François Mitterrand, le président de l'UDSR et également Edgar Faure, le président du RGR.

Les nombreuses questions débattues au Congrès

Politique générale

Le problème fondamental qui guide tout, c'est le problème de nos rapports avec la France. Quel système de gouvernement assurera l'égalité entre la France et l'Afrique ? La France reconnaîtra-t-elle notre droit à l'indépendance ? Voilà les questions auxquelles avaient à répondre les délégués.

À cette question, le président Houphouët Boigny apporte une réponse toute faite. Le système fédéral est la forme de gouvernement qui peut assurer l'égalité entre la France et l'Afrique. Ensuite, il déclara que l'Afrique renonce à son indépendance pour réaliser la communauté franco-africaine, égalitaire et fraternelle.

Le système fédéral

L'analyse du système fédéral en termes dialectiques. Là, Mamadou Dia a raison : car si le RDA est aujourd'hui majoritaire, il peut devenir minoritaire. Hier, la SFIO était majoritaire au Sénégal, aujourd'hui elle connait les dernières convulsions de l'agonie.

Le problème de regroupement reste entier dans ses modalités, mais il a gagné en clarté au point de vue programme. Car sur le problème du fédéralisme, les points de vue de la Convention africaine et de l'aile gauche du RDA se sont considérablement rapprochés. Sur le problème de l'Exécutif fédéral, les prises de positions sont dans leurs grandes lignes identiques.

Sur les deux questions fondamentales d'orientation politique, la Convention africaine et le RDA se sont considérablement rapprochés. Malheureusement, les rancunes, les questions de personnes, de prestige sont les obstacles qui obstruent la voie de l'unité.

Seul le MSA dirigé par Me Lamine Guèye reste sur ses prises de position de Konakry et se tient sur des promesses vagues. En effet, pour enlever le bénéfice d'initier une rencontre des partis politiques africains, le RDA manœuvra pour demander à Me Lamine Guèye de reprendre la parole afin d'appeler à l'unité. Les derniers mots chaudement applaudis par les congressistes furent « convoquez-nous là où vous voudrez et quand vous voudrez ». Les dirigeants du RDA, et de la Convention africaine connaissant l'habileté de Me Lamine Guèye, voulurent le prendre au mot pour lui demander de signer le communiqué invitant les formations africaines à une prochaine rencontre. Mais Lamine Guèye refusa de signer le communiqué. Ce qui démontre concrètement qu'il ne veut pas de l'unité. C'est un fait que les lecteurs de *Paris – Dakar* n'ont pas toujours noté. Car sur la liste des formations politiques ayant signé le communiqué, seul le nom du MSA est absent.

Au terme de notre analyse brève et incomplète, que dire ?
Le congrès a clairement montré que la politique d'Houphouët n'a pas reçu l'agrément des militants tel que la presse française le voulait. Au contraire, il a très nettement démontré qu'il existe encore en Afrique des hommes assez conscients pour refuser d'avaliser la trahison d'Houphouët ou de lui signer un chèque en blanc. Malgré la présence des personnalités politiques françaises qui devaient, dans la pensée des organisateurs, servir de climatiseur au congrès, les forces jeunes ont su exprimer leur indignation devant le volte-face des dirigeants. Elles ont vigoureusement dénoncé la nouvelle orientation du Rassemblement Démocratique Africain. Les syndicalistes sur un ton mesuré et réfléchi ont posé à la tribune la question de l'indépendance qui a choqué les oreilles gouvernementales. Mais la muselière ne peut pas faire taire la voix des travailleurs qui vivent les méfaits du régime colonial.

Les jeunes ont su aussi démontrer leur maturité d'esprit en posant le problème de l'indépendance sans éclat de voix et sans violence verbale aucune. Ils ont su décevoir leurs détracteurs qui surveillaient leur moindre faux pas, leur moindre faiblesse. Ils ont su conquérir l'attention d'un congrès ennuyé par la vieille ritournelle de la communauté franco-africaine qui émaillait les discours trop orthodoxes de la direction. Les étudiants, dans l'ensemble, ont su dominer leur élan de jeunesse pour poser la tête froide le problème de l'indépendance qui débouche à tous les carrefours de la vie politique. Certaines sections ont su prouver leur maturité en analysant les incidences dangereuses de la nouvelle politique d'Houphouët. Cette réunion est un sursis accordé au ministre qui s'est illustré dans ses bêlements de fidélité inconditionnelle à la France. Le congrès n'a pas été un concert d'instruments monocordes. Il a su par son sérieux échapper au reproche d'être un festival ou une pure manifestation folklorique. Il a fait éclater les contradictions qui existent entre la politique des dirigeants et la politique des masses. Le divorce allait être prononcé. Heureusement, une simple séparation de corps de fait entre Houphouët et les militants vient de sanctionner l'infidélité du ministre qui a tourné le dos aux clauses du contrat signé en 1946 à Bamako.

Pour le respect de ce contrat, beaucoup d'hommes ont connu la misère, le chômage, la persécution, la prison et la mort. Mais leurs souffrances ne seront pas inutiles, car elles seront les levains de l'indépendance. Elles feront fructifier l'arbre de l'indépendance dont nous ne tarderons pas à voir les fleurs bourgeonner et à cueillir les fruits. A ses morts, à ses héros, à ses martyrs encore couchés dans les plaines marécageuses de Dimbokro ou dans les mornes étendues sablonneuses de Thiaroye, l'Afrique consciente et militante offre en guise de mausolée les paroles épiques de Victor Hugo prononcées à l'occasion de la défaite française à Waterlo.

Gloire à notre Afrique éternelle, gloire à ceux qui sont morts pour elle. Aux martyrs, aux vaillants, aux forts, à ceux qui enflamment par leur exemple, qui veulent une place dans le temple et qui mourront comme ils sont venus.

Ensuite, l'organisation des jeunes n'est pas encore mise sur pied. Mais dans les journées d'étude de Rufisque, des réactions de la part de la direction commencent à se manifester.

La direction craint que les jeunes du BPS ne soient contrôlés par des nationalistes. La direction craint d'être débordée par les jeunes. Elle entend contrôler étroitement les jeunes. Certains envisagent de ramener l'âge limite à 25 ans.

C'est une mesure inacceptable, car entre 18 et 25 ans, c'est l'âge de la formation. Or les jeunes gens ont tout intérêt à profiter de l'expérience de ceux qui sont âgés de 25 à 30 ans. De plus, cette mesure ne peut être prise que par un congrès et non par un comité exécutif.

Voilà les conclusions que je voulais vous soumettre, convaincu que je suis très loin d'avoir épuisé le sujet. Seulement, j'attends avec beaucoup d'intérêt votre contribution qui sera certainement fructueuse.

Annexe 8 : Le colonialisme portugais

Le colonialisme portugais par Amady Aly Dieng[4]

« L'extraordinaire est que, écrit B. Davidson, un journaliste britannique, l'Angola d'aujourd'hui puisse continuer à exister sans qu'aucune protestation s'élève dans le monde ». Cette constatation faite en 1954 reste, hélas, douloureusement vrai aujourd'hui encore. Le mur de silence qui entoure les colonies portugaises s'explique, non par l'absence de combativité ou la résignation des peuples de l'Angola, du Mozambique, de Sao-Tomé, de Principe, de la Guinée dite portugaise, mais par certaines données de l'actualité internationale comme, par exemple, l'acuité tragique du problème algérien, le mince poids diplomatique du Portugal et la complicité intéressée des puissances impérialistes et surtout par le régime fasciste que Salazar fait régner sur le Portugal depuis trente ans. Devant cette situation, il importe de faire un bref tour d'horizon sur les problèmes qui se posent dans les colonies portugaises d'Afrique.

Le Portugal est la première nation à inaugurer l'ère de l'expansion impérialiste et à pratiquer systématiquement la traite des nègres. C'est grâce à l'aide des puissances impérialistes comme l'Allemagne et l'Angleterre qu'il a réussi à vaincre l'héroïque résistance des peuples Africains et à achever, vers 1920, sa conquête militaire. Depuis ce temps, il a décidé d'appliquer la méthode du colonialisme classique : la domination directe. Cette doctrine colonialiste du Portugal, comme celle des autres puissances européennes, repose essentiellement sur le postulat sacro-saint de la supériorité de la civilisation occidentale et l'absence de culture en Afrique.

« La mission civilisatrice du Portugal »

La lutte héroïque de nos peuples a contraint les colonialistes français, belges, anglais, etc. à abandonner ce mythe pour s'accrocher à d'autres mythes. Seul, aujourd'hui le Portugal a l'audace de parler, *urbi et orbi*, de sa mission civilisatrice en Afrique. Il est singulièrement grotesque d'entendre le Portugal tenir un tel langage quand on sait que ce pays en est encore à son moyen âge. Son économie est l'une des plus arriérées d'Europe. La misère, à l'exception d'une minuscule poignée d'exploiteurs, est le lot de l'immense majorité de sa population. Son niveau de vie par habitant est inférieur à celui du Ghana, étant récemment indépendant. Sa population est à 40% illettrée. Voilà le palmarès du dictateur fasciste Salazar qui a réussi à régner sans interruption sur le Portugal pendant une trentaine d'années.

Voilà le sinistre état d'un pays qui prétend apporter les « bienfaits de la civilisation occidentale » aux « sauvages » d'Afrique. Quelle dérision, surtout si l'on songe à « l'œuvre » du Portugal dans les domaines de l'enseignement, de la santé et de l'économie.

But exclusif de l'enseignement : former des auxiliaires dociles de la colonisation

L'enseignement pratiquement inexistant dans les colonies portugaises est soumis à une politique d'obscurantisme. L'école est uniquement conçue pour former des auxiliaires de la colonisation. D'après, l'Accord Missionnaire signé entre le Portugal et le Saint-Siège, le 7 mai 1940, l'enseignement destiné spécialement aux « indigènes » est entièrement confié aux missions catholiques. Le gouvernement imposa comme loi que « l'enseignement obéisse à l'orientation doctrinaire établie par les constitutions politiques portugaises ». D'après les mêmes accords, les missionnaires « sont obligés d'enseigner dans les écoles, exclusivement le langage portugais, de préparer le personnel enseignant indigène, étant entendu que le personnel de ces collèges ou écoles devra être entièrement de nationalité portugaise et que seuls seront admis à la susdite préparation les candidats qui donneront des garanties quant aux objectifs moraux et nationaux ». Et déjà, les missions se plaignent de ne pas recevoir des crédits acceptables. Ainsi, la politique obscurantiste du Portugal dans ses colonies bat actuellement le record d'analphabétisme dans le monde entier avec le chiffre de 90%.[5]

La qualité de l'enseignement dispensé ne manque pas d'être inquiétante ; car celui-ci est destiné à abâtardir les Africains pour en faire des gens éternellement dociles et résignés. À cet égard, la circulaire confidentielle émanant de l'administration civile de l'Angola faisant état d'une dépêche du Secrétaire général du gouvernement de la colonie est significative : « Celui qui a à faire à l'indigène élevé sous l'influence des missions protestantes, remarque une différence frappante avec ceux qui le sont par les missions catholiques : ceux-là sont plus sociables, ont d'autres habitudes de travail, sont mieux préparés pour la vie pratique ; ceux-ci sont plus mystiques, plus gênés, plus pauvres, *incontestablement plus portugais*[6] ». Ce qui intéresse le colonialisme portugais, c'est former culturellement et spirituellement les Africains pour garder leurs terres « Provinces du Portugal ».

L'inexistence d'une assistance médicale

Dans ce domaine, la situation est dramatique : l'inexistence d'une assistance médicale a des conséquences graves sur les populations de l'Angola et du Mozambique, journellement soumises au travail forcé. Henrique Galvao, envoyé du dictateur Salazar, est obligé de reconnaître dans son rapport du 22 janvier 1947, destiné au gouvernement de son pays : « Je maintiens que l'assistance sanitaire à l'indigène en Angola, Mozambique et en Guinée aussi bien que celle financée par l'Etat comme celle que l'Etat impose à certains organismes privés est inexistante, à quelques exceptions près localisées et illusoires ».

Dans ces conditions, il n'est pas étonnant de voir les Africains fuir ou condamnés à la « débâcle physiologique ». Cette absence d'assistance médicale s'inscrit dans la politique du Portugal qui veut supprimer purement et simplement les nègres et faire la place à ses colons. Ce plan conscient de génocide aboutit aux conséquences démographiques qu'Henrique Galvao souligne, lorsqu'il écrit :

> Il n'est donc pas étonnant que le taux de mortalité infantile atteigne 60 pour cent, qu'il ne soit pas rare de voir des cas de 40 pour cent de mortalité dans le travail que, de l'avis même de médecins, il ne retrouve que rarement les noirs qui ne souffrent de bilharziose, que le nombre de mort-nés augmente de façon ahurissante et que, de plus en plus, les villages indigènes soient peuplés de malades et d'invalides. Par conséquent, on a vu une grande partie de la population en fuite, la population qui reste s'achemina vers la débâcle physiologique. Les moyens d'action sont en général bureaucratiques sinon inexistants.

« Seuls des morts échappent au travail forcé »

Le colonialisme portugais soumet les populations africaines au travail forcé, qui tient aux causes suivantes : hémorragie démographique, conséquence de la traite séculaire pratiquée par les Portugais, la recherche de main-d'œuvre à vil prix, la politique systématique de génocide, le retard économique et le déficit chronique de la balance des paiements du Portugal, la recherche de devises pour subvenir à l'installation massive de colons blancs.

Théoriquement, le travail forcé est interdit. Le « Carta Organica » du Docteur Salazar stipule en son article 30 que « sont interdits tous les règlements par lesquels l'État entreprend de fournir des ouvriers indigènes à toutes les entreprises travaillant en vue de leur propre développement économique », et que sont également interdits « tous les règlements par lesquels les indigènes en quelque partie que ce soit de l'Angola peuvent être obligés à fournir du travail aux dites entreprises sous quelque prétexte que ce soit ». Ces dispositions sont restées de pures phrases : elles n'ont été suivies d'aucun effet ; elles étaient uniquement destinées à endormir l'opinion internationale fermement hostile au système de l'esclavage et du travail forcé.

Pour tourner cette interdiction purement formelle, le système classe les travailleurs en deux catégories : « Contrados et voluntaris » (« travailleurs contractuels et travailleurs libres »). Mais cette différence est purement apparente. « En fait, écrit B. Davidson, tous les témoignages que l'on réunit en Angola que ce soit de la part d'officiels ou de particuliers eux-mêmes – contribuent à montrer que les contractuels sont en fait des travailleurs forcés ». Le travail forcé pèse comme une épée de Damoclès sur la tête de tous les éléments de la population, comme le montre Henrique Galvao : « En obligeant à travailler les femmes, les enfants, les vieux, les malades, etc., seuls les morts sont épargnés et échappent au travail forcé ».

Au Mozambique, il existe un trafic officiel annuel de plus de 400.000 Africains allant travailler dans les mines des deux Rhodésies et de l'Afrique du Sud[7] Et le Portugal est particulièrement intéressé par le maintien de ce trafic, d'où il tire des devises pour l'équilibre de sa balance des paiements et l'installation des colons blancs.

Il est incontestable que le travail forcé pratiqué dans les colonies portugaises se réduit tout simplement à une vente de nègres aux grandes compagnies et aux agriculteurs. Les autorités portugaises ne nient pas l'existence du travail forcé. Cependant, elles se défendent de vendre les Africains ; elles ne font que les louer (quel cynisme !). Ajoutez à ce tableau déjà sombre, le fléau de l'alcoolisme qui contribue petit à petit à dégénérer les populations africaines. En effet, le Portugal inonde ses colonies de toutes sortes de vin de basse qualité. D'un autre côté, les terres des Africains soumis au travail forcé sont occupées par les colons blancs que le Portugal exporte toujours dans les colonies et particulièrement sur la rive du Cunene, dans les vallées du Limpopo et du Cuanza.

Les Africains sont-ils muets ?

Les Africains luttent en Angola, au Mozambique, à l'île de Sao-Tomé et Principe, en Guinée dite Portugaise, aux îles du Cap-Vert, mais, hélas, dans des conditions effroyables, difficiles à cause du régime fasciste de Salazar.[8] Les répressions sanglantes ne sont pas chose rare : en février 1953, des milliers d'Africains furent sauvagement massacrés par les autorités portugaises. En août 1959, une trentaine de personnes furent tuées par les colonialistes portugais en Guinée, etc. Malgré tout cela, les patriotes ont constitué en 1954 le Mouvement de Libération Nationale d'Angola et en 1958 l'Union des Populations d'Angola. Le régime fasciste qui pèse sur le Portugal et les colonies, rend les conditions de lutte difficiles, car il n'existe aucune liberté (association, réunion, pensée, presse, etc.) pour le peuple portugais et, *a fortiori*, pour les peuples africains. La lutte que nos compatriotes mènent courageusement contre l'oppression portugaise vaut très souvent à certains d'entre eux la déportation, l'exil, la prison, la torture et la mort. En dépit de tout cela, les Africains ne restent pas muets : ils luttent à telle enseigne que le 26 avril 1959, au cours d'un banquet offert au sous-secrétaire d'État à l'Aéronautique Portugaise, le Gouverneur Général de l'Angola a déclaré : « Nous sommes à l'époque des tracts... dans lesquels la force militaire est considérée comme un ennemi gênant. Le tract est apparu en Angola aussi, comme on pouvait s'y attendre ».

L'année 1960 qui est une année terrible pour le colonialisme ne manquera pas d'avoir de sérieuses répercussions dans les colonies portugaises. Déjà, l'indépendance de la Guinée exerce une puissante influence en Guinée dite portugaise. Pour s'opposer à tout changement, le gouvernement Salazar y a envoyé des renforts militaires pour réprimer toute tentative autonomiste. L'indépendance du Cameroun et du Congo dit belge aura certainement une grande influence en Angola et au Mozambique. Mais les autorités portugaises ne se résolvent pas à changer leur politique d'un iota.[9] Elles sont fermement décidées à réprimer par le fer et le sang tout mouvement revendicatif. Elles multiplient les démonstrations de force, entraînent les colons en cherchant des occasions de massacrer les populations pour « résoudre le problème colonial ». Ces derniers jours, la presse américaine a parlé de déploiements de forces militaires le long des frontières de l'Angola et du soulèvement des populations africaines.

La nostalgie du Portugal : Berlin

Depuis quelques années, le Portugal cherche à renouer les « vieilles alliances coloniales ». Il fait appel à ses protecteurs car il est incapable, à lui seul, de faire face aux peuples africains. Il invoque l'alliance atlantique du monde « libre » qui s'accommode fort avec les dictateurs de Franco en Espagne et de Salazar au Portugal. Il rappelle aux Allemands, aux Anglais et aux Américains qu'ils ont de gros intérêts à défendre en Angola et au Mozambique.[10] Depuis un moment, le gouvernement du Dr Salazar envoie des émissaires auprès de puissances impérialistes comme la France, l'Angleterre,[11] la Belgique, l'Espagne, l'Afrique du Sud, etc., pour leur rappeler la solidarité diplomatique et militaire des possesseurs d'Empires en Afrique. Le Portugal a la nostalgie de la Conférence de Berlin. Mais malheureusement pour lui, nous sommes en 1960 et non en 1885. Il est très significatif de voir que le Portugal accorde son soutien sans relâche à la politique colonialiste du gouvernement français à l'ONU, notamment à propos de la guerre d'Algérie et de l'explosion nucléaire au Sahara. Il est ainsi très significatif de voir le Portugal refuser de fournir des renseignements à la quatrième Commission des Territoires dépendants de l'ONU. Malgré les tortures, les déportations, les procès,[12] les massacres, l'idée d'indépendance fait son chemin dans l'« Empire portugais ». Mais il est temps que nous prenions conscience de la gravité de la situation dans ces « zones de silence » et que nous apportions notre solidarité effective à nos compatriotes qui luttent dans des conditions effroyables contre le satanique colonialisme portugais pour sortir de cet enfer colonial.

Source : *l'Étudiant d'Afrique Noire*, no. 29, avril et mai 1960.

Notes

1. Cette conférence publique a été faite le 21 février 1957 à l'occasion de la célébration de la journée anticolonialiste par l'Association générale des étudiants de Dakar (AGED) dans un cinéma se trouvant dans l'avenue Gambetta (aujourd'hui Lamine Guèye, non loin du Café Lutetia).
2. Cet exposé a été fait dans le cadre du Cercle d'études de l'Association générale des étudiants de Dakar (AGED) et avec la collaboration d'Abou Touré.
3. Cette conférence a été faite après la tenue du 3e congrès du Rassemblement Démocratique Africain (RDA) en septembre 1957 et dans le cadre des activités de l'Union générale des étudiants d'Afrique occidentale (UGEAO).
4. Cet article a été écrit à la suite d'une visite effectuée au 5 rue Flatters Paris VIe auprès des leaders luttant contre le colonialisme portugais comme Amilcar Cabral dit Abel Diassi, Viriato da Cruz, Mario de Andrade. C'est là que j'ai pu me procurer le rapport d'Henrique Galvao, un libéral portugais dont j'ai publié quelques extraits dans la rubrique : Témoignages et Documents de *L'Etudiant d'Afrique Noire*.
5. L'analphabétisme dans le monde entier du XXe siècle (UNESCO 1958).
6. Journal Catholique à Voz du 24 décembre 1959. « Faire des indigènes de bons catholiques, c'est finalement la seule manière que l'on connaisse d'en faire de bons portugais ».

7. Parmi les 400.000 Africains emmurés dans les mines d'Afrique du Sud, il y avait beaucoup de personnes ressortissantes de l'Angola et du Mozambique. La grande presse occidentale si prolixe en amours princiers et sur le bébé de B.B., a été particulièrement discrète sur cet événement tragique qui n'a endeuillé que des familles nègres.

8. Les ultras d'Algérie rêvent d'instaurer en France le régime fasciste de Salazar qui a cru avoir résolu le problème des colonies en les transformant en provinces de la « Métropole ». Le Dr Lefèvre, qui se dit catholique, préconise le régime de Salazar pour la France.

9. Journal A Vos du 24 décembre 1959. « Il n'y a pas de quoi s'alarmer... Fort heureusement, nous n'avons pas à changer notre politique ; mais ce qu'il faut, c'est agir plus rapidement et éviter les atermoiements que les circonstances ne permettent guère ».

10. Les capitaux britanniques, allemands et américains sont très nombreux dans les colonies portugaises. Exemple : The Standard Bank of South Africa Ltd. et Barclays Bank comptent parmi les trois grandes banques du Mozambique.

11. Visite de Mathias, ministre des Affaires étrangères du Portugal à Londres et à Paris, les 13 et 14 mars 1960.

12. Cinquante-sept personnes ont été inculpées à Luanda, capitale de l'Angola, pour « atteinte à la sécurité extérieure de l'État et à l'Unité de la Nation ». Le procès devait avoir lieu à partir du 7 mars 1960. Mais hélas, nous n'avons aucune nouvelle sur cette affaire.

Délégation de la FEANF à la réception offerte par Chou En Lai en septembre 1959 à Pékin

www.ingramcontent.com/pod-product-compliance
Lightning Source LLC
Chambersburg PA
CBHW011141290426
44108CB00023B/2710